为推进法治中国特色社会主义建设加强事业作出新贡献

二〇〇九年八月 王胜俊

中国少年司法

2013年第1辑　（总第15辑）

沈德咏　主编
江必新　黄尔梅　副主编
最高人民法院少年法庭指导小组　编

人民法院出版社

图书在版编目（CIP）数据

中国少年司法.2013年.第1辑:总第15辑/沈德咏主编；最高人民法院少年法庭指导小组编.－北京：人民法院出版社，2013.8

ISBN 978－7－5109－0768－5

Ⅰ.①中… Ⅱ.①沈… ②最… Ⅲ.①青少年犯罪－司法制度－研究－中国 Ⅳ.①D926.8

中国版本图书馆CIP数据核字（2013）第203159号

中国少年司法　2013年第1辑（总第15辑）
主编　沈德咏　**副主编**　江必新　黄尔梅
最高人民法院少年法庭指导小组　编

责任编辑	肖瑾璟
出版发行	人民法院出版社
地　　址	北京市东城区东交民巷27号（100745）
电　　话	（010）67550562（责任编辑）　67550558（发行部查询） 65223677（读者服务部）
网　　址	http://www.courtbook.com.cn
E－mail	courtpress@sohu.com
印　　刷	三河市国英印务有限公司
经　　销	新华书店
开　　本	787×1092毫米　1/16
字　　数	227千字
印　　张	13
版　　次	2013年8月第1版　2013年8月第1次印刷
书　　号	ISBN 978－7－5109－0768－5
定　　价	38.00元

版权所有　侵权必究

《中国少年司法》编辑委员会

主　　任　胡云腾

委　　员　冯　跃　　　薛淑兰　　　张　明
　　　　　程新文　　　李广宇　　　马　东
　　　　　孙　力（北京）范春明（天津）朱良酷（河北）
　　　　　刘冀民（山西）于雪峰（内蒙古）丁仁恕（辽宁）
　　　　　王　松（吉林）王国新（黑龙江）丁寿兴（上海）
　　　　　李玉生（江苏）宓晓平（浙江）石德和（安徽）
　　　　　谢开红（福建）朱　浔（江西）刘玉安（山东）
　　　　　田立文（河南）鲁忠宏（湖北）宋凯楚（湖南）
　　　　　陈华杰（广东）黄列格（广西）刘　诚（海南）
　　　　　邓修明（四川）温　杰（贵州）田成有（云南）
　　　　　马　方（西藏）吴继生（重庆）宋龙凌（陕西）
　　　　　王　俊（甘肃）丁志武（青海）马文庆（宁夏）
　　　　　王浪涛（新疆）

执行编辑　方　芳　　岳　琳

特约编辑　宋　莹（北京）　郝宝利（天津）　崔雪芹（河北）
　　　　　朱永贵（山西）　米继红（内蒙古）赵英东（辽宁）
　　　　　罗高鹏（吉林）　陈国范（黑龙江）陈　慧（上海）
　　　　　吴万江（江苏）　郑晓红（浙江）　张　俊（安徽）
　　　　　江振民（福建）　简贵涛（江西）　谢　萍（山东）
　　　　　韩　轩（河南）　李治国（湖北）　钟玺波（湖南）
　　　　　莫君早（广东）　湛永敢（广西）　郑兰清（海南）
　　　　　王世樑（四川）　石佳宏（贵州）　孙　杰（云南）
　　　　　关　峰（西藏）　黄赋强（重庆）　赵学玲（陕西）
　　　　　唐建国（甘肃）　王新林（青海）　许金军（宁夏）
　　　　　刘　琼（新疆）

目 录

【领导讲话】

致江苏省法院少年法庭工作会议暨少年审判工作先进集体、
　　先进个人表彰会的贺信 ………………………… 黄尔梅（1）

在江苏省少年法庭工作会议上的讲话 …………………… 胡云腾（3）

【理论与实务研究】

预防未成年人犯罪，基础在家庭 …………………… 关　颖（7）

关于未成年人校园体育活动人身损害责任承担问题的
　　调研报告 ………………………… 杨跃进　李纪红　仇芳芳（16）

浅论未成年人刑事诉讼中的帮教联动机制 …………… 范招玉（37）

从青少年犯罪看家庭教育和社会责任 …………………… 刘　琼（43）

【司法解释理解与适用】

《最高人民法院关于适用〈中华人民共和国刑事诉讼法〉
　　的解释》重点内容解读 …………………… 周加海等（56）

【案例分析】

贯彻审理未成年人案件的方针原则　体现人性关怀
　　………………………………………… 石春燕　袁南利（125）

【域外考察与借鉴】

关于青少年司法考察团赴美考察情况的报告 …………… 蒋　明（129）

台湾地区少年审判制度 …………………………………… 伍伟华（141）

【统计分析】

2012年人民法院审理未成年人犯罪情况分析 …………… 马　剑（198）

【领导讲话】

致江苏省法院少年法庭工作会议暨少年审判工作先进集体、先进个人表彰会的贺信

最高人民法院副院长、少年法庭指导小组副组长　黄尔梅

（2012年12月9日）

江苏高院党组：

欣闻江苏省法院少年法庭工作会议暨少年审判工作先进集体、先进个人表彰会于12月9日至10日召开，我谨代表最高人民法院少年法庭指导小组对会议的召开表示热烈祝贺！向长期支持和从事少年司法审判工作的同志们表示诚挚的问候！

少年法庭工作是人民法院审判工作的重要组成部分，事关国家和社会发展大局，事关亿万家庭的幸福安宁。多年来，江苏法院少年法庭的广大法官始终坚持"教育、感化、挽救"方针，依法公正高效地审判未成年人涉罪案件，成功教育挽救了一大批失足未成年人；深刻理解践行"特殊、优先保护"理念，有效维护了涉诉未成年人的合法权益，为促进社会和谐稳定，树立人民法院公正、高效、权威的司法形象，为中国特色少年司法制度的健全完善作出了积极贡献！

在新的历史时期，国际国内形势的发展变化对人民法院少年法庭工作提出了新的考验，同时也赋予了少年法庭新的发展机遇。少年法庭的职能作用更加凸显，工作任务更加繁重，司法地位更加重要。望江苏高院党组和广大少年法庭的同志们，以此次会议为契机，认真贯彻落实十八大会议、全国法院第六次少年法庭工作会议精神和王胜俊院长关于进一步加强少年法庭工作

的系列指示要求，结合工作实际，按照人民法院"二五""三五"改革纲要设定的目标，不断创新工作理念，改进工作方法，规范工作管理，完善工作制度，持续深化少年司法改革探索，充分发挥少年司法能动作用，努力推动少年法庭工作迈上一个新的台阶。

祝会议圆满成功！祝同志们身体健康，工作进步！

在江苏省少年法庭工作会议上的讲话

胡云腾*

(2012年12月9日)

各位领导、各位法官、同志们：

  大家下午好，很高兴能够来到这里，参加江苏法院少年法庭工作会议。刚才，我宣读了最高人民法院黄尔梅副院长给会议发来的热情洋溢的贺信，江苏高院党组对全省少年法庭工作的先进集体和先进个人进行了表彰，周继业常务副院长作了非常好的讲话，对大家取得的优异成绩给予了充分肯定，在此我谨代表最高人民法院少年法庭指导小组及办公室向会议的召开、向今天受到表彰的少年法庭先进集体和先进个人表示热烈的祝贺！同时也借此机会，向所有支持、关心我们少年法庭工作的领导、各有关单位、部门和社会各界人士，表示衷心的感谢！

  前不久，最高人民法院在河南郑州召开了全国法院第六次少年法庭工作会议，全国人大陈至立副委员长、最高人民法院王胜俊院长对会议召开作出重要批示，要求我们站在更高的角度，以更高的责任感和使命感，更加自觉地在党和国家事业全局中谋划和推进少年法庭工作。江苏高院紧扣当前形势，迅速跟进、及时召开全省法院少年法庭工作会议，组织同志们学习交流少年审判工作经验，共同商讨江苏法院少年审判工作发展大计，我认为意义重大，影响深远。这不仅是江苏法院积极贯彻落实"六少会"精神的具体行动，也是部署下一阶段少年审判工作改革、发展，进而实现"六个转变"工作要求的务实举措，对江苏法院少年法庭工作的进一步发展必将产生深远的影响。

  多年来，在江苏各级党委、人大、政府的关心支持下，在社会各界的关爱和帮助下，江苏法院认真贯彻"坚持、完善、改革、发展"的少年法庭工作方针，大力解放思想，积极推进改革，不断开拓创新，在依法履行案件审判基本职能的同时，还深入开展了多项旨在预防、矫治未成年人犯罪，全

---

* 最高人民法院研究室主任，少年法庭指导小组副组长。

面维护未成年人合法权益的延伸帮教工作,江苏法院少年法庭在组织机构建设、制度机制创新、司法理论研究等诸多方面取得了显著的成绩,得到了各级党委、政府和人民群众的充分肯定。尤其是打造了"天宁模式"和"连云港模式"这两个特色鲜明、在全国产生较大影响的少年司法品牌,推动了中国特色少年司法制度实现零的突破,既充分展现了江苏法院广大少年法庭法官的辛劳和智慧,也带动了全国法院少年法庭工作的极大发展。此外,徐州中院探索实施的未成年人轻罪犯罪记录封存制度、苏州中院实行的全程教育模式和金阊法院实行的"模拟法庭情景剧"教育模式等,都在当地产生了较大影响,取得了很好的法律效果和社会效果。可以说,江苏法院的少年法庭工作以良好的审判成效和制度建设成果,交出了一份令社会各界满意的答卷,我们应当为此而感到自豪。

同志们,少年审判事业方兴未艾,少年法庭工作生机勃勃。我们应当赶乘十八大的东风,以百倍的信心,十足的干劲,推动江苏法院少年法庭工作百尺竿头,更进一步。下面,我结合本次会议的主题,谈几点建议,与大家共勉。

一是要全面贯彻落实未成年人刑事案件诉讼程序。

要把学习贯彻落实未成年人刑事案件诉讼程序作为当前一项重要任务,通过不同形式的学习和培训,了解未成年人刑事案件诉讼程序的立法背景、争议观点以及主要内容等,力求准确把握立法精神,还原立法原意,从而能够正确理解和适用;要正确把握"教育、感化、挽救"方针和"教育为主、惩罚为辅"原则;要加强对少年法庭法官队伍培训和培养,选拔真正熟悉未成年人身心特点,并具备民事、刑事以及教育学、心理学、伦理学等知识的人员充实到少年法庭中,进一步提升少年法庭法官队伍的专业化水平;要切实落实强制辩护制度,确保涉罪未成年人在案件侦查、审查起诉以及法庭审判阶段都能得到法律援助;要认真落实社会调查制度,努力解决好由谁调查、怎样调查、调查谁以及调查报告的诉讼角色问题;要正确理解合适成年人到场制度,对合适成年人包括哪些人、合适成年人在什么情况下到场、合适成年人的诉讼角色、合适成年人的适用范围等问题要有清醒的认识和界分,充分发挥合适成年人在未成年人案件诉讼中的"见证、沟通、抚慰、监督"作用;要正确适用不公开审理制度,对审判时被告人不满十八周岁的案件,一律不公开审理。同时也要考虑到法庭教育的需要,经未成年被告人及其法定代理人同意,未成年被告人所在学校和未成年人保护组织可以派代表到场;要严格依法执行未成年人轻罪犯罪记录封存制度,认真研究解决封存的正当程序、封存的溯及力、封存解除的条件、封存档案范围以及合适成年人到场与轻罪犯罪记录封存的冲突等问题；要善于在实践探索中发现未成年人刑事案件诉讼程序的不足，并提出健全完善的方案，以供最高法院和全国人大在作立法或司法解释时参考借鉴。

二是要进一步探索完善涉少民事审判机制。

自1984年以来，全国法院在少年法庭机构队伍、制度机制、考核保障等方面开展了大量卓有成效的改革探索，但主要还是在刑事审判领域，尤其在未成年人刑事案件审判方面，积累了很多成熟有效的经验，比如"寓教于审"制度、社会调查制度、轻罪犯罪记录封存制度、圆桌审判方式、心理评估干预和"两条龙"工作机制等等，特别是刑事诉讼法修改设置了未成年人刑事案件诉讼特别程序，表明涉少刑事审判方式改革已进入深水区。与涉少刑事审判相比，涉少民事审判的改革探索尚处在浅滩上，明显滞后，有些法院虽然在未成年人民事审判领域引入、创建了"社会观护员"和"诉讼教育引导"等制度，或者提出了"积极、优先、亲和、关怀"的司法理念，在个案审判上也产生了较好的效果，但由于缺乏与相关部门相互衔接的配套机制，上述工作机制和理念创新尚未发挥出应有的整体效应。从开拓创新的角度讲，涉少民事审判领域还有很多潜力可挖，因此，加强对涉少民事审判机制的探索实践与总结，既是今后一个时期少年法庭工作中的重要任务，也是人民法院"创先争优"一个很好的切入点。江苏法院在涉少民事审判方面也进行了积极有益的探索，有些还产生了比较大的社会影响，比如常州市天宁区人民法院结合涉少民事案件审判实践，出版发行了《未成年人民事审判规则研究——"天宁模式"的实践与探索》一书，创造性地构建了全新的未成年人利益表达机制、举证分配机制、国家代理机制和司法救助机制等，凸显了对未成年人权益的关注和保护，对规范和统一涉少民事案件的审判标准和操作规程起到了积极的推动作用，值得其他法院学习和借鉴。

三是要大力建立健全少年法庭机构。

全国法院第六次少年法庭工作会议专门强调了要建立、健全高级人民法院独立的少年法庭工作机构和要重视中级人民法院独立建制的综合审判庭建设，这是基于"机构挂靠、人员挂名"的现实考虑。江苏在全国首创综合审判庭试点，并且自2006年以来，江苏法院系统以综合审判庭试点工作为抓手，大力加强少年审判机构建设，从江苏高院报送的有关材料看，截至2012年12月，独立建制的综合审判庭已达82家，占全省法院总数的67%，苏州、徐州、常州、连云港等地法院更是实现了两级法院综合庭全覆盖。这些成绩的取得没有辱没江苏法院的"首创"之名，可喜可贺！目前，全国已有上海、北京两个高级法院设立了独立的少年法庭指导机构，"六少会"开后不久，北京高院又及时向北京市委报送了成立独立建制的综合审判庭的报告，除北京高院外，河南高院也向省委报送了成立专门审判机构的请示。我们希望江苏高院也尽快成立相应的独立机构。

四是要继续推动完善特色刑事审判制度。

未成年人刑事案件诉讼程序对实践中比较成熟的制度机制作出了明确规定，还有一些制度机制虽然没有被纳入刑事诉讼法，但在实践中已运行多年，对教育、感化、挽救失足未成年人，维护未成年人合法权益发挥了积极的作用。因此，我们在注重落实刑法、刑事诉讼法有关规定的同时，也不能"冷落"了这些法外特色工作制度：要继续完善圆桌审判方式，规范圆桌形制，统一圆桌座次，既要保护未成年被告人的合法权益，也要关注和保护被害人的合理诉求；要继续坚持法庭教育制度，法庭教育是我国"寓教于审"工作的核心环节，是实现教育、感化、挽救方针和教育为主、惩罚为辅原则的重要步骤。虽然刑事诉讼法没有对此作出明确规定，但第274条已经暗含了法庭教育的内容；要继续探索实践分案起诉、分案审理制度，力图解决共同案件中对未成年人不公开审理与对成年犯公开审理的矛盾；要继续推行心理评估干预机制，提升评估干预工作的专业性，完善工作程序，建立长效机制；要进一步完善"两条龙"工作机制，对内进一步强化司法机关之间的监督与配合，对外进一步加强与社会力量的协助与联动，从而将刑事诉讼法的立法精神更好地贯彻到实践当中去。

形势的发展变化赋予少年法庭前所未有的发展机遇，同时也对少年法庭工作提出了更高、更新的要求，少年法庭工作的作用更加彰显，责任更加重大。对此，我们一定要认清形势，作出正确的研判，顺应时势谋划少年法庭工作科学发展的宏伟蓝图。"六少会"的胜利召开，为少年法庭工作吹响了加快发展、转型发展、全面发展的号角。衷心希望和祝愿江苏法院以此次少年法庭工作会议的召开为契机，在前期工作取得重大成绩的基础上，进一步统一思想，提高认识，把握机遇，迎接挑战，始终保持少年法庭工作在全国法院的领先优势，为中国少年司法工作的进一步发展完善谱写新的辉煌篇章。

最后，预祝此次会议取得圆满成功，谢谢大家！

【理论与实务研究】

预防未成年人犯罪，基础在家庭

关　颖[*]

摘要： 家庭是未成年人犯罪的重要影响因素。2001年、2010年两次全国未成年犯调查显示：亲子分离、夫妻离异比例上升；父母责任缺失，家庭凝聚力减弱；家庭教育不当，孩子权利受到侵害等家庭问题凸显出来。监护人的无能为力、预防工作体系对家庭的忽视、社会舆论对监护人问题的误导，使家庭成为预防未成年人犯罪工作的"短板"。建议：完善未成年人家庭保护制度，强化对监护人的监督与惩戒；构建家庭教育指导体系，强化亲职教育；形成预防未成年人犯罪的合力，强化家庭的作用，夯实预防未成年人犯罪工作的基础。

关键词： 未成年人犯罪　犯罪预防　监护人职责　家庭教育　综合治理

未成年人作为弱小的、不成熟的人，是特殊的权利主体，享有受到家庭、学校、社会以及司法保护的权利。与成年人相比，他们的犯罪行为与周围的环境和其他人的行为有更为紧密、更为直接的联系，尤其是其父母或者其他监护人负有更大的责任。充分认识家庭在预防未成年人犯罪中的重要作用及其抚养教育功能的不良和缺失，据此提出强化家庭责任的具体措施，对预防未成年人犯罪工作体系的完善具有重要意义。

一、家庭——未成年人犯罪最深刻的影响因素

家庭是具有面对面交往特点的首属群体，对人施加的影响是最初的，也最为广泛而有效。一般来说，人都是通过家庭认识社会、走向社会的。一个

---

[*] 天津社会科学院社会学研究所研究员。

人在家庭中获得的知识、技能、行为习惯等等，是其适应社会的基础，家庭在人的社会化过程中的作用是其他群体、其他途径所不能替代的；另一方面，家庭的作用还表现在对学校、社会、同伴、大众传媒等其他外部因素影响的或者强化、或者削弱的作用。因此，当我们分析未成年人犯罪的原因的时候，总能够或多或少看到家庭因素对其直接或间接的影响。正如前苏联学者 A. И. 多尔戈娃通过长期研究得出的结论："少年丧失家庭的积极影响，在学校里学习成绩不佳，接近不良的伙伴等因素可能是相互作用的，但几乎在所有这些场合下都能见到这几种因素的相互作用。家庭、学校和同伴是所有儿童和少年共有的自然环境，对他们的个性发展有很大的影响力。其中家庭有特殊的作用，因为它不同于其他教育机构。一般地说，它能在各个方面、各个角度在人的一生中给人以影响。它是个性形成过程中起作用的必不可少的一环。"①

长期以来，家庭与未成年人犯罪的关系受到国际社会的普遍关注。② 早在 1955 年联合国召开的第一届预防犯罪和罪犯待遇大会通过的《防止青少年犯罪的决议》附件《关于防止青少年犯罪问题的报告》中就强调："毋庸置疑，家庭一般是儿童自幼龄起最主要的生活环境，对儿童表现和行为的发展起着头等重要的作用。"报告分析说，"随着工业化和城市化的发展，社会、家庭和个人等方面日益解体已成为公认的事实。目前，人们普遍认为，犯罪活动与社会和文化领域的变化有着十分密切的联系，而这些联系又是通过家庭的圈子表现出来。因此，更重要的是，应该努力加强家庭关系，使儿童在家庭中能感到温暖，情绪更稳定，更能服从管教，更感受到自己是家庭的一员。"

如今，当我们分析未成年人犯罪的影响因素时，家庭问题凸显出来。在对 2001 年、2010 年两次全国未成年犯调查资料分析中我们看到，在随着城市化进程的加快，农村人口不断减少的背景下，2010 年家住农村的未成年犯占到 67.2%，高于 2001 年 15.8 个百分点；2010 年犯罪前处于"达到法定入学年龄，不在学，无职业"的未成年人"闲散"状态的占 67.6%，高于 2001 年 6.2 个百分点；尽管未完成九年义务教育的未成年犯 2010 年比 2001 年有所降低，但农村未成年犯依然高达 79.8%。农村留守儿童犯罪成

---

① [苏] A·И·多尔戈娃：《少年犯罪社会心理学》，徐世京等译，上海翻译出版公司 1985 年版，第 42 页。
② 中国青少年犯罪研究会编：《中国青少年犯罪研究年鉴 2001·第二卷》，中国方正出版社 2002 年版。

为未成年人犯罪的突出特征,①而留守儿童问题存在的终极原因是家庭对未成年人的保护职责和教育功能的不良与缺失严重。两次全国未成年犯调查结果凸显的家庭问题主要有:

亲子分离、夫妻离异比例上升。未成年犯进入未管所之前与亲生父亲、母亲长期生活在一起的比例2010年为57%、56.3%,比2001年(62.6%、62.8%)分别降低5.6和6.5个百分点;当问及不和亲生父母长期生活在一起的原因时,回答"父母离异"的2010年达到32%,比2001年(17.9%)提高了14.1个百分点。父母离异对许多未成年人来说,不仅仅是生活水平下降和家庭结构破损本身的问题,而是夫妻离异之后家庭教育功能的不良和缺失,即抚养孩子的一方对子女的教育行为偏颇,以及不抚养孩子的一方放弃抚养责任或履行其责任受到阻碍。

父母责任缺失,家庭凝聚力减弱。未成年人脱离家庭失去成年人监护,是走上犯罪道路最危险的信号。2001年和2010年调查均显示,未成年犯有过离家出走经历的均占大多数,分别为67.2%和62.2%。从两个年度离家出走的频次来看,有过1次的分别占25.9%和26.9%,2~3次的分别占21.6%和31.6%,经常离家出走的分别占52.5%和41.6%。2010年调查显示:谈及离家出走的原因,有90.5%的人认为与父母打骂和感到家庭生活压抑有关;在经常离家出走的未成年犯中,"结交过有违法犯罪行为的人"高达81.1%。也就是说,父母责任缺失、家庭凝聚力减弱,是未成年人离家出走的重要因素,而离家出走的孩子更容易结交有过违法犯罪行为的人。

家庭教育不当,漠视孩子权利。两次调查都显示,父母对孩子限制、干预过多,是家庭教育最突出的问题。2001年调查结果显示,在回答家人教育行为时的8个选项中"要求非常严格,事事都管"的比例最高,占到39.4%;② 2010年调查中问未成年犯"你恨过自己的父母吗?"表示恨过的比例高达42.3%。恨父母的原因按比例由高到低依次是:"不理解我"占50.7%,"不关心我的心理感受"占46.6%,"不让我做自己想做的事情"占45.6%,"经常打骂我"占34%,"强迫我做不愿意做的事情"占29.4%,"生活上不管不问我"占28.7%,"父母总闹矛盾影响我"占

---

① 关颖:《未成年犯罪人主体特征跨年度比较——以两次全国未成年犯调查数据为基础》,载《预防青少年犯罪研究》2012年第6期。
② 关颖、鞠青主编:《全国未成年犯抽样调查分析报告》,群众出版社2005年版,第154页。其他选项依次是"大部分事情都顺着"占38.7%,"娇生惯养"占25.8%,"经常打骂"占16.1%,"不良行为不加管教"占9.1%,"赶出家门"占5.6%,"不给足够的吃穿,有病不给医治"占2.2%,"其他"占5.4%。

25.9%,"我有困难不帮我"占13.4%,"溺爱我"占5.8%,另有"其他"原因占9.1%。从上述结果不难看到,处在青春期的未成年人自我意识很强,有自己的心理感受,他们渴望理解和尊重。而父母习惯于凌驾于孩子之上,对他们的"事事都管""不理解""不关心""不让做""打骂""强迫"……折射出父母对孩子的权利和独立人格的漠视。

这些问题相互作用的结果是形成家庭对孩子的一种无形的排斥力即"推力",而另一方面则是社会不良因素和不良群体的吸引力即"拉力",如果这种状况不改变,社会再多的监控、防范也难以解决预防未成年人犯罪的根本问题。因为未成年人不同于成年人,他们属于弱势群体,需要成人社会首先是父母作为监护人保护他们的权益。当监护缺失或不良,他们的权益受到侵害,比成年人更容易产生犯罪行为。这是因为:一是他们获得需要满足的途径少;二是他们需要的满足主要依靠家庭和社会供给;三是他们无力抗衡权益的侵害;四是权益受到侵害容易引发心理扭曲和变态。家庭的缺陷与性格异常、教育不足、外部环境不良等各种致罪因素相结合,往往使他们不假思索地采取过激甚至违法犯罪行为,以获得自身需要的满足,即以侵害他人的权益来维护自己的权益。换一个角度说,如果未成年人的需求在家庭中得到满足,他们的权益得以有效的保障,或者当他们的权益受到外部不良因素侵害的时候,家庭给予其及时的补偿或救助,至少在他们走上犯罪道路之前可以起到预防和缓解犯罪的作用。

二、家庭——预防未成年人犯罪工作的"短板"

家庭作为预防未成年人犯罪的责任体,在综合治理体系中具有重要地位。我国预防未成年人犯罪法明确提出:"预防未成年人犯罪,在各级人民政府组织领导下,实行综合治理。""政府有关部门、司法机关、人民团体、有关社会团体、学校、家庭、城市居民委员会、农村村民委员会等各方面共同参与,各负其责,做好预防未成年人犯罪工作,为未成年人身心健康发展创造良好的社会环境。"不良家庭环境对未成年人犯罪有着重要影响,预防犯罪的"基础在家庭,关键在家庭"这样的结论已被反复证实是正确的。但现实的情况是,家庭在我国预防犯罪工作中始终是一块"短板"。

从家庭自身来看,我国预防未成年人犯罪法中涉及未成年人家庭、父母或者其他监护人的条款占到全部法条的近三分之一,涵盖了对未成年人进行人身监护与教育、对不良行为和严重不良行为制止与报告、对监护人的教育惩戒等方方面面。可是在现实中,相当多的父母并不了解这些内容,由于监护不良或监护缺失受到惩戒的更是微乎其微。在未成年犯管教所调查中，当我们面对未成年犯的父母，没有一个不是后悔不已，他们大多是在孩子犯罪之后才反思自己的过失，才开始了解相关法律，才知道孩子犯罪会判刑……这一问题反映出我们的国民教育中，监护人的教育是一个盲点，身为父母的人不知道作为孩子的监护人的职责是什么和如何正确履行这些职责，不了解在预防未成年人犯罪中自身的重要作用。父母或者其他监护人自身素质的缺陷，常常使家庭这道预防未成年人犯罪的"第一道防线"不攻自破。

从预防工作体系来看，在相关政府机构、司法机构预防青少年犯罪的分工中少有部门专门分管家庭；未成年人保护法、预防未成年人犯罪法规定承担对父母或者其他监护人监护缺失和不良行为进行教育、劝诫、制止责任的居民委员会、村民委员会由于自身条件所限难以切实履行法律规定的与家庭相关的责任；司法部 2010 年发布的《关于进一步加强学校及周边治安综合治理法制宣传教育工作的通知》提出："加强中小学生家长的法制教育，努力提高他们的法律素质，发挥家长在维护青少年合法权益中的作用。"我国普法中提出了法律进机关、进乡村、进社区、进学校、进企业、进单位，唯独没有进家庭。"六五"普法规划明确青少年是普法宣传的重点对象，提出"健全学校、家庭、社会'三位一体'的青少年法制教育格局"，并有"深入推进中小学校法制教育课时、教材、师资、经费'四落实'"措施保障，但没有一项具体措施落实到家庭……总起来看，在预防犯罪工作体系中，家庭是明显的薄弱环节，更缺少对未成年人父母或其他监护人的监督和惩戒机制。

从预防工作内容来看，在分析未成年人犯罪的原因时，家庭问题总是最突出的，问题家庭往往"制造"了孩子的问题，而家庭问题的解决又总是最棘手的。近年来，重点青少年帮扶、治理校园周边环境、网吧治理等卓有成效，在流浪儿童、农村留守儿童等未成年人犯罪高发群体的帮扶工作中，组织社会关爱行动，投入了大量人力财力，未成年人生存的外部环境得以改善。只是无论做得多有成效，孩子一旦回到家里，家庭环境不良、监护人不能很好地履行监护职责，一切问题依然如故，所有的改善外部环境的努力便前功尽弃。比如，网吧禁止未成年人进入了，回家后父母对孩子管束过严、非打即骂，他可以到更远的地方、家长老师找不到的地方找到自己愿意去的场所和乐趣；帮助流浪儿童回家，流出地和流入地的每个工作环节都可以做得天衣无缝，但是家庭依然留不住孩子。不重视家庭、忽视家庭的结果是，家庭成了预防未成年犯罪工作中最大的"短板"。当孩子出了问题，再争取家庭配合常常是问题积重难返。

从社会舆论导向来看，忽视家庭责任和监护人义务的宣传、引领。一位著名教育专家谈及家庭教育时说："好父母不应把教育孩子当做是枯燥的责任和义务，而应该当做是自己人生的一种乐趣、一种享受、一种富足。"一位著名法官当被问及犯罪未成年人监护人承担什么责任时回答是"我们不讲责任，只讲爱心"；在2010年我国中央七部门联合颁布的《全国家庭教育指导大纲》中对指导对象的表述是"18岁以下儿童的家长或监护人"，竟然把"家长"排斥在"监护人"之外……凡此种种，反映了社会舆论对监护人责任和义务传播的缺失与扭曲。对有子女的公民而言，依法履行自身对未成年子女监护职责的认识是空白或者模糊的，在孩子的抚养教育中监护职责的不良和缺失也就不足为怪了。

按照管理学中的"木桶理论"，一只水桶能盛多少水，并不取决于最长的那块木板，而是取决于最短的那块木板。它给我们的启示是：在政府、司法、家庭、学校、社区等社会各个方面构成的预防未成年人犯罪工作体系中，弥补家庭这块"短板"才能真正形成齐抓共管、综合治理的格局，预防青少年犯罪工作也才能从整体上提高水平。

三、强化家庭责任——夯实预防未成年人犯罪工作的基础

预防未成年人犯罪，顾名思义工作的重点是把犯罪控制在发生之前，是建立在犯罪结果发生的可能性上。① 既然家庭环境不良、父母对未成年人监护职责缺失产生或催化了未成年人的不良行为和犯罪行为，那么改善家庭环境就应当成为预防未成年人犯罪工作的着力点。然而社会现实表明，越是问题家庭，通过自身改变的能力越弱，实现改变的可能性越小，因此，需要国家和社会力量对家庭给予帮助乃至救助。

（一）完善未成年人家庭保护制度，强化对监护人的监督与惩戒

在我国，"家庭的事是私事"的认识根深蒂固，发生在家庭内部的问题，很容易被掩盖而使得未成年人得不到及时的帮助和救助。那些在未成年人抚养教育中有过失的监护人得不到应有的惩戒，往往加剧了对孩子的侵

---

① 徐建：《论预防未成年人犯罪法的法律责任——〈预防未成年人犯罪法〉法理简介（三）》，载《青少年犯罪问题》2000年第1期。

害。有鉴于此，需要完善未成年人家庭保护的法律制度，强化对监护人的监督与惩戒。

在监督方面，应有专门的行政主管机构，并实行"属地管理"。未成年人住所地的居民委员会、村民委员会设立未成年人保护机构的最基层组织或者有专职人员、社会工作者受理任何人对监护人问题的举报，并且有责任通过邻里沟通、走访家庭等方式，及时了解家庭抚养监护未成年人的情况，履行未成年人保护机构检查、监督未成年人监护人的职能。同时规定任何人发现未成年人的权益受到侵害，都有向居委会或村委会、当地主管机关、公安机关、社会福利机构等报告的义务，尤其强调教师、医生等与未成年人直接相关的人士担负保护未成年人的责任，对监护人不履行职责和侵害未成年人权益的情况及时举报。这是对监护人问题进行干预的最有效、最直接的途径。

在惩戒方面，我国未成年人保护法规定："父母或者其他监护人不依法履行监护职责，或者侵害未成年人合法权益的，由其所在单位或者居民委员会、村民委员会予以劝诫、制止；构成违反治安管理行为的，由公安机关依法给予行政处罚。""父母或者其他监护人不履行监护职责或者侵害被监护的未成年人的合法权益，经教育不改的，人民法院可以根据有关人员或者有关单位的申请，撤销其监护人的资格，依法另行指定监护人。"这其中的问题是前者没有"劝诫""制止""行政处罚"的具体措施，后者是没有相应的监护制度作保障，因此难以实施。台湾地区的"儿童福利法"规定了对儿童的保护措施和若干禁止的事项，对于未履行职责的父母或其他监护人，市、县主管机关责令其接受8小时以上、50小时以下的亲职教育辅导，并收取必要费用。拒不接受亲职教育辅导或时数不足者，处新台币3000元以上1.5万元以下罚款；经再通知不接受者，按次连续处罚，直至其参加为止。而且每一项条款都有相应的机构具体落实，可操作性非常强。在这方面，他们的一个重要理念是把忽视或虐待儿童的监护人视为社会问题的受害者，给予治疗，而不是单纯地惩罚，这种做法值得我们学习借鉴。另外，如果由于监护人暂时出现问题，未成年人无人抚养、照顾，或被遗弃、遭身心虐待等利益受到严重威胁，无法共同生活时，未必立即履行剥夺其监护人资格的程序，而由未成年人保护机构对未成年人进行妥善安置，如社会福利机构、社区或寄养家庭等。同时，对监护人进行训诫、惩罚，安置孩子的费用由监护人提供，或者指定个人或机构在特定时期内对监护人的监护行为进行监督。这样，作为劝诫、制止、行政处罚与撤销监护人资格之间的过渡措施,有利于对未成年人的保护。而"中止或撤销监护人的资格"应当严格限定在其他措施不足以保护未成年人权益的情况下,尽量减少对孩子和家庭造成的负面影响。

(二)构建家庭教育指导体系,强化亲职教育

当我们揭示未成年人家庭教育中存在的诸多问题,对父母在保护子女权利方面不尽如人意之处进行批评的同时也应当看到:近年来,父母们对孩子的重视达到了空前的程度,但有两个最基本的问题被忽略了:一是未成年人有什么权利,如何保护他们的权利?在很大程度上并没有进入父母了解、关心孩子的范围;二是父母对未成年人应当履行哪些职责,法律规定的权利义务是什么?许多人并没有清楚的认识,因而在未成年人的家庭保护中存在很大的盲目性。同时也必须承认,父母承担对未成年人的抚养和监护责任、实施家庭保护并非可以无师自通,他们在履行职责中存在的问题,在一定程度上是社会缺乏这方面的教育和必要的指导造成的。尽管近年来家庭教育指导得到重视,但由于没有父母必须接受教育的法律规定,总体上看存在的问题有以下几个:一是有相当多的未成年人的父母未曾接受过正规的家庭教育指导,尤其是在教育问题较为严重的偏远、贫困农村,家庭教育指导几乎是个盲点;二是教育滞后,不足以对父母正确履行监护人的责任给予预期的帮助;三是流于形式,针对性不强,难以解决父母在孩子教育中的实际问题;四是亲职教育的主管机构和执行机构不明确,缺少必要的人员、资金等支持,甚至造成某些以营利为目的的机构对父母的误导;等等。

因此,为了保障未成年人的监护人有效履行抚养教育职责,有必要构建符合我国国情的家庭教育指导与服务体系,其着力点是:在制度上明确承担亲职教育的政府主管机构,统筹协调相关部门、各级政府,加强法律、规划的执行力度,落实保障措施,改变多部门都管都可以不管的局面;将亲职教育纳入国民终身教育体系,对提升未成年人父母的教育素质作出长远规划,把为人父母的责任、义务、家庭教育的基本的理念和方法的学习作为国家投入的义务教育、基础教育;充分发挥各类社会组织在指导服务家庭教育中的作用,建立机构准入制度、指导者职业资格培训和认证制度以及评价体系、监督措施等,使亲职教育正规化、规范化,从根本上起到帮助和促进父母正确履行其对未成年人家庭保护职责的作用。在此基础上家庭教育立法才有可能。

（三）形成预防未成年人犯罪的合力，强化家庭的作用

中共党的十八大报告在阐述"全面提高公民道德素质"的具体要求时提出"引导人们自觉履行法定义务、社会责任、家庭责任"。在这里把家庭责任与社会责任并列提出，表明党中央对家庭的重视。如何有效引导未成年人监护人自觉履行法定义务，弥补家庭这一预防未成年人犯罪工作中的"短板"，进而发挥家庭在提高未成年公民素质中的积极作用，是预防未成年人犯罪不能回避的问题。

当家庭环境恶劣、家庭功能失调或者父母的教育方式不良的时候，如果有外部力量的积极帮助、及时弥补，就会减少其对未成年人的侵害，降低未成年人发生犯罪行为的可能性。而家庭问题的社会干预靠某一方面的力量难以奏效，需要在政府的统一协调下，建构社会各方面参与的、相互联系、相互依托、各司其职、优势互补的网络系统，从不同角度、不同方面进行有效干预。即政府部门、司法机关、人民团体、学校、居民委员会、村民委员会、相关社会组织等各方面在履行自身预防未成年人犯罪职责的同时关注未成年人的家庭，把工作的着力点向家庭倾斜。这其中首先应当强化的一个基本认识是，未成年人的父母或者其他监护人是预防犯罪工作必须依靠的力量，而不仅仅是被要求的对象。预防未成年人犯罪工作得到家庭的支持和配合，父母或者其他监护人自觉履行监护职责，创造良好的家庭环境，比依靠外力的"盯人战术"更能防患于未然。

在这方面，学校和社区尤其应当加强与家庭的联系。家庭坐落在社区，家庭成员需要帮助的时候，除法律手段之外，社区的社会支持网络对其提供咨询、协调、援助，使未成年人求助有门，使家庭问题有人管；学校中的每一个学生都来自特定的家庭，学生在学校的精神状态、出现的问题往往与家庭有着千丝万缕的联系，搞好学校教育不能不重视家庭问题。在工作重点上，应侧重家庭不良心理和行为的矫治与父母效能训练，帮助家庭建立良好的亲子关系。站在大教育观的立场上考虑，教育行政部门应当把对家庭的指导、帮助作为学校的工作任务和对学校进行整体考核、评价的一部分，把对家庭的学校支持常态化、规范化。

家庭抚养教育未成年人功能的强化、其作用的有效发挥，整个社会的和谐、稳定才有坚实的基础，预防未成年人犯罪才能真正落到实处。

关于未成年人校园体育活动
人身损害责任承担问题的调研报告

杨跃进[*] 李纪红[**] 仇芳芳[***]

摘要：学校体育活动教学是学校教育的一项重要内容，不仅是国家人才培养战略的重要内容，也是发展国家体育事业的重要组成部分，对提高国民素质有着至关重要的作用。未成年人科学地进行体育锻炼，对促进其生长发育和智力发展都有益处。然而，体育活动天然所具有的对抗性、群体性特点，使得在体育活动中发生人身损害不可避免。特别是近年来，在校学生因参加学校体育活动而发生人身伤害的事件屡屡发生，由此而产生的法律纠纷也日渐增多。学校和学生成为校园体育活动伤害事故责任的最大承担者，致使很多学校因噎废食，大幅降低甚至放弃部分体育课程的开设，严重困扰着各级各类学校的正常体育活动教学秩序。

如何合理分担未成年人校园体育活动中所产生的损害赔偿责任，以及对未成年人校园体育活动人身损害赔偿责任承担机制的完善等一系列问题，就是当下面临的重大课题；如何在社会管理方面加强校园体育活动的有效保护及损害救济也是社会关注的焦点。

我们以未成年人保护为重点，以司法审判中的典型案例为样本，全面分析未成年人校园体育活动中人身损害的不同类型。针对不同情况提出具有可行性的司法建议，形成统一的司法标准，同时立足社会管理角度探索问题的解决办法和机制。通过此课题的研究，我们倡导社会各界特别是有关行政管理部门，提高对校园体育工作的关注度，加强适合未成年人成长的文化体育活动的研究，完善校园体育活动各项机制。

关键字：未成年人 体育活动 人身损害

---

[*] 北京市第一中级人民法院未成年人案件综合审判庭庭长，主要研究少年司法制度。
[**] 北京市第一中级人民法院未成年人案件综合审判庭副庭长，主要研究少年司法制度。
[***] 北京市第一中级人民法院未成年人案件综合审判庭内勤，主要研究少年司法制度。

一、未成年人校园体育活动人身损害案件概况

校园体育活动是未成年人学校活动的一项重要内容，由于体育活动自身风险性特点以及校园体育群体性强的特征，未成年人在校期间因参与体育活动而导致人身损害的事故频繁发生。

对于未成年人校园体育活动人身损害的界定，我们认为是指在学校作为组织者组织实施的校内、外体育活动或学生按照学校体育活动规则在学校内自发进行的体育活动中，在学校负有管理责任的体育场、馆或者其他体育设施内进行体育活动时发生的，因过错造成未成年学生人身损害或者死亡的事故。

未成年人校园体育活动人身损害事故具备以下几个特点：

第一，就主体而言，未成年人校园体育活动人身损害事故的当事人一方为在校未成年学生。其中，依据《学生伤害事故处理办法》，学校是指"国家或者社会力量举办的全日制的中小学（含特殊教育学校）、各类中等职业学校、高等学校"，学生是指"在上述学校中全日制就读的受教育者"。

第二，就主观方面而言，未成年人校园体育活动人身损害事故的发生多为当事人的过错造成的。从行为性质看，未成年人校园体育活动人身损害所导致的后果为人身伤害或者死亡，涉及侵害生命权、健康权、身体权，属于侵权行为的范畴，依据民法通则及侵权责任法的规定，此类行为以过错责任为主要归责原则。受害人和行为人对损害的发生都无过错的，也可根据实际情况适用公平责任原则。

第三，就客观方面而言，学校体育活动伤害事故应当发生在学校组织的课内外、校内外体育活动或者未成年学生按照学校活动规则在校园内自发进行的体育活动过程当中；场地需为学校负有管理职责的运动场、馆或者其他体育设施内，或者为在学校组织的校外体育活动场所。具体包括学校组织的体育课、体育活动、体育训练、体育竞赛期间，或者是在学校组织的校外体育活动、体育训练和竞赛期间，或者是学生在校期间在校内体育场所内依照学校活动规则自发组织的体育活动期间。

第四，就客观结果而言，学校体育活动伤害事故仅指对人身损害的事故，也包括由于对人体的损害而造成的精神损害。学生在体育活动中所遭受的财产权损害应当作为一般侵权处理。

依上述标准，我们选用北京市未成年人校园体育活动人身损害案件28件为统计案件，其中涉及未成年人47人。28件案件均系经两级人民法院审

理的民事案件。我们分析案件后发现：

首先，在阶段性方面，小学就读的未成年人活泼好动，对于自身行为的危险性缺乏足够的认知力，且对自身行为后果预见性差，发生的人身损害事故的体育活动以跑、跳类单向性体育活动为主。中学就读的未成年人处于青春期，体育活动类型多为球类竞技等对抗性活动，对自身力量的控制能力不足，属于发生人身伤害事故的高发群体。

其次，在责任主体方面，直接侵权人与学校共同责任认定的案件比例占大多数，直接侵权人、被侵权人、学校的共同责任案件占中等比例，单独追究学校责任和单独追究直接侵权人责任的案件比例相对较小，总体而言，学校作为责任承担方的案件比例较高。

二、未成年人校园体育活动人身损害案件的主要特点与成因

（一）未成年人校园体育活动人身损害案件的阶段性特点

幼儿园、小学、中学分别所占比例与未成年人不同时期的身心特点及学习生活环境有着密切的联系。如图1所示，所选取案件中，幼儿园阶段发案比例为7.1%，小学阶段发案比例为32.1%，中学阶段发案比例为60.8%。这与各年龄段未成年人身心特点密切相关。（见图1）

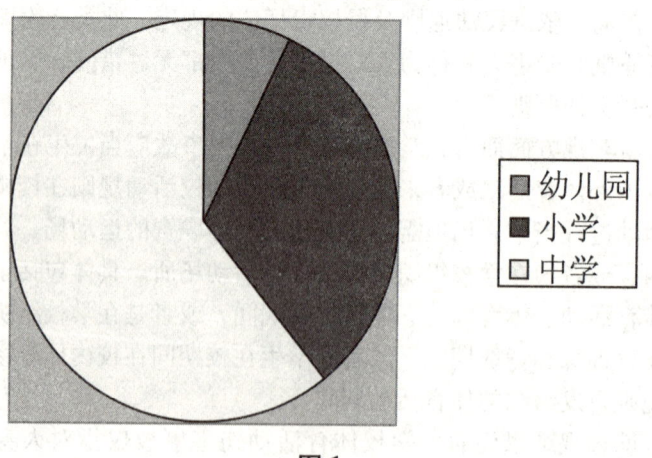

图1

幼儿园就读的2~6岁的未成年人属于无民事行为能力人，缺乏对危险的基本认知能力及自我保护能力，容易遭受伤害。但是，由于幼儿园的体育

活动类型简单，设置较少，且幼儿活动区域及活动方式受限，对他人实施危险行为的能力有限，因此，此阶段体育活动人身损害案件的纠纷少，且几乎均为未成年受害人与学校之间的纠纷，伤害类型以非对抗型、非相互型伤害为主。

小学就读的6~12岁未成年人处于无民事行为能力与限制民事行为能力的衔接阶段，初步具备了对常识性危险的认知能力，但是自我保护能力差。虽然依照学校的体育活动安排，此阶段的未成年人不会参加对抗性激烈的高危险性活动，但由于该阶段未成年人对体育活动规则理解能力有限，遵守规则意识较差，在普通体育活动中也容易发生伤害。在我们分析的9件小学阶段未成年人体育活动人身损害案件中，有7件是发生在跑跳类单向性体育活动中，有1件是发生在相互性体育活动中，球类对抗性体育活动伤害仅1件。

在中学就读的12~18岁的未成年人属于限制民事行为能力人，其身心较接近于成年人，其对于自己行为及周围环境的危险性已经具备一定的认知能力和控制能力，活动范围及活动方式亦较其他未成年人要更为广泛和多样化，更多的参与对抗性活动，由此发生事故的机会亦随之增加。鉴于该阶段在校未成年人已经具备了一定的判断能力和生活经验，学校对于此年龄阶段未成年人的安全防范意识会相对降低，人身安全防护措施自然不会如对于幼儿或儿童一般。但是，此阶段的未成年人并不具备完全的独立判断能力，对自身行为的认识能力和控制能力并不完全。加之，这个年龄阶段的未成年人处于青春期，生理活动旺盛，热衷于对抗性、力量型运动，情绪容易冲动，对自身力量和行为的控制力与破坏力并不能形成准确的预估，容易造成人身伤害事件的发生。

（二）未成年人校园体育活动人身损害的伤害来源特点

由于环境及参与者的限制，未成年人校园体育活动人身损害案件的伤害来源分布较为简单，主要集中在校方作为管理者的管理者侵权型事故和同学作为共同参与活动者的参与者侵权型事故。

在我们选取的统计案件中，学校未参与诉讼的案件仅4件，占统计案件的14.3%，其中包含1件第三人侵权案件和3件参与者侵权案件。仅有受害人和学校参与诉讼的案件为8件，占统计案件的28.6%，均以管理者侵权为由提起诉讼。受害人、行为人、学校共同参与诉讼的案件16件，占统计案件的57.1%，均以分别追究管理者侵权和参与者侵权为由提起诉讼。（见图2）

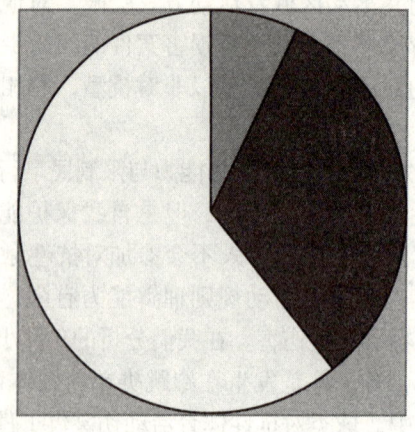

图 2

1. 管理者侵权型事故

学校作为未成年人在校期间学习、活动的管理者,因体育设施瑕疵发生事故、因组织行为瑕疵发生事故、因违反法定义务发生事故、因工作人员的过错发生事故等的事故情况,统归为管理者侵权型事故。由于服务对象均为未成年人,学校承担着特殊的社会职能,故学校在安全保障方面应当承担较高的注意义务,增强自身安全意识,保证设施的安全性和事故防范措施。

案件统计表明,诉讼中不包含管理者侵权的案件比例很小,仅约占1/7。学校作为管理者、组织者参与校园体育活动人身损害案件的比例较高,校方作为教育管理机构在未成年人体育活动保障方面与预估情况相比存在一定差距。学校作为直接侵权或者间接侵权的主体参与诉讼的类型主要包括:

第一,因体育设施瑕疵发生事故。是指学校内部的体育场馆、器械或者其他体育设施,因不符合适用标准或者存在安全隐患而导致学生在体育活动中受到人身损害的事故。这类事故属于学校在体育活动中未尽到管理和保护责任的直接侵权类事故。

第二,因组织行为瑕疵发生事故。是指在学校组织的校内外体育活动中,或者学生依据学校的体育规则自发在校内组织的体育活动中,因学校的组织行为不当而发生的事故。这属于学校在体育活动中未尽到管理和保护职责的直接侵权类事故。学校应当按照学生的年龄、认知能力、行为能力的不同特点,组织、指导、引导或者规范学生进行相应的体育活动。如果组织安排不合理,组织安排不到位,或者明知学生在校内自发进行超越其能力范围或者风险极高的体育活动而不加制止和教育，均属于学校因组织行为瑕疵而引发的事故。

第三，因违反法定义务发生事故。是指在学校组织学生参与的体育活动中，学校因违反相关义务不作为而发生的事故。这属于学校在体育活动中违反相关规定的直接侵权事故。学校应当了解学生和教职员工的基本情况，学校明知学生有特异体质或者特定疾病不宜参与体育活动，或者在明知学生在体育活动中发生疾病或者伤害，而不采取及时措施导致学生在体育活动中受到人身伤害，则应当认定学校违反了法定义务。

第四，因工作人员的过错发生事故。是指因教职员工在体育活动中体罚学生或者履行教师职责的过程中违反工作要求、操作规程、职业道德或者其他相关规定规定而导致学生人身损害的事故。这属于学校作为间接侵权主体的事故类型。由于学校与教职员工之间形成的职务关系，在体育活动中，教职员工的职务行为应当由学校对其承担相应的替代赔偿责任。教职员工的非职务行为应当由本人承担法律责任。

2. 参与者侵权型事故

我们认为参与者侵权型事故是指进行体育活动的未成年学生或者其监护人因过错而发生的体育活动人身损害。

未成年人在自身的认识能力和控制能力范围内参与体育活动，但由于自身没有尽到应尽的注意义务而发生人身损害的案件属于参与者侵权事故。未成年人相互之间在校园内因体育活动而致人身损害的案件为多数。如同学之间在校内自主开展体育活动时活动致伤，同学之间在体育课上参加有组织的体育活动发生冲撞致伤等。

由于未成年人作为行为人的人身损害案件的侵害行为主体和责任主体往往是分离的，未成年人的监护人承担较高的监护职责，故我们认为未成年人或者其监护人隐瞒特异体质或病情参与体育活动而造成人身损害的事故，也属于参与者侵权型事故。

3. 第三人侵权型事故

第三人侵权型事故，是指由于第三人的过错而导致学生在体育活动中受到人身损害的事故。未成年人体育活动多以群体性、开放性为主，加之部分学校周围的环境较为复杂，学校无法保障周边环境的完全安全。此外，随着素质教育的全面开展，校方作为发起人与其他机构联合组织的素质拓展类活动也逐渐增多，因第三人的过错而发生的体育活动人身损害事故近年来时有发生。

4. 共同侵权型事故

目前，未成年人校园体育活动以集中性活动为主，因此二人或二人以上共同实施危及他人人身安全的行为的共同侵权事故较为多发。

如孙某与董某在学校操场上因体育课排队互换位置时将附近的吴某撞倒，造成吴某受伤。法院认定，孙某、董某构成共同危险行为。二人共同实施危及他人人身安全的行为并造成损害后果，不能确定实际侵害行为人的，应当承担连带责任。在致吴某受伤后，孙某、董某均未能证明损害后果不是由其造成的，孙某、董某对于吴某受伤的后果应当共同承担民事责任，故两人应当承担连带责任。

5. 意外事件型事故

意外事件型事故是指学生在体育活动过程中，由于主观上不能预见、客观上存在不可抗拒等原因而发生的人身损害事故。其中既包括不可抗的自然因素造成的伤害事故，也包括体育活动过程中外界环境发生的具有突发性、偶发性的意外侵害而造成的事故，因参与者不自知、管理者不能知的突发疾病而造成的事故，在正常体育活动中因不可预见的风险导致的意外伤害事故等。

依照国家教育管理部门的规定，学校应当按照学生所处不同年龄阶段，根据学生的情况安排在校学生进行不同类型的体育活动，其中也应当包含一定比例的体育赛事活动，这是符合教育教学需要的。由于体育活动自身的风险性本质，特别是在对抗性明显的体育活动中，即使是校方作为管理者尽到教育管理的职责且无过错、体育活动参与者遵守活动规则，也可能因主观上不能预见、客观上存在不可抗拒性等原因而发生体育活动伤害事故。

（三）未成年人校园体育活动人身损害案件的责任承担特点

首先，对于管理者侵权型案件，我们分析的案件中，学校参与诉讼案件共24件，占统计案件的85.7%，说明在未成年人校园体育活动人身损害赔偿案件中，学校作为承担"教育、管理、保护"职责的特殊法律关系承担者，对该类案件负有较高的注意义务和法律责任。

学校参与诉讼案件的二审生效判决中，认定学校完全不承担赔偿责任的案件仅2件，占学校参与诉讼案件的8.3%；认定学校承担公平责任的案件为3件，占学校参与诉讼案件的12.5%；学校与受害人调解结案，学校承担调解赔偿的案件为3件，占学校参与诉讼案件的12.5%；在生效文书中认定学校有过错的案件有16件，占学校参与诉讼案件的66.7%，其中学校承担全部责任的案件1件，学校承担主要责任的案件6件，学校与学生承担同等责任的案件1件，学校承担次要责任的案件8件。数据表明在学校参与的诉讼中，学校承担各类赔偿责任的比例非常高，虽然承担赔偿责任的责任形式不同，但在超过九成的案件中学校都要自主负担相关的赔偿费用。而且其中认定学校存在过错的案件比例也超过了六成，其中的原因包括两个方面，一方面是学校的体育活动安全保障存在问题，另一方面当学生发生体育活动人身损害事故时，学校很难证明自身无过错。

其次，统计案件中，未成年人受害人因自身过错承担责任的案件共12件，占全部统计案件的42.9%，其中受害人因自身过错承担全部责任的2件，受害人承担主要责任的3件，受害人承担同等责任的1件，受害人承担次要责任的6件。数据表明，尽管未成年人不具备完全的认识能力和控制能力，未成年人在参与体育活动时也应当对于自己行为能力相适应的体育活动有一定的风险判断能力，应当在体育活动中尽到相应的注意义务，否则将由自身承担相应的风险。

再次，由于活动参与者的民事行为能力状态不同，统计案件中，参与者侵权型事故的参与者责任承担也存在很大的差异。当活动参与者是无民事行为能力人时，对参与者的责任认定相对较轻。当活动参与者系限制民事行为能力人时，由于限制民事行为能力已经具备了一定的认知力和控制力，对参与者的侵权责任认定相较于无民事行为能力人而言较重。

（四）学校在对于未成年人的安全保障方面的情况特点

通过对北京市石景山区57所幼儿园、小学、中学进行问卷调查，目前学校在对未成年人的安全保障方面存在以下特点：

1. 全部学校都能达到基本的安全教育要求，均有预防措施，97%的学校以安全值班老师、学生检查、班主任及学校安全教育为主要形式。91%的学校制定有事后应对方案，2%的学校事后应对方案不完备，7%的学校无事后应对方案。

2. 83%的学校能够在组织集中性体育活动时制定安全预案，在体育课前任课教师准备详细教案，列明活动类型及安全保障情况。

3. 仅35%的学校有单独的课程记录，部分学校能将课程记录与教案一并完成。

4. 部分学校体育活动设施预估与实际现状存在差异，体育设施存在不安全因素。

5. 95%的学校组织学生加入保险，其中包括学生平安保险和校园伤害险，但有5%的学校无校园伤害险，虽然每年会组织学生自愿参加的学生平安保险（包括意外伤害），但因投保系学生自愿，所以各个学校的自愿投保情况参差不齐，没有学校能做到全部学生自愿投保，仅7%的学校自愿投保率能够超过90%。

6. 部分学校迫于师资力量有限，校园体育活动组织存在瑕疵。

三、现有法律框架下审理未成年人校园体育活动人身损害案件的法律难点

（一）过错推定原则下法院是否必须追加学校作为共同被告

侵权责任法规定，学校对无民事行为能力人在学校学习、生活期间受到的人身损害，应当承担责任，但能够证明尽到教育、管理职责的，不承担责任。依此可认定，学校对无民事行为能力人在校期间的体育活动人身损害的责任承担适用过错推定原则，在尚未证明尽到教育、管理职责的情况下，推定为过错侵权人。在还存在其他侵权人的情况下，学校作为推定的过错侵权人与其他侵权人构成推定的共同侵权。

依据《最高人民法院关于审理人身损害赔偿案件适用法律若干问题的解释》第5条的规定，赔偿权利人起诉部分共同侵权人的，人民法院应当追加其他共同侵权人作为共同被告。赔偿权利人在诉讼中放弃对部分共同侵权人的诉讼请求的，其他共同侵权人对被放弃诉讼请求的被告应当承担的赔偿份额不承担连带责任。责任范围难以确定的，推定各共同侵权人承担同等责任。民事诉讼法第一百一十九条规定，必须共同参加诉讼的当事人没有参加诉讼的，人民法院应当通知其参加诉讼。

可见，作为推定的共同侵权人，在责任尚未确定的情况下，法院应当依职权追加学校作为必要共同诉讼人，也可以依照当事人的申请追加学校作为必要共同诉讼人。但是，赔偿权利人明确放弃对学校的求偿时，也应当允许，但应当在明确责任的情况下依法分担赔偿责任。

（二）举证责任问题

在审判实践中，受伤害学生举证非常困难。以学校责任为例，限制民事行为能力人需要证明举证学校存在过错，且学校的过错行为与人身损害结果之间存在因果关系；无民事行为能力人也需要证明人身损害结果与学校行为

之间存在因果关系。

虽说在民法上，学生和学校是平等的民事主体，但受到人身损害后举证对学生来说是不容易的，让学生在体育活动中分出一部分精力来注意谁可能有过错、可能对自己的身体健康构成威胁是不现实的。受到年龄和认识能力、逻辑能力的限制，未成年人本人及学校同学在举证方面都有很大的难度和障碍。而监护人作为实际诉讼活动的直接参与人，却因为没有直观接触到损害事故当场也无法实现有效举证。

学校作为一个教育机构，从其教书育人的角度讲也应当尽可能选任高素质的教职员工、选用高标准的体育活动设备、建造保障活动安全的场所，为学生提供能足以保障其权益的体育活动条件。出于对学生合法权益的保护，因而我们认为应当要求学校承担更重的举证责任。学生作为学校管理的对象，本身就处于劣势，从保护弱势群体利益的角度讲，也应当平衡各方以达到法律的公平适用。

（三）保险求偿问题

部分当事人在案件审理中主张受害方的人身损害赔偿费用中有部分金额为优惠或者保险已给付部分，以此为依据抗辩拒绝再次支付此部分费用。

对于当事人要求赔偿享受优惠部分的医疗费，法院应当予以支持，并可以将当事人获得优惠部分赔偿的情况告知相关单位。故以受害方主张人身损害赔偿费用中有优惠为抗辩理由的，抗辩理由不成立。

自行投保的人身保险合同，属于商业保险行为，被保险人因第三者的行为而发生的伤残等保险事故，保险人向被保险人或受益人给付保险金后，被保险人或者受益人仍有权向第三者请求赔偿。故对于受害方自行投保所获的赔偿并不能减轻侵权人对其的赔偿责任。

但对于双方当事人均系未成年人，且参加了国家建立的基本医疗保险的，未成年人受到伤害后可以依法从国家和社会获得了报销部分医疗费用的帮助。区别于商业保险，基本医疗保险不适用已报销费用的追偿，法院仅就实际支付的部分予以支持。

四、未成年人校园体育活动人身损害案件的审判对策

(一) 关于归责原则

1. 过错原则

行为人的过错是加害人行为时的主观心理状态，通常主要表现为故意和过失。侵权责任法中主要以行为人的过错作为归责的主要原则，未成年人校园体育活动人身损害案件的归责原则主要是过错责任原则。

第一，从运动形式分类上看，未成年人校园体育活动多以田径技巧类和团体竞技比赛类项目为主，应当区分这两类体育活动的过错认定标准。

田径技巧类一般不会发生身体上的接触，所以相关规则对管理者和参与者的注意义务要求较低，过错的认定标准也相对较低。如果发生了不合理的身体接触，那么根据身体接触发生的原因就比较容易判断过错的承担方。在体育活动中这种义务的要求降低是与运动的风险性相适应的。而对于团体竞技比赛类的项目，如篮球、足球等会发生较为激烈的身体对抗的项目，由于参加人数较多，比赛的激烈性和广泛的参与性使得伤害的概率大大提升。在对抗性运动中，基于现代文明的体育活动规则已经初步区分了合理对抗和不合理对抗，所以如果各方能够完全遵守各种体育活动项目的规则及管理职责，并不会带来严重的体育活动伤害事故。合理的冲撞和肢体接触如果是规则所允许的，那么一般不会造成重大的伤害事故，即使有一般性的逾矩犯规行为，也可以认定为是规则的许可，一般情况下不应当认定其存在过错而要求其承担侵权责任。但是，如果行为超出了体育活动规则及一般性逾矩犯规行为所涵盖的范围，也就超出了运动对方可以预见的范围，就会转变为侵权行为。

未成年人作为心理和生理发育均不完全的特殊群体，其可预见能力并不强，在激烈的体育活动中容易冲动，自我肢体控制能力差，不能非常准确地评估自己的行为，其在体育活动中的过错形态应当结合其特殊性作区别于成年人的调整。

第二，从责任承担者分类上看，应当区分学校、学生、监护人、第三人在未成年人校园体育活动人身损害事故中的过错认定标准。

侵权责任法第三十九条规定："限制民事行为能力人在学校或者其他教育机构学习、生活期间受到人身损害，学校或者其他教育机构未尽到教育、

管理职责的，应当承担责任。"因此，对于限制民事行为能力的未成年人受到人身损害时，未尽到教育、管理职责是学校责任的过错认定标准。例如，学校体育活动设备、器材、场所未达到安全标准或存在安全隐患，体育课程安排存在瑕疵，体育活动期间学校未能完全履行安全说明义务和监督管理义务，未能提供与体育活动要求相适应的安全保护措施和设备，在学校组织的校外活动相关事项未能尽到管理注意义务，对于不宜参加体育活动或某项体育活动的未成年人未能尽到注意义务，对上述情况致使未成年人在体育活动中发生人身损害的，学校应当承担相应的过错责任。在学生体育活动伤害发生后，学校因自身原因未能及时救治或者错误救治的，对上述情况学校对扩大的人身损害在过错范围内承担责任。

对于参与者型未成年人校园体育活动人身损害赔偿案件而言，参与者在参与体育活动之前，都会对体育活动有一定的预见和了解，体育活动较之一般的社会活动有其特殊性，体育活动或多或少都存在一定的危险性，因此参与者既然选择参加或者允许未成年人参与体育活动就应当能够理解一定的受伤的危险。而且由于体育活动项目的多样性，各种体育活动项目所包含的危险性也不尽相同。体育活动与其他社会活动所不同的一个重要特征就是规则性，因此在体育活动中参与者之间的注意义务首先是遵守体育活动规则，这是防止遭受身体伤害的前提，其次还要合理控制自己的行为以防止对方受到伤害，这是一种必须尽到所有的合理注意的义务，这种注意义务还应当考虑到体育活动的具体环境情况。未尽到上述注意义务的参与者行为就可以认定为是存在过失的行为，因未尽到上述注意义务而导致未成年人在体育活动中发生人身损害的参与者应当承担相应的过失责任。

侵权责任法第二十八条规定："损害是因第三人造成的，第三人应当承担侵权责任。"

2. 过错推定原则

侵权责任法实施以前的情况是，《教育部学生伤害事故处理办法》《最高人民法院关于审理人身损害赔偿案件适用法律若干问题的解释》均对于学校侵权责任的归责原则采用的是过错责任原则，即学校只有在有过错的情况下，才应当承担责任。作为未成年人，尤其是10岁以下的无民事行为能力人，缺乏对事物的认知能力，很多时候并不能完整、准确地描述事件的经过。未成年学生的监护人通常情况下在事故发生时都不会在现场，大多不可能在第一时间赶到事故现场，在事故发生后亦无法有效及时地进行证据的收集、保存。

针对这一问题，侵权责任法作出了调整：

第三十八条规定："无民事行为能力人在幼儿园、学校或者其他教育机构学习、生活期间受到人身损害的，幼儿园、学校或者其他教育机构应当承担责任，但能够证明尽到教育、管理职责的，不承担责任。"无民事行为能力人在校受损害时，适用过错推定原则，即受害人能证明违法行为与损害事实之间的因果关系，如果致害人不能证明损害的发生自己无过错，那么就从损害事实的本身推定致害人有过错，并为此承担赔偿责任。

第三十九条规定："限制民事行为能力人在学校或者其他教育机构学习、生活期间受到人身损害，学校或者其他教育机构未尽到教育、管理职责的，应当承担责任。"对限制民事行为能力人受损害时，仍然适用过错责任原则。

第四十条规定："无民事行为能力人或者限制民事行为能力人在幼儿园、学校或者其他教育机构学习、生活期间，受到幼儿园、学校或者其他教育机构以外的人员人身损害的，由侵权人承担侵权责任；幼儿园、学校或者其他教育机构未尽到管理职责的，承担相应的补充责任。"第三人对无民事行为能力人和限制民事行为能力人致害时，并未明确规定幼儿园、学校或者其他教育机构负有举证责任。[1]

3. 公平责任

审判实践中，学校与学生对损害的发生均无过错，如何适用法律，是亟待解决的一个问题。《民法通则》第一百三十二条规定："当事人对造成损害都没有过错的，可以根据实际情况，由当事人分担民事责任。"《最高人民法院关于贯彻执行〈中华人民共和国民法通则〉若干问题的意见（试行）》第157条规定："当事人对造成损害均无过错，但一方是在为对方的利益或者共同的利益进行活动的过程中受到损害的，可以责令对方或者受益人给予一定的经济补偿。"侵权责任法第二十四条规定："受害人和行为人对损害的发生都没有过错的，可以根据实际情况，由双方分担损失。"上述规定均是公平责任在无过错的未成年人校园体育活动人身损害赔偿案件中的适用依据。所谓实际情况，一般是指一方是在为对方的利益或共同的利益进

---

[1] 依据侵权责任法第三十八条的立法原意，在此种情形下由幼儿园、学校或者其他教育机构举证证明其尽到教育、管理职责可能较为符合立法的精神。

行活动的过程中受到损害的,这种情形下可以责令对方或者受益人给予一定的经济补偿。

公平责任解决的是损害的分担问题,并不是侵权责任的依据问题,即在按照侵权责任法的归责原则行为人不构成侵权,不应承担侵权责任的情形下,法院可以根据社会上公平的观念及当事人的实际情况,确定当事人分担损失的责任,是一种损害赔偿原则而非侵权行为的归责原则,《侵权责任法》中也延续了将公平原则作为一种侵权损害赔偿形态的做法。

需要强调的是,公平责任原则旨在平衡当事人之间巨大的经济差异,在解决个案的同时实现一种良好的社会效果。因此,在侵权责任领域,公平原则应作为在实现法律公正的基础上,为实现自然公平而考虑适用的一种补充性的责任分配原则,它的适用不具普遍性。特别是在未成年人校园体育活动领域,对于因此而造成的人身损害赔偿案件公平原则的适用更应该慎重,因为在校园体育活动中的未成年人往往承担的同样大的体育活动风险,而且一味的风险均分会使得学校作为管理者和学生、监护人作为参与者承受较大的心理压力和经济压力,阻碍未成年人和学校的体育活动发展。鉴于对于公平原则的适用法律并无明确的规定,且赋予法官过大的自由裁量权,不恰当的适用容易导致当事人的疑虑,损害法院的权威,因此在审判实践中应谨慎地、严格地适用,补偿的比例亦不宜过高。

(二) 关于赔偿责任划分

在审理未成年人校园体育活动人身损害案件中,确定责任比例亦是一个具有较大争议的问题。第三人责任的情况法律规定比较清晰,前文已述,此处不赘。但对于混合责任情况下学校的教育、管理责任和参与者责任比例划分,由于缺乏相关明确的规定或者可操作的细则,法院在确定责任比例时,尤其是多原因力作用下发生的事故,造成了一定的困难。

1. 学校的责任

目前,个案审理存在着两种截然相反的倾向:一种倾向是不恰当地扩大学校的责任,另一种倾向就是不恰当地缩小学校的责任。

由于对于责任确定的问题缺乏明确的规定或操作细则,很大程度上只能靠法官行使自由裁量权来判定。此外,部分案件审理对于学校安全保障义务的认识存在偏差,而且没有针对不同情形区别对待。

首先,学校的安全保障义务并非是一种监护责任,在确定学校责任时,应以"教育、管理职责"为限，要考虑到学校与纯粹营利性机构不同，尤其要注意把握衡平原则。其次，确定学校应承担的责任比例，应注意针对不同的情形。就学校的注意义务而言，注意要求的标准和范围因环境和对象的不同而不同，危险性愈高，发生侵害的可能性愈大时，其注意程度应相对提高。譬如，对于无民事行为能力人安全保障的注意要求就比对于限制民事行为能力人的要高，在组织活动或者进行体育锻炼时的注意要求就比一般上课或课间的注意要求要高。再次，在审理案件时还应把学校能够在多大程度上避免事故及损害后果的发生与减轻损害后果作为考量的依据，以免不合理地增加学校的安全保障义务及成本。另外，对于造成损害后果存在两个原因力作用的案件，如同学、学校混合过错造成损害后果发生时，应根据具体情形具体分析各种原因力对于损害后果发生的作用大小。

由于无民事行为能力人与限制民事行为能力人在认识能力和行为能力上的差异，侵权责任法对无民事行为能力人与限制民事行为能力人受到人身损害的归责原则作了明确的区别，由此，无民事行为能力人所在的幼儿园、学校或者其他教育机构的教育、管理职责标准相较于限制民事行为能力人所在的学校或者其他教育机构，在教育、管理职责方面的标准要高一些，更加强化了幼儿园、学校或者其他教育机构的保护责任。

一般来说，对于如何认定学校是否尽到教育、管理职责的问题，可以通过一些客观化的判断标准，如学校的各种教学设施是否符合安全要求，对存在的各种不安全隐患是否及时排除、是否已采取了必要的防范措施，学校是否制定了合理、明确的安全规章制度，等等。

教育部2002年颁发的《学生伤害事故处理办法》明确规定："因下列情形之一造成的学生伤害事故，学校应当依法承担相应的责任：（一）学校的校舍、场地、其他公共设施，以及学校提供给学生使用的学具、教育教学和生活设施、设备不符合国家规定的标准，或者有明显不安全因素的；（二）学校的安全保卫、消防、设施设备管理等安全管理制度有明显疏漏，或者管理混乱，存在重大安全隐患，而未及时采取措施的；（三）学校向学生提供的药品、食品、饮用水等不符合国家或者行业的有关标准、要求的；（四）学校组织学生参加教育教学活动或者校外活动，未对学生进行相应的安全教育，并未在可预见的范围内采取必要的安全措施的；（五）学校知道教师或者其他工作人员患有不适宜担任教育教学工作的疾病，但未采取必要措施的；（六）学校违反有关规定，组织或者安排未成年学生从事不宜未成年人参加的劳动、体育活动或者其他活动的；（七）学生有特异体质或者特定疾病，不宜参加某种教育教学活动，学校知道或者应当知道，但未予以必要的注意的；（八）学生在校期间突发疾病或者受到伤害，学校发现，但未根据实际情况及时采取相应措施，导致不良后果加重的；（九）学校教师或者其他工作人员体罚或者变相体罚学生，或者在履行职责过程中违反工作要求、操作规程、职业道德或者其他有关规定的；（十）学校教师或者其他工作人员在负有组织、管理未成年学生的职责期间，发现学生行为具有危险性，但未进行必要的管理、告诫或者制止的；（十一）对未成年学生擅自离校等与学生人身安全直接相关的信息，学校发现或者知道，但未及时告知未成年学生的监护人，导致未成年学生因脱离监护人的保护而发生伤害的；（十二）学校有未依法履行职责的其他情形的。"

因此，在司法实践中，只要学校出现上述十二项情形之一的问题，就基本上可以认定学校没有尽到教育、管理职责，就要依法承担赔偿责任或者补充责任。反之，如果学校行为均符合上述规定，则可以认定学校已经尽到了教育、管理职责。

如在某中学举办运动会期间，在接力赛中衣某将刘某推倒致伤。关于刘某受伤的经过双方存在争议。该中学就其履行了教育、管理、保护职责提供了《安全保卫工作规章制度汇编》《活动会安全预案》《关于举办活动会的通知》《班会记录》《学校体育场情况说明》、学生证言、班主任出具的《情况说明》《体育成绩表》。根据学校提供的证据，足以证明该中学在举办活动会前制定了安全预案，发出通知并通过班会的形式对学生进行了安全教育，事发后对刘某进行了积极救治。且本次事件发生于接力赛冲刺棒阶段，在几秒钟之间，学校难以进行管理、告诫或制止。故法院认定该中学尽到了职责范围内的教育、管理、保护义务，对本次事件的发生不存在过错。

2. 参与者责任

自愿承担风险，也叫风险自负，一般是指明知危险状态的存在或具有发生危险的潜在可能性，而甘冒风险为之。

未成年人在参与对抗性校园体育活动或者监护人在监护范围内允许未成年人参与时，应当遵循体育活动本身的规律和特点。由于未成年人自我肢体控制能力较之成年人差，部分致害结果出现的原因可能是合理的冲撞和肢体接触。只要致害方的行为是体育活动规则或者职责义务所允许的，甚至是一般性的逾矩犯规行为所直接引发的伤害事故，则致害行为与损害后果之间就不应当认为存在过错因果关系。反之，如果行为本身超出了体育活动规则所允许的范围，主观上不是本着公平进行体育竞技的目的，或者肢体侵犯严重性超出了规则所能推断的合理预见，就应当追究致害者的责任。

如课间自由活动期间，中学生李某与梁某等几个学生在操场上打篮球，李某在断球时与梁某撞在一起，李某倒地受伤。李某是被梁某在打篮球的过程中撞倒受伤。篮球活动本身是一项具有风险性的活动，因此为了体育活动的顺利进行和防止伤害结果的发生，篮球竞赛规则中包含了相应的犯规规则，篮球竞赛者在参加体育活动的时候就应该预料到正常范围内的风险，并自愿承担由此风险造成的损失。因此，在正规的篮球比赛中，在排除主观恶意的前提下，造成了损害的后果则属于意外事件，可按照体育竞赛规则予以相应处罚。但是与正规的篮球比赛不同，日常生活中的篮球活动的参与者缺少相应的专业性，在非正规的篮球活动中，参赛者要负有更严格的注意义务。因此，法院认定，梁某与李某在体育课后保健操期间打篮球，并不属于正规的篮球比赛，梁某在与李某抢球的过程中，应该预料双方的抢球行为可能会造成李某的受伤后果而没有尽到注意义务，从而造成了损害结果的发生，存在过错，因此应当承担相应的赔偿责任。李某本人在打篮球的过程中系主动进攻一方，对自己与他人的安全亦应尽到更大的注意义务而未能注意，对其受伤，本人亦存在过错，故应承担相应的责任。

在衡量参与者责任时，首先，应当充分考量参与者的预见能力，能否预见或者可以预见危险的存在，要以客观的标准来判断，即在具体的特定案件中要以参与者客观的可以预见的能力为标准来加以判断。其次，体育活动的风险程度不同，对参与者的预见要求也不同。体育活动本身分为对抗性的和非对抗性的。在非对抗性的体育活动中，由于没有运动员间身体的碰撞与摩擦，与身体碰撞和冲撞非常频繁的对抗性体育活动相比，风险性当然是不同的。由于风险的不同，对于参与者的认识风险的要求也不同。再次，还应当考量导致人身损害发生的个案中的致害行为是否可以避免。

（三）关于赔偿范围

1. 物质损害赔偿

未成年人校园体育活动人身损害根据受害人的人身损害情况基本包括医疗费、交通费、住院伙食补助费、营养费、误工费、护理费、残疾赔偿金、残疾器具费和死亡赔偿金等费用。

由于体育活动人身损害的致害结果往往导致未成年人需脱课休养,在部分案件中,赔偿权利人会主张"补课费""家教费""信息费"等赔偿。部分观点认为,这类请求在法律上没有明确的依据,而且与侵权行为本身没有直接的关联,并不是侵权行为导致的直接损失,此类请求缺乏事实和法律的依据,不应予支持。我们发现,体育活动人身损害往往导致未成年人因人身损害而在一段时间内不能正常到校上课,为了保证未成年人的课业不受影响,大部分家长都会选择请家教或者增加补习班课时的方法帮助孩子,这部分支出确实发生了,而且与人身损害存在合理的因果关系。我们认为,如果补课费用确实已经发生,且与人身损害有合理的因果关系①,补课费用合理,这部分请求应当予以支持。

2. 精神损害赔偿

因侵权致人精神损害,造成严重后果的,可以判令致害方赔偿相应的精神损害抚慰金,法院应当予以支持,具体数额由法院酌定。

应当注意的是,残疾赔偿金是受害人未来的预期收入损失而非精神损害抚慰金,即便给予精神损害抚慰金的理由为受害人因伤致残而致精神造成损害,二者也不能混淆,更不能互抵。

例如,安某在幼儿园的体育活动中摔伤,造成其左肱骨髁上骨折的身体伤害,经鉴定属于十级伤残。安某在诉讼中主张赔偿护理费、营养费,其未能提供相应医嘱证明及其他直接证据,但考虑到安某为年幼的未成年人且残疾,给予其在伤情痊愈前一定的护理及辅助营养是必要的。此外,考虑到安某作为年幼的未成年人在受伤及治疗期间所受的痛苦,给予适当的精神抚慰亦是合理的。

3. 后续损失赔偿

在案件审理中,部分当事人会就尚未发生的后续治疗费用等损失提起诉讼请求。对于此类请求,依据《最高人民法院关于审理人身损害赔偿案件适用法律若干问题的解释》的规定,根据医疗证明或者鉴定结论确定必然发生的费用,可以与已经发生的医疗费一并赔偿,而器官功能恢复训练所必要的康复费、适当的整容费以及其他后续治疗费,赔偿权利人可以待实际发生后另行起诉。受害人在遭受人身损害后留有残疾的,是否都有必要进行后续治疗,应从后续治疗的必要性和合理性进行综合分析。

---

① 例如,确实因受伤多日未到校上课,且与受伤之前相比,补习费用有明显的增加。

五、未成年人校园体育活动人身损害责任承担机制的完善

校园体育人身伤害是无法从根本上避免的，在这样的前提下，我们如何最大限度地减少事故的发生，事故发生后如何化解风险也是当下亟待解决的一项重要问题。

（一）未成年人校园体育活动伤害责任保险

鉴于人身损害赔偿的数额有时会很高，考虑到有很多学校属于公益性质的机构，并不是以营利为目的，因此为了分担风险，减轻学校的财政压力，可以考虑设立强制性的人身保险制度。

虽然现在民众的保险意识增强，而且目前绝大部分学校对学生进行了投保，但购买的险种单一，且不具有普遍性和强制性，赔付范围有限。

建议政府相关部门同社会保险机构共同研究，探讨建立健全一套适合我国国情的未成年人学校体育伤害的意外保险制度。在学校体育保险方面，可考虑由政府出资对学生进行强制性保险，该险种就如同交通强制险一样是国家法定的。在险种设置方面，可以根据学校体育的种类及危险程度分别投保，充分考虑学校体育群体的利益，开发适合市场的多功能险种。按照不同的年龄其个体对安全隐患的不同认识，设立不同的保险范围。建议设立体育单个项目的专项保险，该险种是针对学校各种体育运动队、体育俱乐部，还有特别爱好某个运动项目的学生而开展的，具有针对性强、交纳的保险金少、保险的对象范围集中的特点。

（二）学校强化未成年人校园体育活动制度

1. 推进家长委员会制度

2012年2月17日教育部出台《教育部关于建立中小学幼儿园家长委员会的指导意见》，明确贯彻落实《国家中长期教育改革和发展规划纲要（2010—2020年）》，推进现代学校制度建设，完善中小学幼儿园管理制度。家长委员会对于发挥家长作用，促进家校合作，优化育人环境，建设现代学校制度，具有重要意义。

家长委员会作为沟通学校与家庭的桥梁，其非常重要的一项作用就是"协助学校开展安全和健康教育，引导家长履行监护人责任，配合学校提高学生安全意识和自护能力，支持学校开展体育活动和社会实践活动。对学校

的安全工作进行监督，与学校共同做好保障学生安全工作，避免发生伤害事故"。家长委员会不仅在伤害事故的预防中积极参与，也可以在未成年人校园体育活动伤害事件发生后作为诉讼前调解、案外调解力量，发挥重要的沟通协调作用。

2. 体育活动定期考核机制

学校应当有一位校级领导主管体育工作，在制定计划、总结工作、评先进时应当把体育工作列为重要内容之一。体育经费的支出应当作为学校教育经费的重要组成部分，在办公经费中有明确的比例要求，并做到用足用好。学校的体育教学教师应当每学期制定切实可行、有特色的体育活动实施计划，在实施过程中不断完善修改，每学期工作有计划、有总结。学校的体育教学活动应当有定期的调研活动和教研活动，积极进行校本教材应用性研究。学校应当定期对体育教师进行安全知识和技能培训，加大学校体育活动安全宣传教育力度，加强对学生体育锻炼时的安全意识教育，指导未成年人科学锻炼。

3. 重大体育事项预案备案与报告制度

对于学校集中组织球类竞技活动、大强度的田径运动等剧烈体育活动项目，为了预防和及时应对因活动保护不当造成的事故，学校应当预先制定体育活动安全工作应急预案，并及时备案，有必要的应当向有关部门上报报告。

预案中应当明确组织机构和领导人员，并细化、明确人员分工。预案应当列明体育活动事故的预防，包括体育活动设施建设和管理，教学和训练、竞赛活动的设计及组织，准备活动安排。预案还应当预设完整体育活动事故的处理方案，对重大的事故要及时上报教委和教育局。

4. 体育器材更新管理制度

体育器材是完成体育教学任务的基本条件，学校的体育器材应当由专人负责管理，新购置的器材首先进行质量验收，合格后才能供学生体育活动使用。根据器材的技术要求，应当有专人负责定期维护保养体育场地和器材设备，保证正常使用。对于有安全隐患的器材或者使用周期已到的器材应当及时更新替换，而不应待器材损坏无法修复时才更新替换，以保障学校体育活动的安全。

此外，对体育场馆、场地的管理也应当严格有序，有必要的如游泳场馆必须专人负责登记管理安排，保障场馆、场地的安全有序。

5. 幼儿园体育活动安全保障公示制度

幼儿园作为肩负较高教育、管理职责义务的教育机构,应当增加体育活动安全保障公示制度,全面接受监督,充分保障幼龄未成年人的体育活动安全。幼儿园应当向公众公开本园的体育活动制度规范、本园体育活动安排和突发安全事故应急预案、对保育人员的针对性专项考核制度、本园体育活动环境创设情况(包括器材和场地)、本园的安全教育课程安排等。

(三)社会保障

针对无民事行为能力人的特殊情况幼儿园、学校或者其他教育机构,为了可以确保事故发生后能够尽量查清事实,以免事后因事发原因不明而产生纠纷,因此可以考虑由教育行政部门出台规定,对相关幼儿园、学校或者其他教育机构在必要的地点如课室、户外活动场所等加装摄像设备。

浅论未成年人刑事诉讼中的帮教联动机制

范招玉*

摘要：未成年人是国家的未来，直接影响国家的兴衰和民族的兴亡。综观世界各国，无不将关怀和保护未成年人作为国家政策的重点，希望能够培养出身心健康的未成年人，使之成为国家明日的栋梁、社会的中坚。然而，目前未成年人犯罪日趋严重化，使得如何进行未成年人犯罪防治的问题变得十分迫切，尤其是在刑事诉讼过程中如何体现对未成年被告人的"教育、挽救、感化"的方针，成为一个重要的课题。本文拟就我国未成年人刑事诉讼中的帮教联动机制现状进行阐述，以期探索出符合当代我国未成年人身心特点的刑事诉讼帮教联动机制。

关键词：未成年犯罪 帮教联动机制

一、建立未成年人刑事诉讼中的帮教联动机制的探索及法律依据

未成年人作为一个特定的年龄群体，思想可塑性大，既有容易接受教育改造、悔过自新的一面，也有容易受到客观外界条件的影响而使犯罪具有反复性、倾向于再犯的一面。他们的一切选择与他们所处的环境息息相关，家庭、学校、社会和国家对他们的种种偏差行为而导致的后果均负有责任。未成年人犯罪中，加害和受害是同时存在的，未成年人在作为加害人实施犯罪的同时，他们自己事实上也是受害人。生理年龄与心理年龄的不成熟导致其对于自己犯罪行为后果的预见性不强，自我保护能力的缺乏使得他们在面对社会各种诱惑时不知所措，这种由生理学和心理学所验证的主体特征，靠法律的强制是不能够改变的。因而在刑事责任的承担上，倘若简单地采用针对成年人的刑罚手段直接适用于未成年犯罪人，并不能有助于未成年人犯罪问

---

* 作者单位：福建省三明市清流县人民法院。

题的真正解决，未成年人与成年人必须区别对待。

对于未成年人犯罪的处理提倡非刑事化、非监禁化和轻刑化的理念，早在19世纪末就已经开始萌芽并最终得到了国际社会的认可。人们采用更多的刑罚替代措施来减少对未成年犯罪人的监禁，以行刑社会化作为未成年人犯罪刑罚执行的主要方向。行刑社会化是刑罚执行原则之一，是指刑罚执行过程中要依靠社会力量对受刑人进行帮教，使之易于回归社会。未成年人刑事诉讼中的帮教制度是一种面向社会、依靠社会、服务社会的行刑模式。一般认为，刑罚人道主义思想、教育刑思想、刑事政策学理论、深化的复归理论、刑罚效益观念、刑事补偿理论共同构建并强化了未成年人刑事诉讼中的帮教制度的深厚理论基础，使其在20世纪得到了大发展。关于未成年人刑事诉讼中的帮教制度的施行，是各国制定并大量适用社区刑罚，使罪犯在社会上接受矫正，最大限度地减少监禁刑的适用。社区矫正的任务包括在犯人和社区之间建立或重新建立牢固的联系，使罪犯归入或重归社会生活中去，恢复家庭关系，获得职业的教育。就广泛的意义而言，即在于为犯人在社会正常生活中获得一席之地提供帮助。未成年人刑事诉讼中的帮教制度既可以"一对一"帮教，又可以由多个单位联合组成帮教小组集体帮教，也就是所谓的未成年人刑事诉讼中的帮教联动机制。如在美国，监禁刑的主要替代形式多达10种：缓刑、假释、强化的监督项目、家中监禁（软禁）、电子监控、中途训练所、连续的报告中心、罚款、赔偿、社区服务。我国香港特别行政区刑法中对未成年人犯罪的刑事责任追究上主要采取"宜教不宜罚"的原则。我国台湾地区1997年制定了"少年事件处理法"，专门适用于少年保护事件及少年刑事案件之处理，其制定目标是"为保障少年健全之自我成长，调整其成长环境，并矫治其性格"，希望能够加强该法的人性化、去刑事化、除罪化，甚至福利化。在我国，修改后的刑事诉讼法第271条至第273条对未成年人附条件不起诉制度作了具体规定，从立法层面保护未成年人身心健康，减少监禁刑的适用。该规定原则性的、框架性的对未成年人犯罪作出非刑事化、非监禁化和轻刑化的理念，这就要求我们广大司法机关完善未成年人刑事诉讼中的帮教联动机制，实施多种措施确保帮教效果，维护好未成年人的合法权益。

二、建立未成年人刑事诉讼中的帮教联动机制的意义

（一）建立未成年人刑事诉讼中的帮教联动机制符合对未成年人特殊保护的要求

一般说来，未成年犯罪具有以下两个方面的典型特征：一方面，未成年人基于其心理和生理上的特点，更容易受到不良社会环境和教育的侵蚀和毒害，从而走上违法犯罪道路。另一方面，未成年人较之成年人来说，犯罪的个性心理尚未形成，具有极强的可塑性，更容易矫治。这两个方面决定了对于未成年人犯罪不同对待和特殊处遇的原则。因为，未成年人犯罪的原因固然有其个体的因素，但从社会责任的观点来看，更多的在于学校、家庭、社会等各个方面的责任，从某种意义上来说，未成年人本身就是受害者，社会应对其加以教育改造，而非一味强调惩罚。未成年人刑事诉讼中的帮教联动机制，充分体现了国家立法对未成年这一特殊群体的保护，利用帮教，利用社会资源，各个国家机关紧密联系，引导未成年刑事犯罪人更快地融入社会大家庭，重新出发，为自己创造更加灿烂的未来。

（二）建立未成年人刑事诉讼中的帮教联动机制体现了国家立法"教育、感化、挽救"的方针政策

它是通过社会教育资源的整合，来实现教育改造的个别化、社会化和科学化，是监管改造机关普遍采用的一种行之有效的基本教育手段。它的作用在于能够使罪犯体悟到国家、社会和家庭的温暖，增强改造信心，鼓励罪犯在希望中改造；能够使罪犯感受到犯罪行为对受害者的伤害，正确认识量刑，促进罪犯责己思过，认罪服法；能够使罪犯及时感受到时代信息，开阔眼界，丰富精神生活，促进罪犯的再社会化进程。

（三）建立未成年人刑事诉讼中的帮教联动机制体现了国家以人为本，构建和谐的伟大人文关怀

人类从脱离原始图腾开始初识现代文明，犯罪和刑罚就一直伴随至今。随着社会的发展和文明的进步，近代西方各国在刑事诉讼的实践中开始反省刑罚的缺陷。为了最大可能地减少重新犯罪，刑罚由单纯惩罚犯罪升华至更加注重心理和行为的矫正，以保护犯罪人，为其再次回归社会创造条件，刑罚轻型化逐渐成为新趋势。未成年人刑事诉讼中的帮教联动机制避免了犯罪

人人格的监狱化，使犯罪人不与社会完全隔离，进而促使其能够顺利回归社会，在节约司法资源的同时使法律的人性化完整呈现，体现以人为本，构建和谐社会的伟大构想。

三、未成年人刑事诉讼中的帮教联动机制存在的问题

依法保护青少年健康成长，是我们党和政府的一贯政策，教育挽救失足青少年不仅仅是司法部门的职责，也是全社会的共同任务。切实保护未成年人合法权益，尤其是帮教违法犯罪青少年，更是社会综合治理的重要组成部分。我们作为从事政法工作和关心下一代的工作人员，就落实青少年帮教措施，广泛接触学校、公安、社区、法院、检察院、政府等部门，大家都知道挽救失足青少年，但未成年人帮教联动机制在实践操作中存在诸多问题。

（一）缺乏立法支持

各地的人民法院、人民检察院、政府等部门结合中外优秀的未成年人刑事诉讼中的帮教联动案例，并根据中国未成年犯罪的成因、特点等诸因素，进行了许多的尝试，取得了一定的成效。然而，在落实、保障各个国家机关职能、程序上，我国立法上没有相应的支撑。

（二）缺乏专业的帮教机构和人员，帮教条件差

目前，我国帮教缺乏专业的帮教机构，公、检、法、司缺乏对帮教的明确分工和配合，各个机构内部也存在帮教职责划分不清或帮教机构缺失的现象。即使在设有专门负责帮教部门的机构内部也存在部门分工和职责划分不清晰的问题，在已设有专业社区帮教机构的部门，诸多帮教人员并未接受过专业的帮教培训，并且帮教人员缺乏，不能够满足现阶段我国帮教的现实需求。就具体帮教实践而言，一是犯罪青少年中大部分家庭情况比较特殊，其中多为单亲家庭和留守儿童，或者家庭教育方式不当，与父母关系紧张。二是犯罪未成年人在被不起诉和被判缓刑后，大部分辍学外出务工，无法及时跟踪了解其情况。三是目前社区建设不健全，社区的功能不完善，甚至部分村庄两委班子不健全，更谈不上对青少年的帮教了。

（三）未成年人刑事诉讼中的帮教联动机制适用成效尚不明显

由于未成年人帮教联动制度在我国尚处于起步和探索阶段，现阶段帮教联动制度对于犯罪人、受害者和整个社会的成效并不显著。特别是对不诉人

员的帮教往往在耗费了大量人力物力以后，取得的帮教效果却不尽如人意。被帮教人员重新犯罪，再次入狱的比率较高，以至引起民众对帮教是否适合在我国推行产生质疑。

四、对进一步完善未成年人刑事诉讼中的帮教联动机制的几点设想

（一）加强司法部门的保障机制

针对未成年人罪犯突发性较多、主观恶意不大的情况，对未成年人犯的不良和违法行为进行依法处罚的同时，在法律规定的范围内给予特殊的关照。对违法犯罪的未成年人进行司法审判中，在严格依法定罪量刑的同时，重视缓刑、免刑的适用，并坚持以教育为主，惩罚为辅的原则，实行教育、感化、挽救的方针，给其重新做人的机会，以挽救他们未来的人生。

（二）充分发挥家庭对未成年犯的教育机制

家庭教育是一切教育的基础，对未成年人正确的品行、世界观、价值观的树立有重要意义。所以，要加强与未成年人犯监护人的沟通，对未成年人犯的父母进行必要的法律指导和帮助，让监护人确实了解到什么该做，什么不该做，促使监护人充分履行监护和抚养义务。

（三）加强与学校的沟通机制

未成年人大部分时间都在学校度过，学校是他们成长、受教育的重要场所。通过与学校的沟通，使未成年人犯重新获得受教育的机会。在"关心爱护""不得歧视"原则的指导下，使未成年人犯接受德、智、体、美、劳全面教育，从而促进其改正错误的人生观、价值观。

（四）加强社会监督保障机制

面对着当今纷繁复杂的社会环境，为防止未成年人犯回归社会后再次步入歧途，法院与检察院、公安局、教育局、学校等部门相互协作，共同实施监管，并与未成年人犯进行沟通和普法教育，使其树立正确的法律理念，提高自我保护能力。

通过以上机制的建立，真正实现了以司法部门、家庭、学校、社会互动的多角度、全方位的教育和保护措施，有效地维护了失足未成年人的权益，

实现了法律效果和社会效果的有机统一。根据未成年人犯罪的特点,建立起一套以教育为主、惩罚为辅的未成年人帮教联动机制。

结语

刑罚的最终目的不是惩罚犯罪,而是保障国家和社会公共安全,维护社会秩序与社会和谐。和谐社会下的刑罚理念本身蕴涵着尊重犯罪人人格,保障犯罪人权利,促使其顺利回归社会的人性哲理。可以预见,未成年人犯罪的帮教联动机制,由于具有注重刑法的保障机能与未成年这一特殊群体的保护机能的有机协调,对于构建和谐社会,树立以人为本的理念,都将发挥巨大的作用。

从青少年犯罪看家庭教育和社会责任[①]

刘 琼[*]

青少年犯罪是当年世界各国普遍存在的一个社会性问题,引起了社会各界的广泛关注。人民法院作为青少年犯罪的审判组织,除了承担着案件审理的工作以外,还承担着帮教转化、法制宣传和预防青少年犯罪的社会职能,并且随着社会管理的进一步创新,人民法院所承担的预防犯罪工作显得越来越重要。本文旨在通过收集、分析我区法院未成年人犯罪的原始数据,从家庭教育层面归纳、总结降低未成年人犯罪的建议,以期对未成年人进行正确的教育,使其拥有健康的人格与良好的品行,达到从根源上杜绝犯罪,维护家庭和谐和社会稳定的目标。

一、未成年人犯罪现状介绍

青少年与未成年人是两个不同的概念,人民法院审理未成年人案件均是指犯罪时或审判时不满 18 周岁的未成年人所实施的犯罪行为案件,司法统计数据中没有青少年犯罪统计,但社会学中的青少年是指满 14 周岁但不满 25 周岁的人群。所以,青少年的重要组成部分是未成年人。本文所选取的案件数据来源于乌鲁木齐市天山区人民法院。以该法院为样本进行研究,主要基于两方面的原因:一是天山区人民法院审理的未成年人案件量在新疆居于前列,比较具有代表性;二是天山区属乌鲁木齐市的老城区,常住人口 69.6 万人,区内居住有汉、维吾尔、回等 44 个民族,是一个多民族聚居的大区,也是社会治安管理的重点地区,对于预防青少年犯罪的研究具有典型性。

2011~2012 年,天山区人民法院共受理未成年人刑事案件[②]136 件,大部分案件均采用简易程序审理,其中有些家庭背景及个人成长资料基本没

---

[*] 新疆维吾尔自治区高级人民法院研究室副主任。
[①] 本调研课题第新疆维吾尔自治区社科规划办 2012 年《新疆未成年人犯罪与教育转化研究》课题项目。
[②] 未成年人刑事案件既包括被告人是未成年人的案件,也包括被害人是未成年人的案件。

有。故专门从中调取了部分案卷中的社会调查报告,试图从中找出这些未成年人走上犯罪道路与家庭教育之间存在的因果关系。

（一）被告人所犯罪行及处刑的分类情况

在收集的未成年人犯罪案件中,盗窃、抢劫和故意伤害排在前三名,其余所涉罪名分别为性犯罪、毒品犯罪和诈骗犯罪,但比例不高。

需要注意的是,在收集的未成年人犯罪案件中,曾经被刑事处罚过的被告人占有一定的比例,重新犯罪率达到12.86%,其中有1名被告人二次案发系在缓刑考验期内,有1名被告人刑满释放不到1个月又再次犯罪,有2名被告人系第三次因犯罪被处刑。

具体案件分布如图1：

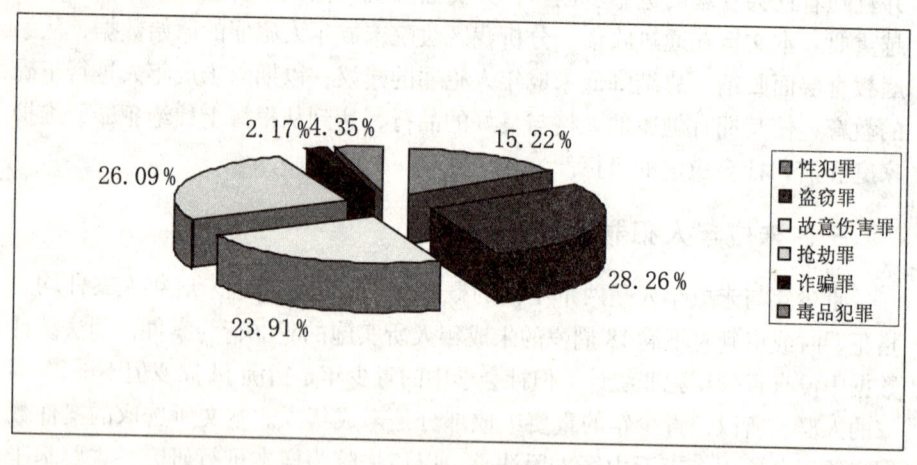

图1

关于未成年人犯罪的刑罚各类分布情况,5年以下有期徒刑的刑罚都属于"轻刑"范围,在涉案的未成年人被告人中,判处刑罚的各类主要集中在3年以下有期徒刑,占总数的38.10%,判处缓刑的比例为22.22%,免予刑事处罚的比例为1.59%,单处罚金的比例为3.17%,再加上3至5年有期徒刑的比例,"轻刑率"已达到80.95%。判处10年以上有期徒刑的案件主要集中于巨大数额的盗窃案。

具体刑罚种类见图2：

理论与实务研究

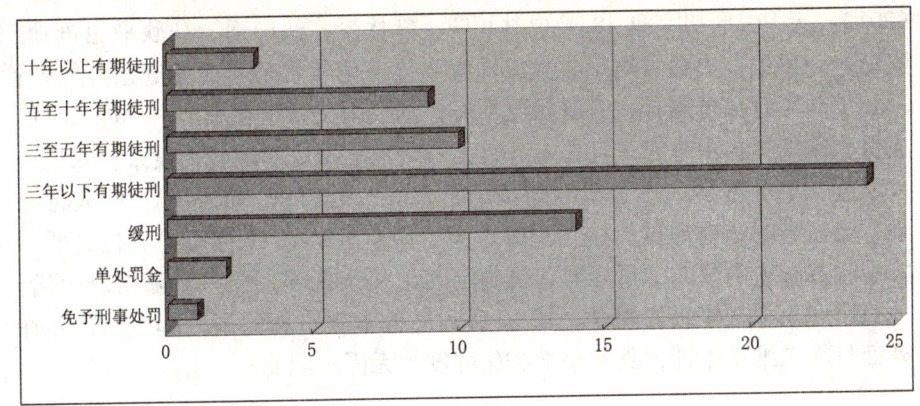

图 2

（二）被告人文化程度及职业情况

在收集的未成年人犯罪案件中，被告人的学历较低，小学和初中文化的占大多数，初中文化以下（未完成九年义务教育的）被告人占未成年被告人总数的70%，中专文化程度的占20%，其他教育文化程度的占10%；在上述被告人中，无固定职业的人数占81.43%，在校学生的人数占14.29%，有固定职业的仅占4.28%。

根据被告人的户籍所在地情况，基本上是乌鲁木齐户籍、疆内其他地区户籍和内地户籍三分天下，比例分别为30%、31.43%和38.57%，说明外来务工人员子女犯罪率略高一些。

（三）被告人父母文化程度及职业情况

在收集的未成年人犯罪案件中，被告人父母的文化程度与被告人的情况基本类似，初中以下学历的占大多数，比例达到86.67%，甚至有的被告人的父母系文盲；职业中无固定职业的占44.45%，比例接近一半。个体户也占有相当的比例，占22.23%，但基本都是从事小商品贸易，经济条件一般的居多。

（四）被告人家庭成长情况

从收集的未成年人犯罪案件来看，"问题家庭出问题少年"的情形较多，父母离异、亲属带大或者无人教养的情况占47.47%。比如，在

45

（2012）天①少刑初字第 38 号史林可②、单林少、刘辰雨、马欣平犯抢劫、盗窃罪一案中，史林可幼年时其父母就离异，他年幼辍学，家庭条件较差；单林少幼年时父母离异，家庭状况不好；刘辰雨父亲正在服刑中，母亲早已去世，跟随舅舅由甘肃来乌鲁木齐打工；马欣平家庭状况较为复杂，家庭条件较差，早早辍学。几个辍学的孩子常聚在一起打牌、上网吧，四人将抢劫、盗窃来的钱物挥霍。在（2012）天少刑初字第 30 号苏海勇犯抢劫罪一案中，苏海勇两岁时父母离异，虽确定其由父亲抚养，但一直随祖母生活。他只读到小学三年级便辍学，12 岁后到乌鲁木齐市和父亲一起生活，靠在外面打零工维持生计，其父小学文化程度，无固定职业。

二、未成年人犯罪的原因与家庭教育的关系分析

家庭是未成年人生活的基本环境，也是最小的社会化场所。不良的家庭氛围是诱发青少年犯罪的重要因素，但也不是唯一原因。未成年人走上犯罪道路，与其自身原因、学校及社会环境也有着密不可分的关系。要从根源上预防和减少青少年犯罪现象，必须对未成年人的犯罪原因进行多方面、深层次的分析。除却未成年人自身的生理因素和心理因素，我们主要分析外部因素对未成年人违法犯罪的影响。

（一）未成年犯罪人家庭自身存在的问题

家庭是社会的最基本的细胞，父母的言行对子女存在着潜移默化的影响。如果家庭出现了问题，很可能导致生活在家庭中的未成年人走向犯罪道路。

1. 家庭经济条件状况不佳

如前所述，被告人的家庭环境都比较差，父母多从事服务行业或者公益性岗位，经济状况都不是很好。多数父母都忙于生计、早出晚归，对于未成年人在情感上关心较少，有的可能都不清楚孩子跟什么人交往，平时喜欢些什么。同时，由于经济状况较差的家庭由于不能给未成年人提供物质上的满足，会使有些未成年人产生不安全感，所以更容易在家庭外部寻找物质上的支持和保障，换言之，家庭外部的吸引力可能远远大于父母对其的吸引力。而这种家庭出身的孩子，普遍缺乏和正常人群交往的经验和能力，只有和一

---

① 乌鲁木齐市天山区人民法院简称。
② 从保护未成年人权益考虑，本文中所引用的未成年人名字均系化名，涉及的未成年人法定代理人或监护人为真名。

些社会上的"小混混"在一起时，才会感到志趣相投。比如（2011）天少刑初字第18号王强、杨文祥犯抢劫罪一案，王强家庭条件较差，父亲因车祸导致残疾，在家待业。王强还有一个弟弟，全家主要依靠母亲的收入维持家庭生活，其母亲王志慧只有初中文化程度，无固定职业。而杨文祥的父亲系盲人，在杨文祥8岁时父母离异，杨文祥小学上至5年级即辍学在家，父亲再婚后对其管教较少，杨天祥和爷爷、奶奶在一起生活时间较长，平时就有偷拿家中物品变卖的行为。

2. 家庭关系不和谐

家庭和睦是未成年人健康成长的重要因素。众所周知，单亲家庭对子女的影响比较大。但不和睦家庭与未成年人犯罪之间，也存在一定的因果关系。"在以相互仇视、冷漠或不关心、缺乏内聚力的未破裂家庭中，少年违法的可能性，比具有内聚力、互相钟爱、互相支持的破裂家庭还要高。"①比如（2011）天少刑初字第46号刘磊、阿不都热合曼犯抢劫罪一案中，阿不都热合曼的母亲赛娜未达到法定婚龄即与大自己20岁的阿不都热合曼结婚，15岁时生下阿不都热合曼。赛娜自己本身还是个孩子，没有职业，在家操持家务，与她相差20岁的丈夫在外个体经商，家庭经济状况虽然尚可，但二人没有感情基础无法沟通，根本无法对阿不都热合曼进行良好的家庭教育。阿不都热合曼16岁即因犯抢劫罪被判处有期徒刑三年缓刑三年，缓刑期间又犯抢劫罪被撤销缓刑，前罪、后罪实行数罪并罚。

3. 未成年人父母自身性格的缺失

如果父母在青少年时期受到极端的教育方式，就容易形成专断、凶暴、冲动的性格。而这种性格至其成人后，可能对孩子充满爱心，对孩子又抱有较高的期望值，但又不知如何正确去引导，继而用幼年记忆的专制教育方式来训斥、打骂孩子，有的推崇"棍棒底下出孝子"的教育方式，不仅会对孩子的性格产生极为不良的影响，还会产生一些悲剧。比如（2012）阿②刑初字第42号李存英犯故意伤害罪一案中，被告人李存英因为自己的女儿郑媛媛说谎，而用木棒击打郑媛媛的臀部、腿部和双脚，导致其全身广泛软组织挫伤循环衰竭而死。被告人李存英自称，由于只上过小学二年级，自小父母教育自己就是用简单粗暴的方式，自己就想通过惩罚的方式让孩子意识到说谎不对，没想到彻底失去了孩子。

---

① 张文显：《法理学》，高等教育出版社2003年版，第113页。
② 阿克陶县人民法院简称。

（二）未成年犯罪人家庭教育存在的问题

父母是未成年人的第一任老师，子女的不良个性直接来源于家族教育的缺失，也是促成未成年人走上违法犯罪道路的直接诱因。

1. 法制观念缺失

法律意识淡薄是未成年人犯罪的一个重要原因，一些未成年人在家庭中没有受到很好的道德和法制教育，不知法、不懂法、不守法，有的根本不知道违法犯罪后果的严重性。尤其是在一些抢劫犯罪案件中，从受害人的身份统计可以看出，在校中小学生成为抢劫犯罪中的主要受害人群，案发地点多在学校附近，抢劫的物品多为学生所持的手机、MP3 和钱财。比如（2012）天少刑初字第 20 号田甜抢劫罪一案中，田甜使用语言威胁及搜身手段，抢走杨嘉豪黑色三星手机一部，价值仅 300 元。很多案件未成年被告人都是采取语言威胁、搜身等抢夺的方式抢走被害人的手机、钱物等，物品价值都不大且暴力程度较轻微，多数被告人在犯罪时都没有意识到这是一种抢劫行为，仅仅认为是一种以大欺小、强索类行为。也有一些被告人出于亲情的动机而简单行事，导致犯罪行为的发生。比如（2011）天少刑初字第 61 号张齐故意伤害罪一案中，张齐因为弟弟张勇在学校与同学发生争执，即带人在学校门口用随身携带的水果刀将该学生的腹部、胸部等处捅伤，经鉴定为轻伤。

2. 安全观念缺失

有的经济状况不太好的家庭，为生活所迫，没有能力为孩子提供较高层次的学历教育，便早早让孩子辍学外出打工，任由孩子在社会上闯荡。未成年人过早进入社会经验不足，遇到心理迷惘和疑惑时得不到父母的悉心指点，凡事都要自己独立担当，遇到突发事件不知如何处置，导致伤害案件发生。比如（2011）天少刑初字第 13 号郭士强奸罪一案中，被害人任欢仅 16 岁，但已在外打工，凌晨 3 时才回到住处，结果被郭士强行带入家中强奸。作为一个未成年女孩子，半夜三更回家应当能够预见有危险，可以邀请工友同行或坚持和工友在一起，或者及时报警，但被害人没有采取任何行动，任由被告人裹胁至家中实施了强奸行为。

3. 性安全和性知识缺失

随着社会物质生活的丰富化、多样化，未成年人接触社会的机会多，特别是一些不良网站大肆传播带有色情、淫秽内容的图片等，使得一些未成年人的身体和心理都过早地发育。有些家庭总认为孩子小、不明事理，不愿意、也不会向未成年人讲授正常的生理健康知识，一方面很容易使未成年女童受到性侵犯，同时也会使一些未成年女童受到不正确的引导和诱惑而走上歧途。比如（2012）博[①]刑初字第 74 号依里亚犯强奸罪一案中，被害人阿某某只有 12 岁，与衣里亚共同到博乐市宾馆房间住宿两天，后又到伊宁市入住，后在宾馆房间被衣里亚强奸。一个 12 岁的女孩子，独自与异性外出几天不回家，家人也不着急寻找。在与衣里亚同住博乐宾馆房间时，衣里亚就向其提出发生性关系的要求，但阿某某予以了拒绝。在此情形下阿某某应当及时回家与衣里亚脱离关系，却依然与其前往伊宁，最终导致悲剧的发生。又如（2012）石[②]刑初字第 394 号何红霞、孙晶、沈小鹏犯强奸罪一案中，何红霞和孙晶都是石河子东方学校高中学生，却预谋将自己的同学骗出卖淫挣钱，用手机拍被害人宛某某半裸照，并协助沈小鹏实施强奸行为。二被告人完全摒弃同学之情，仅因为结交的不良青年的一己之欲，就将自己的女同学推向深渊，完全忽视了自己也是女性的身份。

4. 亲情缺失

亲子沟通不足，是所有未成年人犯罪的通病。一方面，有的父母文化水平低，见识面狭窄；另一方面，而未成年人接受新生事物快，与长辈的沟通存在着许多障碍。尤其是多数家庭中的父母忙于工作、忙于生活，疏于对孩子的教育，听之任之，使孩子的孤独感增强，报复心理远远高于正常家庭的孩子。比如（2012）天少刑初字第 44 号张巾军犯盗窃罪一案中，张巾军的父亲在其 8 岁时去世，母亲改嫁后再无联系，其随祖母生活，祖母在 2012 年也去世，家中无人管教张巾军，其仅有小学文化程度，无固定职业也无固定住址。张巾军秘密窃取路边商店充值卡、香烟等物品共计 12555 元。又如（2011）天少刑初字第 66 号马永玉和马平犯抢劫罪一案中，在对马永玉和马平的社会调查报告中，马永玉的父亲和马平的母亲都提到，孩子因为父母离异后开始出现厌学的状态，并出入网吧打网络游戏。孩子平时来往的朋友也不清楚，与孩子共同相处的时间很短暂，仅限于假期时间，与父母沟通交流得也少，孩子在家里基本上不说话。等到公安机关联系时，方才知道孩子犯了罪。

（三）社会对未成年犯罪人造成的影响

随着现代社会信息化进程的加快，社会上的负面影响，会使所有正面的

[①] 博乐市人民法院简称。
[②] 石河子市人民法院简称。

教育功亏一篑。而政府有关部门对预防未成年人犯罪的综合治理作用的缺失，也成为未成年人犯罪的推手。

1. 落实未成年人禁止进入场所的制度不到位

未成年人保护法和预防未成年人犯罪法对于未成年人出入酒吧、网吧这样的经营性场所，都有明确的禁止性规定，但并没有得到严格的执行。有的网吧不进行年龄核查，任由未成年人出入网吧，由于经营时间无限制，甚至成为流浪儿童的"收容所"。在天山区人民法院审理的未成年人故意伤害案件中，多数发生在公共场合，比如"KTV"或网吧，未成年人实施犯罪行为的主观故意明显。这些暴力性犯罪与未成年人易冲动、好胜心强、情感不稳定有一定关系，往往临时起意，突发犯罪，且不计后果，常为一些琐事大打出手，甚至行凶杀人。

2. 落实未成年人保护的措施不够

目前，个别企业为节约用工成本，招录未成年人工人的情况比较多见，而相关部门对此的监督检查不利。从未成年人的生理发育特征来看，17、18岁正是青春期危机的一种暂时性过渡现象，大多数少年都能通过自身的约束减少攻击行为的可能性，当然也有学校教育和家庭教育的因素在其中。如果过早进入社会，缺乏正确的教育引导，可能会激发起未成年人内心的躁动，发生暴力行为。比如（2012）天少刑初字第69号马由苏犯故意伤害罪一案中，马由苏小学毕业后即辍学，从甘肃来乌鲁木齐打工，在乌鲁木齐市清真风味餐厅后厨与被害人马斌因借菜刀一事发生争执，马由苏持刀将马斌左手砍伤，被判处刑罚。但该餐厅在雇佣未成年人过程中，未对这些"血气方刚"的孩子予以疏导和管理，仅注重其工作质量而忽视了他们内心的心理健康，导致悲剧发生。

3. 对刑满释放人员疏于管理

"家里打出门，学校赶出门，坏人拉进门，走进监狱门"，形象地描述了未成年人逐渐走向犯罪的过程。[1] 团伙作案的未成年人的家庭背景、成长经历基本相同，同年龄段的孩子都在校园里读书，混迹在社会的孩子只能聚在一起，真是应了中国的古语："物以类聚、人以群分"。这些辍学少年有时可能没有坏人的诱惑、拉拢和教唆走上违法犯罪道路，但受社会上一些追求高消费的生活等不良影响，崇尚"哥们"义气，抵御各种腐朽思想的能力差，也一样会走上违法犯罪道路。尤其是涉及盗窃、抢劫、故意伤害和聚

---

[1] 徐建：《青少年法学新视野》（下），中国人民公安大学出版社2005年版，第562页。

众斗殴等犯罪案件，团伙犯罪突出。比如（2011）天少刑初字第5号阿杰、马龙和伊明江、吐尔洪江等故意伤害案中，马龙、吐尔洪江均系累犯，马龙曾因寻衅滋事罪被判处一年有期徒刑，吐尔洪江曾因抢劫罪被判处有期徒刑二年、缓刑二年，犯罪时仍处于缓刑期间。几人在乌鲁木齐市东方王朝酒店8楼KTV包厢过道内，因琐事与他人发生争执，冲入被害人所在包厢用啤酒瓶、烟灰缸、皮带等物将两被害人打伤，一人重伤、一人轻伤。这几名被告人均无固定收入，但聚合在一起进行高档消费，看到一个"哥们"被人"欺负"时，毫无理性地故意伤害他人。

4. 未成年人特殊司法保护落实不到位

2012年，高级法院曾对全区法院单独设立涉未成年人案件的机构配置情况进行了统计，除乌鲁木齐市中级法院及其所辖的5个基层法院设有专门审理涉未成年人案件的少年审判庭外，其余法院均未成立专门机构。一方面是囿于涉未成年人刑事案件数量较少，另一方面也存在法院司法资源有限。由于缺乏专业化机构，审判经验的总结不够，导致部分法官在审理涉未成年人刑事案件中的能力和技巧不足，没有体现出少年审判"教育、感化、挽救"方针和"教育为主、惩罚为辅"原则。有的法院在开展法庭教育时也过于简单，教育阶段设置不当、工作流于形式、诉讼参与人找不准教育感化点等。有的法官在心理沟通能力和教育引导技能方面仍有所欠缺，专业素质不足。有的裁判文书对于未成年被告人走上违法犯罪道路的论述也较为单一、呆板，不具有个性化分析。

三、预防和减少青少年犯罪的对策和建议

预防和减少青少年犯罪是一项复杂的社会系统工程。虽然未成年人保护法、预防未成年人犯罪法、义务教育法和《关于依法惩治拐卖妇女儿童犯罪的意见》等一系列法律法规和政策性文件都高度强调保护未成年人合法权益是全社会的共同责任，但还是缺乏一个多部门协作、配合的工作平台，没有建立起长期性、经常性的工作机制，特别是要强化学校、家庭和社会教育的重要性，树立起对未成年人的"特殊保护"理念，为未成年人健康成长营造良好的环境和氛围。

（一）加大教育投入，提升青少年知识素质

1. 全面推广12年义务教育

从上述收集的案例中可以看出，16~18岁是未成年人的犯罪高峰年龄，

即未成年人犯罪相对集中的年龄段。之所以会出现这样的现象，主要原因是未成年人一般都是在15、16岁结束九年义务教育初中毕业，生理上正处于青春期，具有较强的叛逆与猎奇心理，有的因为学习不好或家庭状况不好不再进入高中阶段的学习，渴望走向社会但缺乏基本的职业技能，很难在社会谋得一份稳定的工作，只能靠打零工为生，如果再具有贪婪、懒惰的心理，很容易走上犯罪道路。因此，在青少年时期充分保障其受教育权，是首先要解决的问题。近年来，国家教育资源重点向农村、边远、民族、贫困地区倾斜，自治区在南疆三地州及北疆一些县乡都开始实施12年义务教育。12年义务教育对于少数民族地区和贫困地区相当重要，不仅能减轻家庭的经济负担，还能极大地促进人口素质的提高，但这些地区的地方政府往往财力有限。在12年义务教育推广的过程中，还应该注重教育资源的配置，通过补贴、编制等条件留住一批优秀的教师。

2. 强化实用型职业教育

目前，未成年犯罪人的辍学现象比较严重，但辍学并不必然导致犯罪行为的发生，而是后续的就业机会的缺失，使这些未成年人的生活难以保障，从而滑向犯罪的深渊。如果能实现从学校辍学到社会就业的无缝链接，提高未成年人过早进入社会后的生存、发展能力，就能减少和降低未成年人违法犯罪的概率。随着新型工业化的快速发展，新疆对新型实用人才的需求日益加大，但目前社会上一部分年轻人找不到工作，一部分企业招不到人，这其实是教育与企业没有实现很好对接造成的。因此，应当加大校企合作的力度，从自治区层面大力倡导校企之间的职业化教育合作，针对一些企业缺乏的工种在技校开设相应专业，并与学校签订协议，由学校代培，企业统一安排工作。这样会让不能进入高等院校的未成年人一样能找到学到一技之长的场所，完成从学生身份到劳动者身份的专业积累，就业能力提高了，健康成长的基础就牢固了。

（二）建立未成年人保护平台，切实预防和减少青少年犯罪

1. 建立预防和减少青少年犯罪组织体系

从预防青少年犯罪的角度看，国家对不良少年或严重不良行为少年的强制干预和保护是多维度的，需要国家和政府的各个部门共同参与。预防青少年犯罪"社会一条龙"机制已经历经了十多年，但青少年法制教育流于形式的现象比较严重，各职能部门基本都是"单兵作战"，预防和减少青少年犯罪的顶层设计少、长效机制少。尤其是涉及重点青少年群体教育和预防犯

罪试点工作，多由团委组织牵头，团委的性质只是社会团体，并无政府管理职能。对于急于行使预防和减少青少年犯罪的职能部门，既无权干预，又无权监督和制约。由于牵头部门的工作力度不够，组织成员单位的协调配合也必然不到位。平行机构之间不仅交流沟通少，最重要的是没有建立起一个信息共享的平台，思想认识到位，参与才会到位，效果才会到位。党委、政府、司法机关的有关领导、工作人员应当充分认识到公民参与少年司法的必要性，尊重参与少年司法的每一位公民，增进理解，积极引导他们有序参与。参与少年司法的每一位公民应当深刻认识到肩上的担子，把握好角色定位，为"教育、挽救失足少年"这一特殊的希望工程忠实履行职责。

2. 加大社会管理治理力度

未成年人心智不成熟，自我控制力差，好奇心强，容易受到不良文化的毒害和侵蚀。进一步净化社会风气，特别是强化文化市场的整治及查处力度，规范网络、传媒机构的管理体制，对网吧、游戏厅、KTV、洗浴按摩等公共场所严格管理，严格控制未成年人出入，加强身份核查，堵塞未成年人进入公共场所的渠道。劳动监察部门加大对企业等用人单位雇佣未成年人工作的监督检查力度，特别是在边远县城中的中小劳动密集型企业、饭店宾馆、小作坊等非法使用未成年人、限制人身自由、强迫劳动等违规违法行为的，要进行彻底的整治。只有通过多个行政机关的联合管理，减少未成年人接触社会上不健康不文明活动的机会，使其在受教育的年龄能够专心学到知识、学到技能。同时，还要不断加大博物馆、图书馆、科技馆、少年宫等适合未成年人接受现代文化的活动场所，通过正确、正面的宣传引导，打牢人生观、价值观基础。

3. 整合预防青少年犯罪机构

近年来，立法机关和司法实践部门都加大了对矫治、帮教、控制未成年罪犯重新犯罪的立法和相关工作。未成年罪犯的再犯罪率呈现下降局面，但未成年罪犯再次犯罪的现象没有根本消除，预防工作仍然艰巨。目前，矫正、收容未成年罪犯的机构主要有少年犯管教所和工读学校，针对未成年人心理和生理仍然存在继续发育的现状，单纯地管教、教育方式可能会使未成年罪犯产生排斥心理和情绪，从身体结构来看孩子的天真特性依然存在。因此，要充分发挥工读学校收容教养兼收并蓄的作用，降低未成年罪犯对监禁刑执行的畏惧，通过类似学校的管理模式使其感觉没有脱离社会。把工读学校着力打造成这些"边缘"未成年人学习职业技能的学校，不仅节约了司法成本，关键是降低了再犯罪的可能。通过实用技能的培训，未成年罪犯走向社会时可以正常参与竞聘，找到合适的、能够独立生活的工作，不仅会产生被社会、他人认可的自信，也切断了与不良少年再次接触的机会，不会再次被社会摒弃。

4. 加强少年刑事审判工作

人民法院少年审判工作是预防和减少青少年犯罪的重要内容。"教育为主、惩罚为辅"的原则和"教育、感化、挽救"的方针要坚持不懈地丰富、完善，对未成年罪犯予以特别的关注和保护。继续坚持圆桌审理模式，有效消除未成年罪犯的恐惧疑虑和对立情绪。认真落实未成年罪犯人格调查制度，突出强调庭审教育和社会调查。要通过教育和调查，发现未成年罪犯实施犯罪的最深刻原因，根据具体案情有针对性地适用禁止令，特别是对于喜欢玩电玩游戏和存在"上网瘾"的未成年罪犯，可判决在缓刑考验期内，禁止进入网吧和营业性游戏机房，使禁止令真正达到促使未成年犯改过自新的法律效果与社会效果的统一。

（三）强化社区管理，提高家庭教育质量

随着城镇化进程的加快，住房成为私有财产，居民由"单位人"向"社会人"转变，越来越多的农村人离开家乡进入城市打工。城市社区作为城市居民生活的区域，正承担着越来越多的社会责任。

1. 强化对家长的教育

提高家长素质，帮助家长提高教育能力，可以为青少年的健康成长提供良好的家庭环境。社区可以成立家长学校，通过定期培训、心理咨询等方式，解答家长提出的有关孩子教育方面存在的问题，纠正家长在孩子教育中存在的错误观念和不良习惯。积极开展"公民道德进万家"活动，提高每一位父母的家庭责任感和道德文化修养，自觉营造和睦健康的家庭环境。提倡父母与子女多交流，建立互信关系。通过频繁交流，了解他们每个发育阶段的情况与需求，培养他们的自信心和独立性。凡是有未成年人的家庭，社区都应当要求其父母定期到家长学校接受培训，必要时也可以要求孩子一同参加。

2. 完善社区管理方式

很多判决后依法进行社区矫正或回到学校学习的未成年犯罪人，最容易被周围人贴上"坏孩子"的标签，这会进一步强化他们的罪恶感，更容易被社会边缘化。"绝大部分少年罪错行为是限于青春期的，也就是说，只要罪错青少年能挺过这个阶段，他们未来的生活机会没有被终结，那么，他们完全有望发展成为有益于社会的公民（至少不是罪犯）。"① 需要社区工作者、学校等做好心理跟踪、观测、评估和干预工作，多发现问题，尽早进行心理干预，避免其自暴自弃，多参与社区服务、多与同龄人接触。可以定期组织辖区内非监禁刑未成年人或者问题少年进行相关法律、法规内容的学习，由其进行一定时长的社区义务劳动，通过全方位地与社会美好事物的接触，不仅可以提高其个人修养，最关键是能够形成健康向上的心理状态，成为正常人。

---

① ［美］玛格丽特·K. 罗森海姆等：《少年司法的一个世纪》，商务印书馆2008年版，第152页。

【司法解释理解与适用】

《最高人民法院关于适用〈中华人民共和国刑事诉讼法〉的解释》重点内容解读

周加海[*]　李　晓[**]　周海洋[***]　喻海松[****]　方　芳[*****]

一、辩护与代理

此次刑事诉讼法修改，重点完善了辩护人在刑事诉讼中法律地位和作用的规定，扩大了法律援助的适用范围。《最高人民法院关于适用〈中华人民共和国刑事诉讼法〉的解释》（以下简称《解释》）第三章"辩护与代理"根据刑事诉讼法的规定和司法实践的具体情况，对辩护与代理的相关问题作了具体规定，对于进一步保障辩护人、代理人在案件审理过程中依法行使职权，更好地维护当事人的合法权益具有重要意义。

（一）辩护人的范围

辩护权是被告人的法定诉讼权利，被告人除自己行使辩护权以外，还可以委托其他符合法律规定的人辩护。刑事诉讼法第三十二条对辩护人的范围作了规定，《解释》第三十五条作了进一步明确。《解释》第三十六条对审判人员和人民法院其他工作人员及其配偶、子女、父母担任辩护人的禁止情形作了规定。需要注意的是，《解释》第三十六条第三款系在《最高人民法院关于审判人员在诉讼活动中执行回避制度若干问题的规定》（以下简称《回避规定》）第九条规定的基础上修改而来。《回避规定》第九条规定：

---

[*]　最高人民法院研究室刑事处处长、法学博士。
[**]　最高人民法院研究室刑事处高级法官。
[***]　最高人民法院研究室刑事处法官、法学博士。
[****]　最高人民法院研究室刑事处法官、法学博士。
[*****]　最高人民法院研究室少年法庭工作办公室副主任。

"审判人员及法院其他工作人员的配偶、子女或者父母不得担任其所任职法院审理案件的诉讼代理人或者辩护人。"此次征求意见过程中,有意见提出,作为被告人的监护人、近亲属进行辩护的应当除外。经研究,予以采纳,增加了"但作为被告人的监护人、近亲属进行辩护的除外"的规定。

(二) 一名辩护人为两名以上被告人辩护的禁止情形

《98年解释》第三十五条规定:"在共同犯罪的案件中,一名辩护人不得为两名以上的同案被告人辩护。"这主要是为了防止利益冲突,损害被告人合法权益,影响案件公正审理。而从司法实践看,有的案件被告人虽非共同犯罪人,但犯罪事实存在紧密关联,如系毒品犯罪的上下家,或者系受贿人与行贿人,等等;有的共同犯罪案件则未作同案处理。如允许一名辩护人同时为上述案件中的两名以上被告人提供辩护,势必也存在"利益冲突"问题,鉴此,《解释》第三十八条第二款对上述规定作了完善,规定:"一名辩护人不得为两名以上的同案被告人,或者未同案处理但犯罪事实存在关联的被告人辩护。"

(三) 转达在押被告人委托辩护人要求的程序

刑事诉讼法第三十三条第二款规定:"犯罪嫌疑人、被告人在押期间要求委托辩护人的,人民法院、人民检察院和公安机关应当及时转达其要求。"《解释》第四十条对该款规定的具体适用作了明确,规定审判期间,在押的被告人要求委托辩护人的,人民法院应当在3日内向其监护人、近亲属或者其指定的人员转达要求。适用中需注意:不宜直接向有关律师事务所、律师转达被告人的委托辩护要求,以免推荐律师、介绍案件之嫌。

(四) 法律援助的适用范围

《解释》第四十二条、第四十三条分别对应当通知法律援助机构指派律师提供辩护和可以通知法律援助机构指派律师提供辩护的情形作了具体规定。需要注意的是,第四十二条第二款规定:"高级人民法院复核死刑案件,被告人没有委托辩护人的,应当通知法律援助机构指派律师为其提供辩护。"这里的"死刑案件",包括死刑、死刑缓期执行案件。规定本款主要是考虑:修改后刑事诉讼法大大扩大了法律援助的范围,对可能判处无期徒刑的案件也应当提供法律援助。鉴此立法精神,为保障死刑、死刑缓期执行的正确适用,有必要增加本款。

(五) 辩护人的相关权利

此次刑事诉讼法修改,进一步扩大了辩护人的权利,以保障其在刑事诉讼中更为充分地行使辩护职能。《解释》对辩护人在审判阶段的权利作了进一步细化。

《解释》第四十七条根据刑事诉讼法的相关规定,对审判阶段辩护人的阅卷权予以了明确。需要注意的是,根据有关方面的意见,第三款专门增加了复制案卷材料的具体方式,规定可以采用复印、拍照、扫描等方式。

《解释》第四十九条至第五十二条根据刑事诉讼法的规定,对辩护人的调查取证权作了进一步规定。刑事诉讼法第三十九条规定:"辩护人认为在侦查、审查起诉期间公安机关、人民检察院收集的证明犯罪嫌疑人、被告人无罪或者罪轻的证据材料未提交的,有权申请人民检察院、人民法院调取。"据此,《解释》第四十九条作了进一步规定。对此,需要注意以下几个问题:(1) 辩护人申请人民法院调取上述证据的,应当以书面形式提出,并提供相关线索或者材料,以防止辩护人滥用此项权利。(2) 征求意见过程中,有意见提出,人民法院直接向公安机关调取的被告人无罪或者罪轻的证据材料,应当先移送检察机关或者由检察机关与辩护人同时查阅、摘抄、复制证据材料。经研究认为,对于审判期间依辩护人申请调取的证据,先由辩护人查阅并无不妥,于法有据,未采纳上述观点。(3) 刑事诉讼法第四十一条第一款规定:"辩护律师经证人或者其他有关单位和个人同意,可以向他们收集与本案有关的材料,也可以申请人民检察院、人民法院收集、调取证据,或者申请人民法院通知证人出庭作证。"最高人民法院、最高人民检察院、公安部、国家安全部、司法部、全国人大常委会法制工作委员会2012年12月26日《关于实施刑事诉讼法若干问题的规定》第八条进一步规定:"对于辩护律师申请人民检察院、人民法院收集、调取证据,人民检察院、人民法院认为需要调查取证的,应当由人民检察院、人民法院收集、调取证据,不得向律师签发准许调查决定书,让律师收集、调取证据。"《解释》第五十一条、第五十二条作了进一步规定。对于辩护律师申请人民法院收集、调取证据,人民法院同意的,不得向律师签发准许调查决定书,让律师收集、调取证据,而应当依照规定直接收集、调取相关证据,并在收集、调取证据材料后,及时通知辩护律师查阅、摘抄、复制,告知人民检察院。

（六）诉讼代理人的有关问题

根据刑事诉讼法的相关规定和精神，《解释》第五十四条至第五十八条对委托诉讼代理人的告知程序、诉讼代理人的委托程序、诉讼代理人的责任、权利义务等问题作了明确规定。需要提及的是，《98年解释》第四十九条规定："律师担任诉讼代理人，可以查阅、摘抄、复制与本案有关的材料，了解案情。其他诉讼代理人经人民法院准许，也可以查阅、摘抄、复制本案有关材料，了解案情。需要收集、调取与本案有关的材料的，可以参照本解释第四十四条、第四十五条的规定执行。"征求意见过程中，有意见提出，刑事诉讼法没有规定诉讼代理人阅卷或者收集、调取证据的诉讼权利。这一问题还涉及公安机关、人民检察院等其他部门。上述规定是否妥当，建议通盘研究考虑。经研究，上述规定有保留的必要：（1）刑事诉讼法虽然没有规定诉讼代理人阅卷、取证的诉讼权利，但也没有明确禁止。而律师法规定："受委托的律师自案件被人民法院受理之日起，有权查阅、摘抄和复制与案件有关的所有材料"，"受委托的律师根据案情的需要，可以申请人民检察院、人民法院收集、调取证据或者申请人民法院通知证人出庭作证"。（2）诉讼代理人如果没有阅卷、取证的诉讼权利，就难以落实立法设置诉讼代理制度，以有效维护当事人合法权益的重要目的和功能。（3）实践表明，该条规定的实施效果良好。经商有关方面，《解释》第五十七条保留上述规定，但是增加规定无论是律师还是非律师担任诉讼代理人，查阅、摘抄、复制案卷均需经法院许可；律师担任诉讼代理人调查取证的，参照适用辩护律师的有关规定。

二、关于证据

证据是刑事诉讼的基石，对于准确定罪量刑，实现司法公正，防止冤假错案的发生具有关键作用。此次刑事诉讼法修改在总结近年来有关司法改革经验的基础上，充分吸收"两个证据规定"的有关内容，对证据制度作了较大幅度的修改完善。根据刑事诉讼法的相关规定，《解释》大幅扩充了证据部分的规定，第四章"证据"共五十二条，分为九节，全面规定了证据的一般规定、分类审查与认定、综合审查与运用等内容。

（一）证明标准

从审判实践来看，与定罪量刑相关的事实较为复杂，对所有的证明对象适用同一证明标准,既不现实,也不必要。因此,应当区分不同的证明对象适用不同的证明标准。对于认定被告人有罪和对被告人从重处罚的事实,是证明的主要对象,必须明确其适用最为严格的证明标准,即对其的证明必须达到"证据确实、充分"的程度。相应,对被告人从宽处罚的事实,以及与附带民事诉讼、涉案财物处理有关的事实等,可以适当降低证明标准,适用优势证据标准。因此,《解释》第六十四条第二款明确规定:"认定被告人有罪和对被告人从重处罚,应当适用证据确实、充分的证明标准。"

(二)行政机关收集的证据材料在刑事诉讼中的使用

刑事诉讼法第五十二条第二款规定:"行政机关在行政执法和查办案件过程中收集的物证、书证、视听资料、电子数据等证据材料,在刑事诉讼中可以作为证据使用。"据此,《解释》第六十五条对相关问题作了进一步明确。司法实践中适用上述规定需要注意以下问题:

1. 行政机关的外延。刑事诉讼法第五十二条第二款规定的"行政机关"不限于工商、税务等行政机关,也包括证券监管部门等行政机关以外根据法律、法规规定行使国家行政管理职权的组织。因此,《解释》第六十五条第二款规定:"根据法律、行政法规规定行使国家行政管理职权的组织,在行政执法和查办案件过程中收集的证据材料,视为行政机关收集的证据材料。"但是,实践中行政主体还包括受行政机关委托代表行政机关行使职权的组织,这些组织不属于刑事诉讼法第五十二条规定的"行政机关",其在行政执法和查办案件过程中收集的有关证据材料,不能视为行政机关收集的证据材料。

2. "物证、书证、视听资料、电子数据等证据材料"的外延。对于刑事诉讼法第五十二条第二款中的"物证、书证、视听资料、电子数据等证据材料"中的"等",可以明确的是,不能包括当事人陈述、证人证言等言词证据。这主要是因为:言词证据具有较强的主观性,容易发生变化,且行政机关收集言词证据的程序明显不如公安司法机关收集言词证据严格,如允许行政机关收集的言词证据亦可在刑事诉讼中使用,难以保障案件公正处理,也不利于维护当事人权利。至于上述规定中的"等"是否可以包括行政机关收集的鉴定意见、勘验、检查、辨认、搜查等笔录,认识尚不完全一致。今后如遇有具体案件,还需在征求有关方面意见的基础上,通过批复等形式再予明确。

3. 行政机关收集的证据材料在刑事诉讼中的审查判断标准。行政机关在行政执法和查办案件的过程中，尚不知道所涉及的案件是否达到犯罪的程度，是否会进入刑事诉讼程序，无法也不应当适用刑事诉讼程序的规定收集相关证据材料，只能依照法律、行政法规关于行政执法和查办案件的相关规定，而非刑事诉讼的标准。因此，《解释》第六十五条第一款规定："……经法庭查证属实，且收集程序符合有关法律、行政法规规定的，可以作为定案的根据。"

（三）见证人的范围

《解释》第六十七条第一款对见证人的范围作出明确规定。具体而言，下列人员不得担任刑事诉讼活动的见证人：

1. 生理上、精神上有缺陷或者年幼，不具有相应辨别能力或者不能正确表达的人。

2. 与案件有利害关系，可能影响案件公正处理的人。这里包括两方面的利害关系：一是与案件当事人有利害关系，包括与被告人、被害人或者其他当事人有利害关系，如系当事人的近亲属。二是与案件处理结果有利害关系，包括本人和本人的近亲属与案件的处理结果有某种利害关系。但是，虽然与案件有利害关系，但不会影响案件公正处理的人员，可以担任刑事诉讼的见证人。例如，为了收集犯罪证据、查获犯罪人，侦查人员对犯罪嫌疑人以及可能隐藏罪犯或者犯罪证据的人的身体、物品、住处和其他有关的地方进行搜查，犯罪嫌疑人的家属与犯罪嫌疑人有利害关系，但是由其见证搜查过程，能够有效监督侦查人员依法行使职权，并不会影响案件的公正处理，故可以担任见证人。相反，不应由被害人的家属担任见证人，因为其担任见证人，不足以有效监督侦查人员依法进行搜查，会影响到案件公正处理。

3. 行使勘验、检查、搜查、扣押等刑事诉讼职权的公安、司法机关的工作人员或者其聘用的人员。设立见证人的目的在于监督相关刑事诉讼活动的依法进行，确保相关笔录和清单的客观公正，因此，应当由实施相关刑事诉讼活动主体以外的人进行见证，以避免"自己监督自己"的现象。而行使勘验、检查、搜查、扣押等相关刑事诉讼职权的公安、司法机关工作人员或者其聘用的辅警、保安人员等相关人员，已经参与相关刑事诉讼活动，不宜由其再担任见证人。

征求意见过程中，有意见提出，如果不允许辅警、保安人员等担任见证人，实践中有两种情形难以解决：一是在一些偏远地区的案件现场，或者深夜发现的现场，可能难以找到群众做见证人；二是在当前司法环境下，出于各种顾虑，有的群众不愿意担任证人，公安机关不可能强迫他人做见证人。经研究认为，上述意见确有一定道理，所反映的是当前的实际情况。基于此，《解释》第六十七条第二款专门规定："由于客观原因无法由符合条件的人员担任见证人的，应当在笔录材料中注明情况，并对相关活动进行录像。"

（四）对涉及国家秘密、商业秘密、个人隐私的证据的处理

《98年解释》第六十二条规定："在公开审理案件时，对于公诉人、诉讼参与人提出涉及国家秘密或者个人隐私的证据时，审判长应当制止。如确与本案有关的，应当决定案件转为不公开审理。"鉴于此次刑事诉讼法修改进一步扩展了应当保密的证据范围，《解释》第六十八条对《98年解释》第六十二条规定作了进一步完善。理解和适用这一规定，需要把握以下几方面的内容：

1. 公开审理案件时，公诉人、诉讼参与人提出涉及国家秘密、商业秘密或者个人隐私的证据的，审判长或独任审判员应当制止。这一处理规则统一适用于涉及国家秘密、商业秘密或者个人隐私的证据。

2. 审判长在制止公诉人、诉讼参与人在公开审理案件时提出涉及国家秘密、商业秘密或者个人隐私的证据后，如果上述证据确与本案有关的，应当区分情况处理：（1）根据刑事诉讼法第一百八十三条第一款的规定，有关国家秘密或者个人隐私的案件，不公开审理。因此，对于涉及国家秘密或者个人隐私的证据确与本案有关的，应当决定将案件转为不公开审理，或者对相关证据的法庭调查不公开进行。（2）根据刑事诉讼法第一百八十三条第一款的规定，涉及商业秘密的案件，当事人申请不公开审理的，可以不公开审理。因此，涉及商业秘密的证据确与本案有关，当事人申请不公开审理的，可以决定将案件转为不公开审理，或者对相关证据的法庭调查不公开进行。

需要注意的是，与《98年解释》第六十二条的规定不同，《解释》第六十八条未规定一律不公开审理，而是可以根据案件情况采取不公开审理或者局部不公开审理（即对相关证据的法庭调查不公开进行）两种方式。所谓局部不公开，是指对涉及国家秘密、商业秘密或者个人隐私的证据的质证不公开，让旁听人员退庭，转为不公开审理。待相关证据的调查结束后，法庭审理再转为公开进行。

(五) 证人证言的审查与认定

《解释》第四章第三节"证人证言、被害人陈述的审查与认定"对证人证言审查认定、排除、采信，被害人陈述的审查与认定等问题作了专门规定，为人民法院准确审查判断证人证言、被害人陈述提供了可操作性的规范。实践中需要注意以下问题：

1. 证人作证能力的判断。（1）对于是否"不能辨别是非、不能正确表达"，应当根据具体情况予以判断，从而决定其能否成为证人。《98年解释》第五十七条规定："对于证人能否辨别是非，能否正确表达，必要时可以进行鉴定。"经研究认为，在法庭审理过程中，控辩双方动辄申请对证人进行鉴定，不但是对证人的人格侮辱，而且还会由于无人愿意接受这种有侮人格的鉴定而拒绝作证。而且，对于证人是否具有作证能力，可以通过通知证人出庭接受询问予以判断。因此，《解释》删除了"对于证人能否辨别是非，能否正确表达，必要时可以进行鉴定"的规定。（2）根据具体情况审查证人感知相关内容时的认知能力和生理、精神状况。征求意见过程中，有意见认为不能仅审查作证时的状态，而且应当审查感知相关内容时的状态。经研究认为，上述意见确有一定道理，故《解释》第七十五条第一款规定："处于明显醉酒、中毒或者麻醉等状态，不能正常感知或者正确表达的证人所提供的证言，不得作为证据使用。"（3）征求意见过程中，有意见提出，司法实践中，有的人由于事故、疾病等原因致语言、视力、听力严重下降，甚至有的比盲、聋、哑人还要严重，因此，应当将因疾病等原因造成重度残疾，不能准确表达自己意志的人排除在证人之外。经研究认为，此种情形可以由司法实践具体把握，确实存在因疾病等原因不能准确表达自己意志的人，可以认定为"生理上有缺陷，不能辨别是非、不能正确表达"的人，排除在证人之外。

2. 询问未成年证人，法定代理人或相关人员未到场的问题。征求意见过程中，有意见提出，询问未成年证人，法定代理人或相关人员未到场的，该未成年证人提供的证言不得作为定案的根据。经研究认为，询问未成年证人，其法定代理人或者相关人员到场，违反了刑事诉讼法的相关规定，属于证人证言的收集程序存在瑕疵，但不宜绝对排除该证人证言，而应当根据具体情况，允许补正或者作出合理解释。如果不能补正或者作出合理解释的，该证人证言不得作为定案的根据。

（六）证人证言的采信

《解释》第七十八条对证人证言的采信问题作出了规定，包括当庭证言的采信、证人改变证言情况下的证言采信、未出庭证人证言的排除。具体而言：

1. 当庭证言的采信。《解释》第七十八条第一款规定："证人当庭作出的证言，经控辩双方质证、法庭查证属实的，应当作为定案的根据。"这里使用了"应当"的用语，体现的正是对于证人出庭作证的鼓励。司法适用中需要注意的是，此处规定的"法庭查证属实"不仅是对证言的真实性的查证，而是对证言真实性、合法性和关联性的查证。

2. 证人改变证言情况下的证言采信。对于被告人在庭前和庭中所作的证言存在差异甚至矛盾时，如何采信相关证言，刑事诉讼法未规定明确规则。《解释》在《最高人民法院关于办理死刑案件审查判断证据若干问题的规定》（以下简称《证据审查判断规定》）第十五条第二款规定的基础上，进一步对能否采信庭前证言的问题予以明确，规定："证人当庭作出的证言与其庭前证言矛盾，证人能够作出合理解释，并有相关证据印证的，应当采信其庭审证言；不能作出合理解释，而其庭前证言有相关证据印证的，可以采信其庭前证言。"主要有如下考虑：（1）从刑事诉讼法鼓励证人出庭的立法精神出发，宜鼓励司法实践中根据庭审证言认定案件事实，因此，该条款的基本立场是以庭审证言为基础，允许证人当庭对其当庭作出的证言与庭前证言矛盾的情形作出合理解释。（2）从实践来看，在庭审证言和庭前证言相矛盾的情况下，庭审证言未必一定是真实的，而庭前证言也未必一定是不真实的。这里专门规定只有在"证人当庭能够作出合理解释，并有相关证据印证"的，才采信其庭审证言。因此，在证人当庭改变庭前证言后，应当结合全案证据，对其当庭证言进行审查，进行有针对性的询问，判断其庭审证言的可信度。（3）在证人当庭作出的证言与其庭前证言矛盾的情况下，如果证人不能作出合理解释，而其庭前证言有相关证据印证的，可以采信其庭前证言。

3. 未出庭证人证言的排除。《解释》第七十八条第三款规定："经人民法院通知，证人没有正当理由拒绝出庭或者出庭后拒绝作证，法庭对其证言的真实性无法确认的，该证人证言不得作为定案的根据。"与刑事诉讼法第一百八十七条明确规定拒不出庭的鉴定人的鉴定意见不得作为定案的根据不同，这里规定对证人拒绝出庭或者出庭后拒绝作证，尚不能绝对排除证言的采用。这主要是考虑：在当前的司法实践中，证人证言对证明案件事实仍发挥着重要作用。而实践中证人为避免麻烦和报复，不愿出庭的情况仍会存在，如规定证人一旦不出庭即一概不能采信其证言，将会严重影响犯罪的追诉与惩处。因此，对证人拒不出庭或者出庭后拒绝作证的，人民法院应区分情况，作出处理：经审查，其庭前证言无法与在案其他证据相印证，如书面证言之间或者同其他证据产生矛盾且矛盾无法排除的，则不能采信，不得作为定案的根据；反之，仍可作为定案的根据。

（七）被告人供述和辩解的审查与认定

《解释》第四章第四节"被告人供述和辩解的审查与认定"对被告人的供述和辩解的审查与认定、排除、采信等问题作了专门规定。审判实践中，应当注意以下问题：

1. 调取讯问过程的录音录像。刑事诉讼法对讯问过程的录音录像制度作出明确，第一百二十一条规定："侦查人员在讯问犯罪嫌疑人的时候，可以对讯问过程进行录音或者录像；对于可能判处无期徒刑、死刑的案件或者其他重大犯罪案件，应当对讯问过程进行录音或者录像。录音或者录像应当全程进行，保持完整性。"录音录像是证明讯问过程合法性、讯问笔录真实性的重要证据。但是，实践中，由于种种原因，一些地方公安、检察机关对人民法院调取相关证据材料的工作往往不予配合，严重影响了案件的公正、及时审理，也影响了对被告人合法权益的维护。因此，六部委《关于实施刑事诉讼法若干问题的规定》第十九条专门规定："侦查人员对讯问过程进行录音或者录像的，应当在讯问笔录中注明。人民检察院、人民法院可以根据需要调取讯问犯罪嫌疑人的录音或者录像，有关机关应当及时提供。"据此，必要时，人民法院可以调取讯问过程的录音录像、被告人进出看守所的健康检查记录、笔录，并结合录音录像、记录、笔录对被告人供述进行审查。对可能判处死刑的案件，被告人及其辩护人申请排除非法证据的案件，第一审人民法院收案后即应当及时调取。

2. 讯问笔录经被告人核对确认的问题。被告人未对讯问笔录核对确认，难以保证讯问笔录中记录的内容是被告人所陈述，也自然无法保证讯问笔录记载的被告人供述的真实性，自然不得作为定案的根据。但是，从司法实践来看，目前不少刑事案件被告人供述中存在以下几种情况难以获得被告人签名：(1) 被告人属于文盲，不能够书写自己的名字，只能捺手印。(2) 存在被告人出于不正当理由拒不签名确认的情况。上述情形下，完全排除被告人的供述不合适。经研究认为，根据《解释》第五百四十六条的规定，前一种情形下，被告人可以捺指印；后一种情形下，有相关见证人见证，或者有录音录像证明的，不影响讯问笔录的法律效力。

3. 讯问犯罪嫌疑人、被告人，法定代理人或者合适成年人未到场的问题。征求意见过程中，有意见建议将讯问犯罪嫌疑人、被告人，法定代理人或者合适成年人未到场的，此种情形的被告人供述不得作为定案的根据。经研究认为，此种情形下不宜直接将被告人供述不作为定案的根据，而应当视为讯问笔录存有瑕疵，允许补正或者作出合理解释；不能补正或者作出合理解释的，不得作为定案的根据。

（八）鉴定意见的审查与认定

《解释》第四章第五节"鉴定意见的审查与认定"对鉴定意见的审查内容、排除、鉴定人不出庭鉴定意见的处理、检验报告等问题作了具体规定。司法实践中，应当注意以下问题：

1. 补充鉴定或者重新鉴定的问题。《证据审查判断规定》第二十四条第二款规定，对鉴定意见有疑问的，"可以依法补充鉴定或者重新鉴定"，《解释》未予吸收该规定。主要考虑是：在司法实践中，许多案件存在多次补充鉴定或者重新鉴定的现象，但是，通过多次补充鉴定或者重新鉴定并未能够解决刑事诉讼中的这些待证的专门性问题。而且，此次刑事诉讼法修改，将"鉴定结论"修改为"鉴定意见"，这一证据种类名称的改变，表明鉴定意见同其他证据一样，并不具有更高的证明价值，必须通过审判人员综合全案证据审查判断，才能作为定案的根据。这也是从立法层面要求改变过去司法鉴定中唯鉴定结论是从，多次鉴定、重复鉴定的现象。因此，应当不鼓励，或者说不支持通过多次补充鉴定或者重新鉴定解决问题，而应当通过结合全案证据，通知鉴定人出庭作证、通知有专门知识的人出庭就鉴定意见提出意见等方式，正确评判鉴定意见的证明价值和可靠性，妥善解决刑事诉讼中的专门性问题，准确认定案件事实。

2. 多份不同鉴定意见并存时的处理方法。在当前的司法实践中，多份不同鉴定意见并存的现象比较普遍，且难以在短时间内得到完全改变，这为审判人员取舍鉴定意见增加了难度。我们认为，应当充分运用刑事诉讼法增加的相关制度，立足当前的司法实践，妥善解决这一问题：（1）充分适用鉴定人出庭和有专门知识的人出庭制度，根据控辩双方的申请通知有专门知识的人出庭，以促使控辩双方对专门性问题形成共识，增强审判人员对鉴定意见审查判断的内心确信。（2）对于通过鉴定人、有专门知识的人出庭难以澄清疑问的，可以由控辩双方合意选定鉴定人进行鉴定，从而尽可能地消除双方的分歧，促使双方就鉴定意见形成共识。当然，如果控辩双方无法达成合意，人民法院可以依法指定鉴定人进行重新鉴定。重新鉴定的意见仍然需要经过庭审质证，由法庭审查判断。

3. 鉴定人拒不出庭作证的处理。刑事诉讼法第一百八十七条第三款规定："经人民法院通知，鉴定人拒不出庭作证的，鉴定意见不得作为定案的根据。"《解释》第八十六条第一款对该规定予以重申。据此，经人民法院通知，鉴定人拒不出庭作证的，鉴定意见不得作为定案的根据。这意味着，经人民法院通知，无论鉴定人不出庭的理由是否正当，也不论是否基于不能抗拒的原因，该鉴定意见在鉴定人未出庭的情况下都不得作为定案的根据。

《最高人民法院关于实施刑事诉讼法若干问题的规定》第二十九条规定："鉴定人由于不能抗拒的原因或者有其他正当理由无法出庭的，人民法院可以根据案件审理情况决定延期审理。"需要指出的是，《解释》第八十六条根据审判实践的具体情况，进一步规范了此种情形下的处理，规定人民法院可以根据情况决定延期审理或者重新鉴定。例如，鉴定人在庭审期间身患严重疾病或者行动极为不便的，而鉴定人应当出庭作证的，人民法院根据案件具体情况，可以决定案件延期审理，待鉴定人痊愈后再开庭审理，也可以将该鉴定意见排除，进行重新鉴定。

根据《解释》第八十六条第三款的规定，对没有正当理由拒不出庭作证的鉴定人，人民法院应当通报司法行政机关或者有关部门。对此需要注意以下几个问题：（1）本款适用的是没有正当理由拒不出庭作证的鉴定人。（2）根据《最高人民法院、最高人民检察院、公安部、国家安全部、司法部关于做好司法鉴定机构和司法鉴定人备案登记工作的通知》（司法通〔2008〕165号）规定，司法行政部门仅对经检察机关、公安机关、国家安全机关审查合格的所属鉴定机构和鉴定人进行备案登记，对其无管理职能。因此，对于检察机关、公安机关、国家安全机关所属鉴定机构的鉴定人没有正当理由拒不出庭的，人民法院应当通报相应检察机关、公安机关、国家安全机关；对于其他司法鉴定人没有正当理由拒不出庭的，人民法院应当通知司法行政机关。（3）对于没有正当理由拒不出庭作证的鉴定人，司法行政部门或者有关部门可以依照《关于司法鉴定管理问题的决定》或者其他规定给予相应处罚。例如，根据《关于司法鉴定管理问题的决定》第十三条的规定，经人民法院通知，鉴定人拒不出庭作证的，可以给予停止从事司法鉴定业务三个月以上一年以下的处罚；情节严重的，撤销登记。

4. 检验报告的审查判断。《解释》第八十七条对检验报告的审查判断的有关问题作了规定。具体而言：（1）对案件中的专门性问题需要鉴定，但没有法定司法鉴定机构，或者法律、司法解释规定可以进行检验的，可以指派、聘请有专门知识的人进行检验，检验报告可以作为定罪量刑的参考。需要注意的是，此种情形下，司法机关并不是依据鉴定意见对案件事实进行证明，这些部门经检验提出的意见，不能称之为"鉴定意见"，而只能称之为"检验报告"。而且，检验报告也只能作为定罪量刑的参考。（2）司法机关对于这些检验报告应当进行审查。允许进行检验，是应对当前实际情况的应急之策，为了进一步规范实践中的相关做法，根据《解释》第八十七条第二款规定，应当参照对鉴定意见的审查要求，认真审查判断检验报告的真实性、关联性和合法性。（3）依法通知检验人出庭作证。在刑事诉讼法已经要求鉴定人出庭作证的情况下，针对本来已作例外规定的检验报告，没有理由赋予检验人不出庭的特权。因此，司法实践中，人民法院应当根据《解释》第八十七条第三款的规定，参照鉴定人出庭作证的相关规定，及时通知检验人出庭作证。

（九）混杂辨认的问题

此次刑事诉讼法修改，根据司法实践发展需要，扩大了作为证据种类的笔录的范围，将"勘验、检查笔录"修改为"勘验、检查、辨认、侦查实验等笔录"。《解释》第九十条吸收《证据审查判断规定》第三十条的规定并予以完善，对辨认笔录的审查判断作出了明确规定。需要注意的是混杂辨认的问题。从司法实践来看，有关证据不具备混杂辨认条件的情形有以下几种：一是难以找到类似特征参照物的情形，比如尸体、场所。二是参照物特征几乎完全相同的情形，比如人民币等种类物，根本无法区分。三是辨认人能够准确描述物品独有特征的情形。如对手机的辨认，辨认人能够说出手机内短信息内容、手机外观磨损细节及部位等特征，可不用混杂辨认。《证据审查判断规定》第三十条专门规定，对尸体、场所等特定辨认对象不需要适用混杂辨认规则。经研究认为：其一，对于种类物的辨认可以依附于其他物品，如偷的钱包里面的钱，往往是直接对钱包进行辨认；也可以不走辨认的程序，丢了几百块钱，数额对上了就可以了。申言之，如果系无法依附于其他物品的种类物，辨认也没有意义，无须进行辨认。其二，对于尸体、场所等难以找到类似特征参照物的情形和辨认人能够准确描述物品独有特征的情形，则无须进行辨认，由相关人员直接指认即可。因此，《解释》第九十条第二款第四项没有作但书规定，并非意味着对上述情形仍然需要适用混杂辨认规则，而是说明对上述情形没有必要进行辨认。

(十) 电子数据的审查与认定

此次刑事诉讼法修改，适应现代信息技术的发展，根据刑事诉讼中出现的新情况和实践需要，将电子数据增设为法定证据种类，进一步丰富了证据的外延。对审查电子数据的一般原则和重点内容作出了规范。《解释》第九十三条在《证据审查判断规定》第二十九条规定的基础上，对电子数据的审查判断作了进一步修改完善。

1. 不存在"原始电子数据"的概念。与传统证据种类不同，电子数据没有"原始电子数据"的概念，只有"原始存储介质"的概念。由于电子数据的电子性，电子数据不同于物证、书证等其他证据种类，其可以完全同原始存储介质分离开来。例如，存储于计算机中电子文档，可以同计算机这一存储介质分来开来，存储于移动硬盘、U盘等存储介质之中。而且，对电子数据的复制可以确保与原数据的完全一致性，复制后的电子数据与原数据没有任何差异。与此不同，物证、书证等证据无法同原始存储介质完全区分开来，更无法采取确保与原物、原件完全一致的方式予以复制。例如，一封作为书证使用的书信，书信的原始内容无法同原始载体完全分离开来，只能存在于原始的纸张这一载体之上，即使采取彩色复印等方式进行复制，也无法确保复制后的书信同原件的完全一致性。不仅物证、书证等传统证据如此，视听资料这一随着技术发展而兴起的新型证据亦是如此。① 基于上述考虑，使用"原始电子数据"这个概念没有任何意义，对于电子数据而言，不存在"原始电子数据"的概念。但是，电子数据原始存储介质这个概念是有意义的，这表明电子数据是存储在原始的介质之中，即取证时是将存储介质予以扣押，并作为证据移送，而非运用移动存储介质将该电子数据从原始介质中提取，如直接从现场扣押行为人使用的电脑。因此，可以将电子数据区分为电子数据是随原始存储介质移送，还是在无法移送原始存储介质的情况下（如大型服务器中的电子数据）通过其他存储介质予以收集。为了确保随原始存储介质移送的电子数据的真实性、完整性，针对此种情形，审

---

① 需要注意的是，这一论断的前提是，随着电子数据成为独立的证据种类，以电子数据形式存在的视听资料是电子数据，不再属于视听资料的范畴。

判人员要审查电子数据随原始存储介质移送的,是否采取了技术措施保证原始存储介质数据的完整性,如通过加只读锁确保数据不被修改。

而在原始存储介质无法封存、不便移动或者依法应当由有关部门保管、处理、返还时,应当审查提取、复制电子数据是否由二人以上进行,是否足以保证电子数据的完整性,有无提取、复制过程及原始存储介质存放地点的文字说明和签名。审判人员应当对上述情况进行审查,以判断未随原始存储介质移送的电子数据的真实性和完整性。特别需要注意的是电子数据完整性的问题。为解决该问题,侦查机关可以通过记录电子数据完整性校验值等方式保证电子数据的完整性,完整性校验值是对电子数据计算获得的一组数据,如果原始数据被修改,则完整性校验值必定发生变化。因此,审判人员在审查电子数据的过程中,应当审查侦查机关是否对电子数据采取记录电子数据完整性校验值等方式保证电子数据的完整性。

2. 取消了对电子数据移送打印件的要求。从司法实践看,电子数据可以分为两类:一类是可以直接展示的电子数据,如电子文档、图片等;另一类是无法直接展示的电子数据,如计算机病毒等破坏性程序等。对于前者,可以直接通过展示电子数据查看,没有必要移送打印件(特别是在电子文档等特别大,导致打印件的数量繁多的情况下);而对于后者,则无法以打印件的形式予以展示,无法移送打印件。因此,没有必要要求移送电子数据的打印件。

3. 远程调取电子数据的问题。需要特别注意的是,如果电子数据位于境外,难以通过国际司法协助获取相关数据,通常通过远程调取的方式获取数据。而且,即使在国内,也可能在个别案件中采取异地远程调取电子数据的情况。此种情况下,应当注明相关情况。审判人员应当根据注明的情况予以审查,判断电子数据提取过程的合法性,判断所提取电子数据的真实性和完整性。

4. 电子数据的鉴定和检验。在法庭审查过程中,审判人员应当通过听取控辩双方意见、询问相关人员等多种方式审查电子数据的内容和制作过程的真实性,必要时可以进行庭外调查。但是,由于电子数据的技术性较强,一般的删除、修改、增加等情形难以通过审判人员的观察作出认定,需要外力的辅助。因此,《解释》第九十三条第二款规定:"对视听资料有疑问的,应当进行检验或者鉴定。"这里的检验或者鉴定,主要针对的是计算机程序功能(如计算机病毒等破坏性程序的功能)和数据同一性、相似性(如侵权案件需要认定盗版软件与正版软件的同一性、相似性)的问题。① 之所以这里没有要求对有疑问的电子数据一律进行鉴定,而是也可以进行检验,主要是基于当前的司法现状。当前,如果在现有条件下要求对所有案件一律出具鉴定意见,不少案件将难以处理。而且,《最高人民法院、最高人民检察院关于办理危害计算机信息系统安全刑事案件应用法律若干问题的解释》等司法解释已经规定对于部分特定电子数据可以进行检验。因此,这里基于现实需要,考虑到以往司法解释的规定,对于有疑问的电子数据,既可以采取鉴定的方式,也可以采取侦查机关检验与司法机关认定相结合的方式。

(十一) 非法证据的范围

所谓排除非法证据,是指在刑事诉讼中,对于以非法方法收集的证据,应当予以排除,不得作为认定被告人有罪的根据。依据刑事诉讼法第五十四条的规定,非法证据包括非法言词证据和非法实物证据。

1. 非法言词证据。对于采用刑讯逼供等非法方法收集的犯罪嫌疑人、被告人供述和采用暴力、威胁等非法方法收集的证人证言、被害人陈述,应当一律予以排除。根据《解释》第九十五条第一款的规定,使用肉刑或者变相肉刑,或者采用其他使被告人在肉体上或者精神上遭受剧烈疼痛或者痛苦的方法,迫使被告人违背意愿供述的,应当认定为刑事诉讼法第五十四条规定的"刑讯逼供等非法方法"。

2. 非法实物证据。收集物证、书证不符合法定程序,可能严重影响司法公正的,应当予以补正或者作出合理解释;不能补正或者作出合理解释的,对该证据应当予以排除。需要注意的是,《最高人民法院、最高人民检察院、公安部、国家安全部、司法部联合作出的〈关于办理刑事案件排除非法证据若干问题的规定〉》(以下简称《非法证据排除规定》)第十四条规定:"物证、书证的取得明显违反法律规定,可能影响公正审判的,应当予以补正或者作出合理解释,否则,该物证、书证不能作为定案的根据。"所谓"影响公正审判",被认为是"影响实体上的公正审判"。刑事诉讼法第五十四条使用的是"可能严重影响司法公正"的表述。两者的规定有不同之处,刑事诉讼法的规定更能反映非法证据排除程序的功能,即使非法取得的物证、书证本身不影响实体公正,但取证手段严重损害司法公正的,也

---

① 需要注意的是,鉴定或者检验并非审查认定电子数据的前提条件和必经程序。通常而言,只有通过其他方法审查电子数据仍然存在疑问的,才需要进行鉴定或者检验。司法实践中一定程度存在的对电子数据一律要求附有鉴定意见或者检验报告的做法是不妥当的。

应当予以排除。根据《解释》第九十五条第二款的规定，认定刑事诉讼法第五十四条规定的"可能严重影响司法公正"，应当综合考虑收集物证、书证违反法定程序以及所造成后果的严重程度等情况。

（十二）非法证据排除申请

根据刑事诉讼法及《解释》第九十六条至第九十八条的规定，对于非法证据排除申请，需要注意以下问题：

1. 申请排除非法证据的时间。法律对权利人提出申请规定了较为宽泛的时间，但通过实践操作发现，如果不对权利人提出申请的时间进行适度引导，很容易导致相关人在庭审中滥用权利。一旦权利人当庭提出的线索促使审判人员启动调查程序，公诉人员面对突然来袭的非法证据申请，很难即刻举证证明，而休庭准备相关证据势必会拖延诉讼进程。而且，从司法实践来看，个别案件中，非法证据排除占据开庭审理过多时间，导致庭审主次不分。完全的庭中排除使得庭审活动偏离了定罪量刑的主题，审判人员及控辩双方忽视了对案件事实真相的调查，庭审的中心功能没有实现。为避免诉讼资源被无谓地浪费，非法证据排除申请的提出应当被适度引导。刑事诉讼法第一百八十二条第二款增设了庭前会议制度，专门规定审判人员在开庭以前可以召集公诉人、当事人和辩护人、诉讼代理人，就非法证据排除问题，了解情况，听取意见。因此，有必要充分利用庭前会议程序，尽量在庭前解决非法证据排除问题，至少为法庭调查做好相应准备。综上，《解释》第九十七条规定，人民法院向被告人及其辩护人送达起诉书副本时，应当告知其申请排除非法证据的，应当在开庭审理前提出，但在庭审期间才发现相关线索或者材料的除外。

需要注意的是，在刑事诉讼中没有类似于民事诉讼的举证时限的规定。起草过程中，有意见认为，对于当事人及其辩护人、诉讼代理人在开庭前即掌握相关线索或者材料，但是在开庭审理后才提出非法证据排除申请的，法庭可以不再对证据收集的合法性进行调查，但在审查和采信相关证据时应当特别慎重。经慎重研究，《解释》未采纳上述建议，主要是基于如下考虑：刑事诉讼毕竟不同于民事诉讼，不能因为当事人及其辩护人、诉讼代理人在开庭审理前未及时提出非法证据排除申请，就剥夺对其申请进行审查、继而启动证据合法性调查的程序性权利。但是，为了保证庭审有序进行，应当将该申请的审查时间交由法庭决定，以避免对庭审秩序和效率的影响。因此，《解释》第一百条第三款进而规定："法庭审理过程中，当事人及其辩护人、诉讼代理人申请排除非法证据，人民法院经审查，不符合本解释第九十七条规定的，应当在法庭调查结束前一并进行审查，并决定是否进行证据收集合法性的调查。"

2. 非法证据排除申请的条件。为了保证对非法证据调查的顺利进行，避免申请和启动非法证据排除程序的随意性，法律规定申请非法证据排除应当提供线索或者材料。而且，考虑到被告方提供材料难以做到，法律规定了被告方承担举证责任的最低要求，即提供线索或者材料均可，而线索的范围比较广泛，申请人提供应当不困难，这不仅是应当的，而且是能够做到的。根据刑事诉讼法的规定，《解释》第九十六条规定："当事人及其辩护人、诉讼代理人申请人民法院排除以非法方法收集的证据的，应当提供涉嫌非法取证的人员、时间、地点、方式、内容等相关线索或者材料。"所谓"材料"，是指被告人出示的血衣、伤痕、伤痕照片、医疗证明、伤残证明、同监人的证言等能够证明存在刑讯逼供等非法取证事实的证据材料；所谓"线索"，是指可以显示刑讯逼供等非法取证确实存在的比较具体的事实，如关于刑讯逼供的时间、地点、方式及涉嫌刑讯逼供的人员等信息。

3. 对非法证据排除申请材料的处理。根据《解释》第九十八条的规定，开庭审理前，当事人及其辩护人、诉讼代理人申请人民法院排除非法证据的，人民法院应当在开庭前及时将申请书或者申请笔录及相关线索、材料的复制件送交人民检察院。这一规定的目的在于强调人民法院要及时将相关材料移送人民检察院，以便于人民检察院对非法证据排除的申请做相应准备，避免一开庭才知晓对方提出非法证据排除申请，从而影响庭审顺利进行。

（十三）庭前会议就非法证据排除申请了解情况、听取意见

根据刑事诉讼法第一百八十二条第二款的规定，《解释》第九十九条规定对于开庭审理前提出的非法证据排除申请，人民法院认为"对证据收集的合法性有疑问的"，应当召开庭前会议，就非法证据排除等问题了解情况，听取意见。在庭前会议中，人民检察院可以通过出示、宣读被告人的讯问笔录或者其他证据，播放讯问过程的录音录像，提请人民法院通知有关侦查人员或者其他人员到场说明情况等方式，对证据收集的合法性加以证明。需要注意的是，庭前会议就是开庭前准备程序，而非审判程序。在庭前会议中，控辩双方可以就申请排除的证据达成一致意见，控方不再作为起诉证据，或者辩方认可证据收集的合法性。但是，非法证据排除程序是庭审程序，不能在开庭前全部进行完毕，如果双方未能就非法证据排除问题达成一

致意见，则应当在开庭审理之后予以解决。

（十四）证据收集的合法性审查、调查

《解释》第一百条至第一百零三条对证据收集的合法性审查、调查的有关问题作了规定。

1. 证据收集的合法性审查与证据收集的合法性调查之间的关系。刑事诉讼法第五十六条第一款规定："法庭审理过程中，审判人员认为可能存在本法第五十四条规定的以非法方法收集证据情形的，应当对证据收集的合法性进行法庭调查。"可见，非法证据排除程序的启动权在审判人员、合议庭，并非一提出就要启动排除程序，要综合全案情况进行证据收集的合法性审查。启动法庭调查程序的主体是审判人员，只有审判人员通过审查认为证据收集的合法性有疑问，可能存在以非法方法收集证据情形的，才应对证据收集的合法性进行法庭调查。

需要注意的是法庭对证据收集合法性的审查方式。根据案件的具体情况，合议庭可以当庭对申请排除的证据的合法性进行审查，决定是否启动证据收集的合法性调查程序。而在一些案件中，当庭审查证据收集的合法性是否存在疑问较为困难，宜宣布休庭，由合议庭庭后进行审查，重新开庭后宣布审查结果。这一方面是为了增强法庭对证据收集合法性审查的准确性，避免审查结果的随意性；另一方面，也能够更好地缓和庭审各方关系，避免申请排除非法证据一方同法庭产生对立。

2. 证据收集合法性的审查、调查时间。如前所述，证据收集的合法性审查和证据收集的合法性调查虽然紧密相连，但却是两个不同的环节。

《非法证据排除规定》第五条规定："被告人及其辩护人在开庭审理前或者庭审中，提出被告人审判前供述是非法取得的，法庭在公诉人宣读起诉书之后，应当先行当庭调查。法庭辩论结束前，被告人及其辩护人提出被告人审判前供述是非法取得的，法庭也应当进行调查。"这一规定确立了非法言词证据的先行调查原则，即在审理犯罪事实的过程中，只要被告人及其辩护人提出了证据合法性问题，就要先行对该问题进行"审理"。从司法实践来看，上述规定在适用中引发了一些问题，主要是规定对非法证据排除调查一律先行进行，不利于庭审的顺利进行，需要作进一步修改完善。《关于实施刑事诉讼法若干问题的规定》第十一条规定："法庭经对当事人及其辩护人、诉讼代理人提供的相关线索或者材料进行审查后，认为可能存在刑事诉讼法第五十四条规定的以非法方法收集证据情形的，应当对证据收集的合法性进行法庭调查。法庭调查的顺序由法庭根据案件审理情况确定。"《解释》第一百条第二款作了进一步明确,规定:"对证据收集合法性的调查,根据具体情况,可以在当事人及其辩护人、诉讼代理人提出排除非法证据的申请后进行,也可以在法庭调查结束前一并进行。"

  需要注意的是,对于申请排除非法证据不符合《解释》第九十七条规定的,应当在法庭调查结束前一并进行审查,并决定是否进行证据收集合法性的调查。此种情形下,不仅对证据收集合法性的调查在法庭调查结束前进行,而且包括对证据收集合法性的审查也在法庭调查结束前进行。例如,此种情形下,当事人及其辩护人、诉讼代理人提出被告人口供系采用刑讯逼供方法收集的,法庭可以不对被告人口供的合法性进行审查,而是继续进行法庭审理。待其他证据举证、质证完毕,法庭调查结束前,法庭对开庭审理期间提出的非法证据排除申请一并进行审查。经审查,对证据收集的合法性有疑问的,应当继续进行调查;对证据收集的合法性没有疑问的,应当说明情况和理由,继续法庭审理。

  3. 证据收集合法性调查的方法。根据《解释》第一百零一条的规定,经审查,法庭决定对证据收集的合法性进行法庭调查的,可以由公诉人通过出示、宣读讯问笔录或者其他证据,有针对性地播放讯问过程的录音录像,提请法庭通知有关侦查人员或者其他人员出庭说明情况等方式,证明证据收集的合法性。

  需要注意的是:(1)播放同步录音录像资料应当具有一定的针对性,不宜全程播放。根据法律规定和司法实践,讯问被告人的同步录音录像,动辄十几个小时,甚至更长的时间,如果全程播放录音录像资料,会严重影响庭审效率,而且,全程播放也没有必要。(2)《解释》第一百零一条第二款的规定公诉人提交的取证过程合法性的说明材料不能单独作为说明取证过程合法性的证据。

  4. 证据收集合法性调查结论。启动了法庭调查程序,法庭就应当对调查结果给出确定的意见,确定对相关的证据是否予以排除。根据《解释》第一百零二条第二款的规定,人民法院对证据收集的合法性进行调查后,应当将调查结论告知公诉人、当事人和辩护人、诉讼代理人。

  5. 二审程序中的证据合法性审查、调查。根据《解释》第一百零三条的规定,对于当事人在第一审结束前收集到相关线索或者材料,未及时申请人民法院排除非法证据,而在第二审时才提出的,人民法院不再启动非法证据排除程序,但是应当纳入二审综合审查中一并解决,对相关证据的采信应当特别慎重。

6. 关于裁判文书如何表述非法证据排除程序的问题。从司法实践来看，裁判文书中对非法证据处理问题的表述，需要区分以下情形作出处理：（1）如果人民检察院能够证明证据收集的合法性，证据经法庭质证后予以采信，被告方坚持认为存在非法取证情形的，裁判文书中要说明采信该证据的理由，即法庭启动调查程序后，人民检察院提出证据收集合法性的相关证据，得到法庭的确认，经质证该证据得到采信，以回应被告人的主张。（2）如果人民检察院不能证明证据收集的合法性，不能排除存在以非法方法收集证据的情形，人民检察院又坚持认为取证合法的，裁判文书中要对法庭排除非法证据的理由加以阐述，即对于人民检察院提出的证明被告人犯罪事实的某个证据，被告方提出系非法取得，经法庭审查认定该证据系非法取得或者不能排除非法取证的可能性，该证据不能作为定案的根据。（3）如果排除非法证据的申请得到采纳，人民检察院主动撤回了被认为是非法取得的证据，就等于没有提出这个证据，裁判文书中不需要表述这种情形。（4）如果人民检察院证明证据收集的合法性，被告方表示认可的，就等于撤回了排除非法证据的申请，裁判文书可以不作表述。

（十五）技侦证据材料的审查判断

根据刑事诉讼法的相关规定，结合司法实践的具体情况，《解释》第一百零七条及其他相关条文对技侦材料的审查判断作了明确规定。

1. 技侦证据材料的表述。由于技术侦查措施收集的证据材料并非刑事诉讼法第四十八条规定的证据种类，而只是由于此类证据材料的收集方法特殊而对其概括而已。因此，对于技术措施收集的证据材料应当表述为特定的证据形式，如通过窃听措施收集的电话录音，应当作为视听资料使用；通过网络技术手段截取的网络聊天记录，应当作为电子数据使用；通过秘密拍照获取的相片，应当作为书证使用。

2. 技侦证据材料的核实方法。根据刑事诉讼法和《解释》的相关规定，结合司法实践的具体情形，对于采取技术侦查措施收集的证据材料的核实，通常有以下三种方式：

（1）对于采取技术侦查措施收集的证据材料，通过当庭出示、辨认、质证等法庭调查程序进行核实。采取技术侦查措施所收集的材料，原则上应当经过当庭出示、质证等法庭调查程序查证属实，才能作为定案的根据，这应当是对技侦材料进行核实的常态方式。

（2）对于采取技术侦查措施收集的证据材料，采取不暴露有关人员的身份、技术方法等保护措施进行核实。要求使用技术侦查措施所收集的证据材料一律在法庭上公开进行出示、质证等法庭调查程序，一方面，可能会暴露侦查人员、特情人员等相关人员，容易招致不法分子的报复，危及有关侦查人员和特情人员的人身安全；另一方面，这可能会泄露公安机关技术侦查手段，影响今后该类措施在侦查犯罪过程中效果的发挥。因此，刑事诉讼法的第一百五十二条规定，此种情况下应当采取不暴露有关人员身份、技术方法等保护措施。

（3）对于采取技术侦查措施收集的证据材料，由审判人员在庭外进行核实。根据刑事诉讼法第一百五十二条的规定，采取上述核实方法，限于"必要的时候"。所谓"必要的时候"，主要指两种情形：一是采取不暴露有关人员身份、技术方法不足以使审判人员确信这些证据材料的真实性、可靠性，无法作出判决；二是采取不暴露有关人员身份、技术方法等保护措施还是无法防止严重后果的发生。①

司法实践中，对于庭外核实需要注意以下几个问题：其一，庭外核实与采取不暴露有关人员的身份、技术方法等保护措施核实，可以根据案件情况综合进行。换言之，该两种核实技侦材料的方法并非互相排斥，而是可以结合使用。在使用该证据可能危及有关人员的人身安全，或者可能产生其他严重后果的情况下，采取不暴露有关人员身份、技术方法等保护措施对证据材料进行核实，如果审判人员仍然无法判断该证据材料的真实性、合法性和关联性的，可以进一步采取庭外核实的方法。其二，庭外核实的具体方法。庭外核实可以要求侦查人员在庭外展示侦查的方法、过程、收集的证据材料及相关录音录像资料。审判人员通过对侦查方法、过程等进行核实，查看收集的证据材料，观看相关录音录像，以及向侦查人员、特情人员等相关人员了解情况，从而对证据材料进行审查判断。其三，参加庭外核实的人员范围。关于技侦证据材料庭外核实的人员范围，特别是辩护律师是否参与，存在较大认识分歧。因此，《解释》未对此问题予以明确。司法实践中，庭外核实时，人民法院应当加强与检察机关、侦查机关沟通，以确定宜否通知辩护人参加。根据具体情况通知辩护律师到场的，到场的辩护人应当签署保密承诺书。

---

① 参见王尚新、李寿伟主编：《〈关于修改刑事诉讼法的决定〉释解与适用》，人民法院出版社2012年版，第163页。

3. 裁判文书中技侦证据的表述。经法定程序查证的技侦材料，无论是否通过当庭出示、辨认、质证等法庭调查程序进行核实，均应当在裁判文书中予以表述，作为定案的根据。为了避免公开技术侦查措施的过程及方法，在裁判文书中一般只概述证据的名称及其证明的内容，而不说明该证据的收集过程、有关人员身份和技术方法。实际上，对于普通证据材料，在裁判文书中一般也不会表述是通过何种具体途径获得该证据材料。

三、关于附带民事诉讼

附带民事诉讼是刑事诉讼中的一项重要制度。规定附带民事诉讼制度，在刑事诉讼过程中，在解决被告人刑事责任的同时，一并解决被害人物质损失的赔偿问题，有利于节约诉讼资源，便于诉讼参与人参加诉讼；有利于有效维护被害方的合法权益，及时弥补被害方因犯罪行为造成的物质损失；有利于有效化解社会矛盾，切实贯彻宽严相济刑事政策，实现"案结事了"。

《最高人民法院关于审理人身损害赔偿案件适用法律若干问题的解释》施行后，对于附带民事诉讼应否参照适用该解释，即将死亡赔偿金、残疾赔偿金也纳入附带民事诉讼的赔偿范围，开始出现不同认识。由此导致实践中附带民事诉讼赔偿标准不一，判赔数额虚高，空判现象普遍，缠讼闹访突出，严重影响了社会矛盾化解，损害了法律的权威和司法的统一。近几年来，最高人民法院曾多次研究，希望能通过制定司法解释或者其他规范性文件等方式解决附带民事诉讼的有关问题，但因各方意见分歧较大，没有实现。在此次刑事诉讼法修改过程中，最高人民法院一直高度关注附带民事诉讼制度的完善问题，多次向立法机关提出修法建议。最终，立法机关采纳建议，对附带民事诉讼制度作了三点完善：一是增加了被害人死亡或者丧失行为能力的，其法定代理人、近亲属有权提起附带民事诉讼的规定；二是增加了附带民事诉讼原告人或者人民检察院可以申请人民法院采取保全措施的规定；三是增加了人民法院对附带民事诉讼可以进行调解或者根据物质损失情况作出判决、裁定的规定。

《解释》根据法律修改情况，在《98年解释》、《最高人民法院关于刑事附带民事诉讼范围问题的规定》（以下简称《附带民事诉讼范围规定》）、《最高人民法院关于人民法院是否受理刑事案件被害人提请精神损害赔偿民事诉讼问题的批复》（以下简称《精神损害批复》）等司法解释的基础上，结合审判实践中的问题，对附带民事诉讼制度的具体适用作了规定。

（一）附带民事诉讼的受案范围

修改后刑事诉讼法第九十九条沿用了1996年刑事诉讼法第七十七条有关"被害人由于被告人的犯罪行为而遭受物质损失的，在刑事诉讼过程中，有权提起附带民事诉讼"的规定。据此，《解释》第一百三十八条至第一百四十条对附带民事诉讼的受案范围作了具体规定。相关规定吸收了《98年解释》等解释的内容，并根据审判实践作了必要完善。具体而言：

1. 被害人因人身权利受到犯罪侵犯而遭受物质损失，或者财物被犯罪分子毁坏而遭受物质损失的，有权在刑事诉讼过程中提起附带民事诉讼；被害人死亡或者丧失行为能力的，其法定代理人、近亲属有权提起附带民事诉讼。

2. 对因受到犯罪侵犯提起附带民事诉讼或者单独提起民事诉讼，要求赔偿精神损失的，人民法院不予受理。对此需要说明的是，在起草《解释》过程中，有关方面曾提出：刑事诉讼法规定的附带民事诉讼仅限于物质损失，但对于因犯罪行为遭受精神损失的，能否在有关刑事案件审结后，另行提起精神损害赔偿民事诉讼，各方面认识不一致，情况也很复杂，建议再慎重研究，可不作规定。经研究：其一，刑事诉讼法第九十九条明确规定，"被害人由于被告人的犯罪行为而遭受物质损失的，在刑事诉讼过程中，有权提起附带民事诉讼。"若认为对精神损失可以另行提起民事诉讼，则意味着刑事诉讼法第九十九条有关只有遭受物质损失的才能提起附带民事诉讼的规定就将失去实际意义。绝大部分被害人肯定会选择在刑事案件审结后，另行提起民事诉讼，要求同时赔偿物质损失和精神损失，这样，势必导致附带民事诉讼制度被架空、虚置，附带民事诉讼制度有利于切实维护被害方合法权益、有利于化解社会矛盾、有利于贯彻宽严相济刑事政策、有利于节约司法资源等重要功能无法发挥。其二，若认为对精神损失可以另行提起民事诉讼，则意味着，就同一犯罪行为，被害方可以同一理由两次提出损失赔偿要求，势必存在"一事两诉"的问题。其三，从司法实践看，刑事案件审结后，特别是被告人被送监服刑或者执行死刑后，往往连有关赔偿被害方物质损失的附带民事判决都难以得到实际执行。若赋予被害方对精神损失可以另行提起民事诉讼的权利，只会制造"空判"，引发新的社会矛盾。其四，对于因犯罪行为遭受的精神损失能否在有关刑事案件审结后另行提起精神损害赔偿民事诉讼的问题，是一个普遍性问题。有关规定系沿用《最高人民法院关于人民法院是否受理刑事案件被害人提请精神损害赔偿民事诉讼有关问题的批复》。由于此前司法解释曾有过明确规定，本解释若予以回避，必然会引发认识分歧和实践执行中的混乱。综上，未采纳上述意见。

3. 被告人非法占有、处置被害人财产的，应当依法予以追缴或者责令退赔。被害人提起附带民事诉讼的，人民法院不予受理。追缴、退赔的情况，可以作为量刑情节考虑。对此需要说明的是：《附带民事诉讼范围规定》曾规定，对于被告人非法占有、处置被害人财产，"经过追缴或者退赔仍不能弥补损失，被害人向人民法院民事审判庭另行提起民事诉讼的，人民法院可以受理。"《解释》删除了以上规定，主要是考虑：如经司法机关追缴或者责令退赔，仍不能弥补被害人损失，通常表明被告人已无退还或者赔偿能力，被害人另行提起民事诉讼后，只会获得无执行可能的"空判"，既增加当事人诉累，又影响裁判权威，影响案结事了；如发现被告人仍有违法所得未能追缴或者仍有退赔能力的，由司法机关继续依法追缴或者责令退赔即可，也不必由被害人另行提起附带民事诉讼。

4. 国家机关工作人员在行使职权时，侵犯他人人身、财产权利构成犯罪，被害人或者其法定代理人、近亲属提起附带民事诉讼的，人民法院不予受理，但应当告知其可以依法申请国家赔偿。

(二) 人民检察院提起附带民事诉讼

刑事诉讼法第九十九条第二款规定："如果是国家财产、集体财产遭受损失的，人民检察院在提起公诉的时候，可以提起附带民事诉讼。"《解释》第一百四十二条、第一百五十六条对该条规定的具体适用作出了明确。

1. 关于人民检察院提起附带民事诉讼的条件。根据《解释》第一百四十二条第一款、第三款该两款规定：其一，对国家财产、集体财产因犯罪遭受损失的，只有被害单位未提起附带民事诉讼的情况下，人民检察院才可以提起附带民事诉讼。其二，如被告人非法占有、处置国家财产、集体财产的，应当依法予以追缴或者责令退赔，不能提起附带民事诉讼。

2. 在人民检察院提起附带民事诉讼的情况下，如何界定其诉讼地位、如何判令被告人履行赔偿义务。对此，存在不同认识和做法。为统一、规范法律适用，《解释》第一百四十二条第二款、第一百五十六条对此作出了明确，规定：其一，人民检察院提起附带民事诉讼的，应当列为附带民事诉讼原告人。对此，在《解释》征求意见过程中，有关部门曾提出，检察机关代表国家追诉犯罪的同时，按照法律的授权提起附带民事诉讼，对诉讼标的不享有实体上的权利和义务，其诉讼结果并不归于检察机关，故不应把检察机关视为附带民事诉讼原告。经研究，在人民检察院提起附带民事诉讼的情况下，只能将其身份表述为附带民事诉讼原告，并无其他选择，故未采纳该建议。其二，人民检察院提起附带民事诉讼的，人民法院经审理，认为附带民事诉讼被告人依法应当承担赔偿责任的，应当判令附带民事诉讼被告人直接向遭受损失的单位作出赔偿；遭受损失的单位已经终止，有权利义务继受人的，应当判令其向继受人作出赔偿；没有权利义务继受人的，应当判令其向人民检察院交付赔偿款，由人民检察院上缴国库。

（三）附带民事诉讼中依法负有赔偿责任的人的范围

《解释》第一百四十三条吸收了《98年解释》第八十六条的有关内容，对附带民事诉讼中依法负有赔偿责任的范围作出了规定。需要说明的是：

1. 在起草《解释》过程中，有意见提出，应当明确规定，未尽到安全保障义务的公共场所管理人，以及承担机动车交强险、商业险的保险公司也可以作为附带民事诉讼被告人。经研究，未采纳上述建议，主要是考虑：依法应当对被害人因犯罪行为遭受的物质损失承担赔偿责任的人员范围较为广泛，难以一一列举，正是因此，《解释》第一百四十三条第一款设置了兜底条款。审判实践中，需要根据侵权责任法等有关法律的规定，结合具体案件情况，确定附带民事被告人的具体范围。例如，被害人是在娱乐场所遭到第三人的犯罪行为侵害，而娱乐场所管理人未尽到安全保障义务的，根据侵权责任法第三十七条的规定，娱乐场所管理人对被害人的物质损失承担相应的补充赔偿责任，此时，其就可以成为附带民事诉讼的共同被告人。又如，因交通肇事造成人身伤亡、财产损失的，根据《道路交通安全法》第七十六条的规定，由保险公司在机动车第三者责任强制保险责任限额范围内予以赔偿；不足的部分，由肇事人根据过错情况予以赔偿。如案发后，保险公司未在保险责任限额范围内作出赔偿的，也可以将其作为附带民事诉讼的共同被告人。

2. 《98解释》第八十六条第二款规定："附带民事诉讼的成年被告人，应当承担赔偿责任的，如果其亲属自愿代为承担，应当准许。"《解释》第一百四十三条第二款对其作了修改，修改为"附带民事诉讼被告人的亲友自愿代为赔偿的，应当准许"。这是因为，实践中，也存在附带民事诉讼被告人的朋友自愿代被告人赔偿的情形，由于系出自自愿，人民法院也应当准许，这样，既有利于更加充分地维护被害人的合法权益，也有利于化解社会矛盾。

（四）在侦查、审查起诉期间已经达成调解协议又提起附带民事诉讼的处理

《98年解释》第一百四十九条规定："侦查、审查起诉期间，有权提起附带民事诉讼的人提出赔偿要求，已经公安机关、人民检察院记录在案的，刑事案件起诉后，人民法院应当按附带民事诉讼案件受理；经公安机关、人民检察院调解，当事人双方达成协议并已给付，被害人又提起附带民事诉讼的，人民法院也可以受理。"针对该规定，在起草《解释》过程中，有意见提出，对在侦查、审查起诉期间，有权提起附带民事诉讼的人提出赔偿要求，已经公安机关、人民检察院记录在案的，人民法院应当在收到附带民事起诉状后才按照附带民事诉讼案件受理。理由是：其一，侦查、审查起诉期间，有权提起附带民事诉讼的人提出的赔偿要求，往往比较笼统、原则，赔偿项目及数额往往不具体，请求的赔偿人往往仅限于犯罪嫌疑人或被告人，因此，移送人民法院后直接受理并不完全符合附带民事诉讼的条件；其二，不能排除实践中会出现有权提起附带民事诉讼的人在公安、检察机关提出赔偿请求，但之后又放弃诉权的情况，此种情形下人民法院也作为附带民事诉讼受理违反不告不理的原则。

另有意见提出，对在侦查、审查起诉期间，经公安机关、人民检察院调解，当事人双方达成协议并已给付，被害人又提起附带民事诉讼的，如规定人民法院也需受理，有所不妥。理由是：其一，如被害方因犯罪行为遭受的损失已得到赔偿，其应当就相应丧失了再起诉要求赔偿的权利。其二，对此类案件，如规定人民法院也需受理，势必会"鼓励"不诚实、不守信的行为，助长人们投机取巧、得寸进尺的心理，也会影响公安、检察机关做调解工作的积极性，不利于社会矛盾及时有效地化解。

经研究，上述意见确有道理，《解释》第一百四十八条予以了采纳：

1. 删除了"已经公安机关、人民检察院记录在案的，刑事案件起诉后，人民法院应当按附带民事诉讼案件受理"的规定。对在侦查、审查起诉期间，有权提起附带民事诉讼的人提出赔偿要求，已经公安机关、人民检察院记录在案的，只有在刑事案件起诉后，向人民法院依法提起附带民事诉讼的，人民法院才应当按附带民事诉讼案件受理。当然，人民法院受理刑事案件后，可以告知被害人或者其法定代理人、近亲属有权提起附带民事诉讼。

2. 规定对侦查、审查起诉期间，有权提起附带民事诉讼的人提出赔偿要求，经公安机关、人民检察院调解，当事人双方已经达成协议并全部履行，被害人或者其法定代理人、近亲属又提起附带民事诉讼的，人民法院不予受理，但有证据证明调解违反自愿、合法原则的除外。对此需要注意的是：

其一，如被告人已按调解协议约定，实际履行全部赔偿义务，则即使赔偿数额低于法律、司法解释规定的数额，人民法院也可以不受理被害人或者其法定代理人、近亲属提出的附带民事诉讼，除非有证据证明调解违反自愿、合法原则。

其二，如有证据证明调解协议的达成存在乘人之危（如利用被害方急需获得赔偿款用以支付医疗费用，而大大压低赔偿数额）、显失公平（如在造成人身伤害的情况下，约定的赔偿数额远不足以支付被害人的后续治疗费用）等问题，则应当认定调解违反自愿、合法原则，如被害人及其法定代理人、近亲属提起附带民事诉讼的，人民法院应当受理。

（五）附带民事诉讼中的保全措施

为保障附带民事诉讼裁判能得到履行、执行，切实维护被害方合法权益，修改后刑事诉讼法第一百条对附带民事诉讼保全措施作了修改：一是明确了查封、扣押、冻结被告人的财产在性质上属于"保全措施"；二是增加了"冻结"的保全手段；三是明确附带民事原告人和人民检察院可以向人民法院申请采取保全措施；四是规定人民法院采取保全措施的，适用民事诉讼法的有关规定。根据修改后刑事诉讼法第一百条的规定，《解释》第一百五十二条对附带民事诉讼保全措施的具体适用作了规定。

1. 附带民事诉讼保全，既包括诉中保全，也包括诉前保全。对于在人民法院受理附带民事诉讼后，可能因被告人的行为或者其他原因，致使有关财物可能毁损、灭失或者被转移、隐匿等，使附带民事判决难以执行的案件，根据附带民事诉讼原告人（包括提起附带民事诉讼的人民检察院）的申请，人民法院可以裁定采取保全措施，查封、扣押或者冻结被告人的财产；有权提起附带民事诉讼的人因情况紧急，不立即申请保全将会使其合法权益受到难以弥补的损害的，还可以在提起附带民事诉讼前，向被保全财产所在地、被申请人居住地或者对案件有管辖权的人民法院申请采取保全措施。

2. 附带民事诉讼保全，既包括依申请保全，也包括依职权保全。人民法院受理附带民事诉讼后，既可以根据附带民事诉讼原告人的申请，裁定财权保全措施；附带民事诉讼原告人未提出申请的，必要时，人民法院也可以采取保全措施。

3. 人民法院采取附带民事诉讼保全措施，适用民事诉讼法有关规定，主要是：对诉中保全，人民法院可以责令申请人提供担保，申请人不提供担保的，裁定驳回申请；对诉前保全，申请人应当提供担保，不提供担保的，裁定驳回申请。此外，民事诉讼法有关人民法院应当在接受申请后四十八小时内作出裁定、保全限于请求的范围或者与本案有关的财物等的规定，也适用于附带民事诉讼保全。但附带民事诉讼保全不适用民事诉讼法第一百零一条第三款有关"申请人在人民法院采取保全措施后三十日内不起诉的，人民法院应当解除财产保全"的规定，这主要是考虑到对于公诉案件，附带民事诉讼的启动需待侦查、审查起诉工作的完结，被害人无法自主掌控，故对有权提起附带民事诉讼的人申请人民法院采取诉前保全措施的，不适用民事诉讼法的该款规定。但为保护被申请人利益，如申请人在人民法院受理刑事案件后十五日内未提起附带民事诉讼的，人民法院则应当解除保全措施。

（六）附带民事诉讼的赔偿范围

修改后刑事诉讼法第一百零一条规定："人民法院审理附带民事诉讼案件，可以进行调解，或者根据物质损失情况作出判决、裁定。"但是，对于究竟如何理解和把握"根据物质损失情况作出判决、裁定"，仍存在疑惑、争议。主要是：对附带民事诉讼，应否适用与单纯民事诉讼相同的赔偿范围和标准？应否将死亡赔偿金、残疾赔偿金也纳入附带民事诉讼的赔偿范围？这是《解释》起草中各方最为关注、争议最大的问题。为统一法律适用，确保附带民事诉讼案件审理的良好效果，经广泛听取意见、反复认真研究，《解释》第一百五十五条对相关问题作出了明确。适用中应注意：

1. 对于附带民事诉讼，应当更加重视调解工作，切实加大调解力度。调解工作有效开展，才能避免不切实际、根本没有执行可能的空判，切实维护被害方的合法权益；通过调解结案，才能有效化解社会矛盾，避免申诉、上访，实现案结事了。附带民事诉讼经调解达成协议的，只要不违反自愿、合法原则，赔偿范围和数额不受限制。

2. 如调解不成，通过判决结案，则应当充分考虑刑事案件被告人多为没有正常收入的无业人员和进城务工人员、赔偿能力很低的实际，实事求是地仅就被害人遭受的物质损失作出判决。对犯罪行为造成被害人人身损害的，应当赔偿医疗费、护理费、交通费等为治疗和康复支付的合理费用，以及因误工减少的收入。造成被害人残疾的，还应当赔偿残疾生活辅助具费等费用；造成被害人死亡的，还应当赔偿丧葬费等费用。必须指出的是，对《解释》第一百五十六条第二款规定中的"等费用"，目前应当作等内的理解；只有对被告人确有赔偿能力，而又无法达成调解协议的案件，才能作等外的理解，且如拟将死亡赔偿金、残疾赔偿金纳入判赔范围的，应当事先采取保全等措施，确保判决能得到实际执行，避免形成空判。也就是说，只有驾驶机动车过失致人伤亡或者公私财产遭受重大损失，构成犯罪的，才可以判决赔偿死亡赔偿金、残疾赔偿金。如果是驾驶机动车故意致人伤亡或者公私财产遭受重大损失，构成犯罪的，则不支持死亡赔偿金、残疾赔偿金。主要考虑：机动车发生交通事故造成人身伤亡、财产损失的，通常有第三者责任强制保险，被告人的赔偿能力也较高，一般不会导致空判。

3. 对因驾驶机动车致人伤亡或者公私财产遭受重大损失，构成犯罪的，应当根据道路交通安全法第七十六条的规定确定赔偿责任，即"机动车发生交通事故造成人身伤亡、财产损失的，由保险公司在机动车第三者责任强制保险责任限额范围内予以赔偿；不足的部分，按照下列规定承担赔偿责任……"。

4. 对符合条件的被害方，可以根据2009年3月最高人民法院联合中政委等八部门制发的《关于开展刑事被害人救助工作的若干意见》给予相应的国家救助。

确立以上法律适用原则，是基于：

其一，根据法律、法理以及我国的法文化传统，对附带民事诉讼不应适用与单纯民事诉讼相同的标准。刑事诉讼法规定："被害人由于被告人的犯罪行为而遭受物质损失的，在刑事诉讼过程中，有权提起附带民事诉讼。"而根据有关民事法律的规定，对民事侵权行为，还可判令被告人承担精神损害赔偿责任。由此可见，附带民事诉讼与单纯民事诉讼存在明显不同；依据法律规定，对二者不能适用相同赔偿标准。立法对附带民事诉讼与单纯民事诉讼的赔偿责任作出不同规定，是与两类不同诉讼的性质和我国的法文化传统相适应的。单纯民事案件，责令被告人作出相应赔偿，是对被害方进行抚慰、救济的唯一手段，故有理由要求被告人承担相应更重的赔偿责任；由于无须承担刑事责任，被告人往往也有意愿、有能力作出相应赔偿。而附带民事诉讼则不同，被告人不仅要在民事方面承担赔偿责任，还要承担相应的刑事责任。判决被告人承担刑事责任，既是对犯罪的惩处、重新犯罪的预防，也是对被害方抚慰、救济的主要方式。以故意杀人案件为例，如判处被告人死刑，实已让其"以命抵命"，显然不应再要求其作出与单纯民事案件相同的精神损害赔偿，否则势必存在双重处罚的问题。传统上"打了不罚、罚了不打"的观念、做法，正是根源于此。

其二，将死亡赔偿金、残疾赔偿金纳入附带民事赔偿范围，导致空判现象突出，缠讼、闹访普遍，严重影响案件裁判的法律与社会效果。如按上述标准判赔，则意味着，对命案，被害人是城镇居民的，仅死亡赔偿金一项，一般就要赔40万元以上；是农村居民的，一般也要赔20万元左右。而刑事案件被告人绝大多数都是经济状况差、赔偿能力弱的农民和无业人员，有的被执行死刑或者其他刑罚后，更无法承担如此高额的赔偿责任，相关判决往往成为"法律白条"。据调研，凡套用民事标准，将死亡赔偿金、残疾赔偿金纳入判赔范围的，赔偿到位率都极低。如某中级法院2010年判决刑附民案件35件，赔偿总额641万元（平均判赔18万元），由于被告人没有赔偿能力，判决后赔偿到位率为零。经济较为发达的南部某省，2006年至2010年，刑附民案件实际赔偿额仅占判决赔偿额的9.2%，2008年仅为2.1%。

其三，赔偿标准过高，实际极不利于维护被害人的合法权益，不利于矛盾的化解。表面上看，设定高额赔偿标准似乎对被害人有利，但实际情况是：由于刑事被告人的实际赔偿能力很低，甚至没有，而被害方的期待、"要价"又过高，远远超过被告人的承受能力，导致不少案件中原本愿意代赔的被告人亲属索性不再代赔，结果导致被害方反而得不到任何赔偿，"人财两空"。严重犯罪中这种情况尤为普遍。赔偿数额虚高，还导致附带民事调解和矛盾化解的工作难度大大增加。套用单纯民事案件的赔偿标准确定附带民事案件的赔偿数额，常常使被害方对巨额赔偿抱有不切实际的期待，一旦被告人不能足额赔偿，就认为其没有悔罪诚意和表现，以致民事调解工作、矛盾化解工作根本无法开展。此外，根据《关于开展刑事被害人救助工作的若干意见》，对刑事被害人的救助金额一般至多为3万元。如将死亡赔偿金、残疾赔偿金也纳入附带民事赔偿范围，两者相差悬殊，显然救助工作也无法发挥实际作用。根据刑事案件实际，实事求是地设定、把握附带民事诉讼的赔偿标准，才能促进附带民事调解工作的有效开展，才能使被害人实际得到相应的赔偿，才能切实发挥刑事被害人国家救助的功能，才能及时、有效地化解社会矛盾，实现案结事了。

其四，对侵权责任法的有关规定应当正确理解。侵权责任法第四条规定："侵权人因同一行为应当承担行政责任或者刑事责任的，不影响依法承担侵权责任。因同一行为应当承担侵权责任和行政责任、刑事责任，侵权人的财产不足以支付的，先承担侵权责任。"有同志据此认为，对附带民事诉讼应适用与单纯民事诉讼相同的赔偿标准。我们认为，对该条规定应当准确理解，应当将该条规定和侵权责任法第五条规定结合起来分析。根据侵权责任法第五条规定："其他法律对侵权责任另有特别规定的，依照其规定"。犯罪是严重的、特殊的侵权行为，刑法和刑事诉讼法是专门规定这种侵权行为的基本法。显然，处理犯罪行为的赔偿问题，应当优先适用刑法和刑事诉讼法的相关规定，而不应当适用主要规定民事侵权的侵权责任法规定，否则，势必还要将精神损害纳入附带民事诉讼的赔偿范围。

其五，对被抚养人生活费应否纳入判赔范围问题，在起草《解释》过程中曾作过专门研究。据调研，被抚养人生活费在"两金"中占绝大部分份额。就北京地区而言，目前，致人死亡的案件，如被害人系城镇居民，被扶养人生活费一般为 20～30 万元；如系农村居民，一般为 10～20 万元。如此高的赔偿额，仍远远超出了绝大部分刑事案件被告人的实际赔偿能力。因此，如将被扶养人生活费纳入判赔范围，则当前附带民事诉讼所存在的判赔数额虚高、空判现象普遍、缠讼闹访突出等严重影响社会矛盾化解、影响宽严相济刑事政策贯彻的问题仍将不能有效解决。

（七）因犯罪行为遭受的损失另行提起民事诉讼的处理

对于被害人或者其法定代理人、近亲属在刑事诉讼过程中未提起附带民事诉讼，其后另行提起民事诉讼的，应当如何确定赔偿范围和标准，存在不同认识。一种意见认为，应当适用与单纯民事诉讼相同的赔偿范围和标准；另一种意见则认为，应当适用与附带民事诉讼相同的赔偿范围和标准。由于认识存在分歧，实践中判法不一，既影响了法律的统一实施，也影响了相关案件的处理效果。鉴此，《解释》第一百六十四条对此作出了明确，规定对此类案件，人民法院可以进行调解，或者根据物质损失情况作出判决。

在适用该条时应当注意：（1）对被害人或者其法定代理人、近亲属在刑事诉讼过程中未提起附带民事诉讼，另行提起民事诉讼的，人民法院也应当加大调解工作力度，如能在不违反自愿、合法原则的前提下达成调解协议，赔偿范围和数额可以不受限制。（2）如调解不成的，则应当根据物质损失情况作出判决，亦即应适用与附带民事诉讼相同的赔偿范围和标准。这主要是考虑：其一，对被害人等在刑事诉讼过程中未提起附带民事诉讼，另行提起民事诉讼的，理应适用与附带民事诉讼相同的赔偿范围和标准。否则，势必会导致同样行为不同处理的问题，既有违基本法理，也会导致附带民事诉讼制度被架空，影响该制度重要功能的发挥。其二，对另行提起民事诉讼的，适用不同的赔偿范围和标准，表面上看似乎对被害人等有利，实际恰恰相反：一旦刑事部分审结，被告人被送交执行刑罚，甚至执行死刑，就根本不可能再对被害人等作出赔偿，其亲友也不可能代赔。

实践中，有的被害人或者其法定代理人、近亲属可能会放弃提起附带民事诉讼，甚至在提起附带民事诉讼后又主动撤回，以期日后另行提起民事诉讼，获得"更多"赔偿。对此，审判人员应当向其做必要的法律释明工作，告知其可能的后果，以切实维护其合法权益。

四、公诉案件的第一审普通程序

公诉案件第一审普通程序是刑事审判中最为重要和关键的基础环节。此次刑事诉讼法修改，对一审普通程序的案卷移送、庭前准备、法庭审理、证人出庭、量刑程序、中止审理和审理期限等诸多问题作了重要修改完善。有关修改内容有效解决了长期以来困扰一审工作的疑难问题，突出了把问题解决在法庭上的立法精神，强调了证据裁判原则的贯彻落实，强化了对当事人诉讼权利及其他合法权益的尊重和保障，为进一步提高刑事审判的质量与效率、更加充分地发挥刑事审判的职能作用提供了重要的立法保证。根据刑事诉讼法的相关规定，结合审判实践，《解释》第九章"公诉案件第一审普通程序"在《98年解释》相关规定的基础上，对公诉案件的审查受理与庭前准备、宣布开庭与法庭调查、法庭辩论与最后陈述、评议案件与宣告判决、法庭纪律与其他规定等问题作出了详细规定。

（一）公诉案件的庭前审查

由于公诉案件移送方式的重大变革，刑事诉讼法和《解释》对公诉案件的庭前审查程序的实践操作也作出了相应调整。

1. 审查的主体。根据司法实务中的实际情况，《解释》第一百八十条将庭前审查的主体从"审判员"调整为"审判人员"。

2. 审查的内容。《解释》第一百八十条对庭前审查的内容作了规定。需要注意的是：（1）考虑到人民法院在审判过程中认定被告人是否有前科需要查明被告人曾受过或者正在接受刑事处罚的情况，因此，与《98年解释》的规定相比，《解释》第一百八十条第二项将"是否受过或者正在接受刑事处罚"明确为审查的内容。（2）与1996年刑事诉讼法规定"附有证据目录、证人名单和主要证据复印件或者照片"不同，刑事诉讼法规定第一百七十二条规定应当将案卷材料、证据移送人民法院。因此，人民法院应当审查是否移送证明指控犯罪事实的证据材料。《最高人民法院关于实施刑事诉讼法若干问题的规定》第二十条规定："采取技术侦查措施收集的材料作为证据使用的，批准采取技术侦查措施的法律文书应当附卷，辩护律师可以依法查阅、摘抄、复制，在审判过程中可以向法庭出示。"因此，对采取技术侦查措施收集的材料，作为证据使用的，也应当随案移送，且应同时移送相关批准决定，以便人民法院对案件证据进行全面审查。如果直接使用该证据可能危及有关人员的人身安全或者产生其他严重后果的，可以单独列卷、标注密级后移送。综上，《解释》第一百八十条第三项将"是否移送证明指控犯罪事实的证据材料，包括采取技术侦查措施的批准决定和所收集的证据材料"明确为审查的内容。③根据刑事诉讼法第二百三十四条的规定，人民法院在庭前审查程序中即应当审查是否查封、扣押、冻结被告人的违法所得及其他涉案财物。而且，公诉机关自然负有证明查封、扣押、冻结的财物是否应当追缴的义务。《解释》第一百八十条第四项专门增加规定审查是否"附相关财物依法应当追缴的证据材料"。

3. 审查后的处理。《98年解释》第一百一十七条对公诉案件审查后的处理情形作出了规定。《解释》第一百八十一条第一款主要作了如下几个方面的调整：（1）《98年解释》第一百一十七条规定，对于依照该解释第一百七十七条规定裁定准许撤诉的案件，没有新的事实、证据，人民检察院重新起诉的，不予受理；对于符合刑事诉讼法第十五条第二项至第六项规定的情形的，应当裁定终止审理或者决定不予受理。此次征求意见过程中，有意见提出，法律没有规定人民法院对人民检察院提起公诉的案件，可以不予受理。经研究认为，上述意见确有道理，故将"不予受理"调整为"退回人民检察院"。（2）根据《解释》第一百八十一条第一款第一项的规定，经审查发现检察机关提起的公诉案件属于告诉才处理的案件，应当退回人民检察院，并告知被害人有权提起自诉。

司法实践中需要准确把握庭前审查权责。法律规定，人民法院对提起公诉的案件进行审查后，对于起诉书中有明确的指控犯罪事实的，应当决定开庭审判。《最高人民法院关于实施刑事诉讼法若干问题的规定》第二十五条第一款再次重申："对于人民检察院提起公诉的案件，人民法院都应当受理。人民法院对提起公诉的案件进行审查后，对于起诉书中有明确的指控犯罪事实并且附有案卷材料、证据的，应当决定开庭审判，不得以上述材料不充足为由而不开庭审判。如果人民检察院移送的材料中缺少上述材料的，人民法院可以通知人民检察院补充材料，人民检察院应当自收到通知之日起三日内补送。"这表明,在立案审查阶段,人民法院对公诉案件的审理,不是实体审查,仍然是程序审查。按照现行立法规定,人民法院对于人民检察院提起公诉的案件,没有驳回起诉的权力,即没有不立案审理的权力,所以,只要起诉书中有明确的指控犯罪事实的,就应当决定开庭审判,而不能以材料不全、证据不足等理由不受理案件。当然,对于人民检察院应当移送的材料、证据而未移送的,可以要求人民检察院补送。

4. 庭前审查的期限。《解释》第一百八十一条第二款规定了庭前审查的期限。据此,人民法院对于公诉案件决定是否受理,应当在七日内审查完毕。《最高人民法院关于实施刑事诉讼法若干问题的规定》第二十五条第二款已明确规定:"人民法院对提起公诉的案件进行审查的期限计入人民法院的审理期限。"据此,对公诉案件的审查期限应当计入人民法院的审理期限。

(二)公诉案件的庭前准备

《解释》在《98年解释》的基础上,根据立法修改,结合司法实践的具体情形,对庭前准备程序作出详细规定。需要特别注意如下问题:

1. 开庭10日前将起诉书副本送达被告人、辩护人。根据刑事诉讼法第一百八十二条的规定,《解释》第一百八十二条第一款第二项将起诉书副本的送达对象从"当事人"调整为"被告人及其辩护人"。

2. 通知辩护人、法定代理人、证人、鉴定人等出庭的特殊方式。为了便于司法实践操作,提高诉讼效率,《解释》第一百八十二条第一款第五项专门规定"通知有关人员出庭,也可以采取电话、短信、传真、电子邮件等能够确认对方收悉的方式"。据此,除对当事人传唤必须使用书面形式外,通知辩护人、法定代理人、证人、鉴定人等出庭,可以使用书面通知书形式,也可以采取电话、短信、邮件等方式,但采取后一种方式的,应当及时获得对方的确认。

3. 不公开审理的问题。根据《解释》第一百八十六条第三款的规定,不公开审理的案件,任何人不得旁听,但法律另有规定的除外。"法律另有规定的除外",是指未成年人刑事案件诉讼程序对不公开审理案件的旁听问题有例外规定。

4. 辩护人经人民法院通知,无正当理由,拒不到庭的问题。从司法实践来看,个别辩护人经人民法院通知,无正当理由,拒不到庭,影响了法庭审理活动的正常开展,有必要予以规范。经研究认为,这一问题的解决需要在维护被告人权益的前提下兼顾诉讼效率的问题，故通常情况下应当以被告人的意思为准决定是否开庭审理。因此，《解释》第一百八十八条第二款专门规定："辩护人经通知未到庭，被告人同意的，人民法院可以开庭审理，但被告人属于应当提供法律援助情形的除外。"

5. 受审判长委托，查明公诉人、当事人、证人及其他诉讼参与人是否到庭的问题。《98年解释》第一百二十四条第一项规定，开庭审理前书记员应当查明公诉人、当事人、证人即其他诉讼参与人是否到庭。此次征求意见过程中，有意见提出，刑事诉讼法第一百八十五条规定，开庭的时候，审判长查明当事人是否到庭，规定由书记员查明，与法律规定不一致。经研究认为，从审判实践来看，由书记员在开庭前查明当事人是否到庭，同未到庭的当事人取得联系，有利于庭审的顺利进行。因此，本条根据上述意见作了调整，增加了"受审判长委托"的前提条件。

6. 人民检察院在提起公诉后向人民法院借阅案卷材料的问题。由于此次刑事诉讼法修改规定人民检察院在提起公诉时将所有案卷证据材料移送人民法院，征求意见过程中，有意见建议对人民检察院要求借阅案卷材料以备出庭支持公诉的问题作出规定。经研究认为，人民检察院在将案卷和证据材料移送人民法院之时，可以通过复印等方式为出庭支持公诉做好准备，而不能再向人民法院借阅案卷材料，否则，证据材料若有缺失，难以明确责任。当然，已经移送人民法院的证据，控辩双方需要出示的，可以向法庭提出申请。《关于实施刑事诉讼法若干问题的规定》第二十六条规定："人民法院开庭审理公诉案件时，出庭的检察人员和辩护人需要出示、宣读、播放已移交人民法院的证据的，可以申请法庭出示、宣读、播放。"《解释》第二百零四条进一步规定："已经移送人民法院的证据，控辩双方需要出示的，可以向法庭提出申请。法庭同意的，应当指令值庭法警出示、播放；需要宣读的，由值庭法警交由申请人宣读。"

（三）庭前会议程序

此次刑事诉讼法修改关于庭前准备程序改革的亮点在于设立了庭前会议程序。根据刑事诉讼法第一百八十二条第二款和《解释》第一百八十三条、第一百八十四条的规定，庭前会议程序的实践操作应当注意以下问题：

1. 庭前会议的案件范围。《解释》第一百八十三条第一款规定，案件具有下列情形之一的，审判人员可以召开庭前会议：（1）当事人及其辩护人、诉讼代理人申请排除非法证据的；（2）证据材料较多、案情重大复杂的；

（3）社会影响重大的；（4）需要召开庭前会议的其他情形。

2. 庭前会议的参与主体。根据刑事诉讼法第一百八十三条第二款的规定，庭前会议的主持人应当是人民法院的审判人员，而参加人员包括公诉人、当事人和辩护人、诉讼代理人。因此，人民法院对人民检察院提起的公诉案件，决定开庭审判后，可以指定审判人员召集相关人员召开庭前会议。此外，担任庭前会议记录工作的书记员也应当参加会议。

需要研究的问题是：（1）参加庭前会议的审判人员的范围。对此，宜根据案件的具体情况确定参加审判人员的范围，可以是合议庭部分成员，也可以是合议庭全部成员。合议庭成员如未参与庭前会议的，应当在开庭前了解庭前会议情况。讨论中，有意见提出，对于案件简单的，也可由法官助理主持召开庭前会议。经研究认为，上述观点不妥，法官助理属于审判辅助人员，不属于审判人员，依法不能主持召开庭前会议，但其可以参加庭前会议，并协助审判人员做好相关工作。（2）被告人是否应当参加庭前会议。关于被告人是否参加庭前会议的问题，起草解释过程中，各方分歧意见较大。经研究认为，庭前会议实际上是开庭审理前听取各方意见的预备程序，并非正式的审判程序，被告人不参加，并不影响其诉讼权利的行使；被告人是否参加庭前会议，应当根据案件具体情况和庭前会议所要解决的具体问题而定，不宜一概而论。因此，《解释》第一百八十三条第二款规定："召开庭前会议，根据案件情况，可以通知被告人参加。"

3. 庭前会议的功能。《解释》第一百八十四条对此作了规定。需要注意的是，《解释》第一百八十四第二款规定："审判人员可以询问控辩双方对证据材料有无异议，对有异议的证据，应当在庭审时重点调查；无异议的，庭审时举证、质证可以简化。"实践中，在庭审进入法庭调查环节时，法庭可以说明召开庭前会议的情况，说明控辩双方对有关证据材料的意见，对双方均无异议的材料，可再次询问是否有补充意见，如仍无异议，则可当庭确认。

4. 庭前会议的权责。庭前会议是为确保庭审程序的顺利和高效进行而设置的协商程序，是审判的预备、准备程序，而非审判程序本身。从庭前会议设置的目的来看，庭前会议是为确保庭审程序的顺利和高效进行而设置的，并非查明案件事实。因此，庭前会议主要是程序性审查，即围绕回避、出庭证人名单、非法证据排除等与审判相关的问题，了解情况和听取意见。庭前会议不对被告人有罪与否、罪轻罪重予以评判，因为这是开庭审判所需要解决的问题。而且，庭前会议只能了解情况和听取意见，法院不能在庭前会议中对回避、出庭证人名单、非法证据排除等程序性事项作出裁定、决定。对于庭前会议达成的共识，也不具有法律效力。但是，对于双方在庭前会议中提出的意见和问题，能够在庭前解决的，应当尽量在庭前解决，以免影响庭审的正常进行。比如，辩护人对合议庭成员提出回避请求，经审查于法有据的，就应当及时更换审判人员；辩护人对某一证据的合法性提出疑问的，公诉人可以当场予以说明、解释，甚至播放录音录像，以消除辩护人的误解或者由公诉人撤回相关证据材料，等等。总之，通过庭前会议，尽量使控辩双方对程序事项的意见分歧解决在庭前。

（四）宣布开庭与法庭调查

《解释》第九章第二节"宣布开庭与法庭审理"根据刑事诉讼法的相关规定，结合司法实务，对开庭、法庭调查的相关问题作了具体规定。司法实践中需要着重把握以下问题：

1. 开庭前查明被告人情况。从审判实践来看，部分案件被告人众多，审判长在开庭后一一查明被告人的情况，占用庭审的时间较长，影响了法庭的审理效率。因此，《解释》第一百九十条第二款增加规定："被告人较多的，可以在开庭前查明上述情况，但开庭时审判长应当作出说明。"据此，对于被告人众多的案件，审判长或者受审判长委托的其他审判人员、书记员可以在开庭前先核实被告人的情况，开庭传被告人到庭后，审判长当庭说明已在庭前核实被告人情况，不再当庭查明。但是，被告人有异议的，仍然应当由审判长当庭对被告人的情况予以查明。

2. 传唤同案被告人等到庭对质。根据《解释》第一百九十九条的规定，讯问同案审理的被告人，应当分别进行。必要时，可以传唤同案被告人等到庭对质。实践中有许多因多种原因分案处理的案件，如毒品犯罪的上下线、聚众斗殴案件的双方等，被告人是非共同犯罪中的同案犯，在同一庭审中对质有利于查明真相，法庭可以依据上述规定传唤到庭对质。此外，还有意见建议赋予当事人、被告人的辩护人要求同案被告人当庭对质的启动权，有利于更好地发现事实真相，提高审判质量。经研究认为，实践中，当事人及辩护人可以申请，由合议庭判断是否必要，可不作出明确规定。

3. 控辩双方申请证人出庭作证或者出示证据。《98年解释》第一百三十九条规定，控辩双方申请证人出庭作证，出示证据，由审判长直接决定是否准许出示。从诉讼法理角度而言，从1996年刑事诉讼法施行后，刑事诉讼逐渐走向法官中立、控辩双方主动，在此背景下，由审判长主动制止控辩双方出示证据,似不符合这一趋势。在庭审实践中,审判长主动制止控辩双方举证,特别是制止辩方举证,容易引发对立情绪,甚至矛盾冲突。基于上述考虑,《解释》第二百零三条予以调整,将不予准许控辩双方申请证人出庭作证或者出示证据的,增加了"对方提出异议"的前提限制。

4. 出示新的证据。根据《解释》第二百二十一条的规定,需要注意以下问题:(1)公诉人申请出示开庭前未移送人民法院的证据,辩护方提出异议的,审判长应当要求公诉人说明理由,理由成立并确有出示必要的,应当准许。(2)辩护方提出需要对新的证据作辩护准备的,法庭可以宣布休庭,并根据情况确定辩护方作必要准备的时间。确定的时间期满后,应当继续开庭审理。(3)辩护方申请出示开庭前未提交的证据,参照适用前述的规定。

(五)证人出庭

《解释》第二百零五条、第二百零六条规定,公诉人、当事人或者辩护人、诉讼代理人对证人证言有异议,且该证人证言对案件定罪量刑有重大影响,申请法庭通知证人出庭作证,人民法院认为有必要的,应当通知证人出庭。证人具有下列情形之一,无法出庭作证的,人民法院可以准许其不出庭:(1)在庭审期间身患严重疾病或者行动极为不便的;(2)居所远离开庭地点且交通极为不便的;(3)身处国外短期无法回国的;(4)有其他客观原因,确实无法出庭的。具有上述情形的,可以通过视频等方式作证。需要注意的是,证人通过视频等方式作证的,应当特别注意保障对方的质证权。

(六)强制证人出庭

刑事诉讼法第一百八十八条第一款规定:"经人民法院通知,证人没有正当理由不出庭作证的,人民法院可以强制其到庭,但是被告人的配偶、父母、子女除外。"适用中应注意:

1. 慎用强制证人出庭措施。对证人因种种原因逃避出庭的,应尽量通过说服教育解决问题,动用强制到庭措施必须慎重。

2. 强制的具体方法。对于应当强制到庭的证人,具体应当适用何种措施强制其到庭,刑事诉讼法第一百八十八条第一款未作明确规定。《解释》二百零八条规定:"强制证人出庭的,应当由院长签发强制证人出庭令。"既可以由司法警察执行,也可以由人民法院其他工作人员执行,执行人员不得少于两人。

3. 地方法院对军人身份的证人、军事法院对地方证人强制出庭的处理。从当前的司法实际出发，地方人民法院对军人身份的证人强制出庭的，宜委托其所在单位的案件管辖军事法院执行。军事法院对地方证人强制出庭的，宜委托地方证人居住地的人民法院执行。

4. 被告人的配偶、父母、子女仍有庭外作证义务。被告人的配偶、父母、子女虽然不能被强制出庭作证，但其仍然有庭外作证的义务。因此，不能将此解读为我国确立了被告人配偶、父母、子女的免证权。

5. 强制出庭的适用范围。强制出庭只适用于证人，不能强制被害人、鉴定人等出庭作证。

（七）证人作证保障

《解释》第二百零七条规定："证人出庭作证所支出的交通、住宿、就餐等费用，人民法院应当给予补助。"具体补助标准，有待专门文件加以规定。需要注意的是，对于鉴定人因履行作证义务而支出的交通、住宿、就餐等费用不应当给予补助。此外，有专门知识的人出庭而支出的交通、住宿、就餐等费用也不应当给予补助，而应当由申请方承担相应的费用。

（八）证人、鉴定人、被害人保护

根据刑事诉讼法第六十二条的规定，《解释》第二百零九条等条款对证人、鉴定人、被害人保护的问题作了相应规定。对于这一制度的理解和适用要注意把握以下内容：

1. 关于"对人身和住宅采取专门性保护措施"的执行机关。人民法院在审判期间，认为有必要对证人、鉴定人、被害人等的人身和住宅采取专门性保护措施的，应当协调、送交公安机关负责执行。

2. 证人、鉴定人、被害人申请保护的时间。为防止证人、鉴定人、被害人在到庭后才提出请求，势必打乱庭安排，也不利于对上述人员的有效保护，接到人民法院出庭通知的证人、鉴定人、被害人根据刑事诉讼法第六十二条的规定请求人民法院采取保护措施的，一般应当在开庭前向人民法院提出。符合条件的，人民法院应当采取保护措施。人民检察院、公安机关在开庭以前已对证人、鉴定人、被害人或者其近亲属采取保护措施的，应当及时通知人民法院。

3. 保护措施的具体内容。刑事诉讼法第六十二条第一款对保护措施的具体内容作了详细规定。需要注意的是,"不公开真实姓名、住址和工作单位等个人信息"措施在刑事诉讼的侦查、审查起诉和审判等各阶段均可采用,即隐匿证人、鉴定人、被害人的真实姓名等个人信息,使用化名,以对上述人员进行隐名保护。《关于实施刑事诉讼法若干问题的规定》第十二条规定:"人民法院、人民检察院和公安机关依法决定不公开证人、鉴定人、被害人的真实姓名、住址和工作单位等个人信息的,可以在判决书、裁定书、起诉书、询问笔录等法律文书、证据材料中使用化名等代替证人、鉴定人、被害人的个人信息。但是,应当书面说明使用化名的情况并标明密级,单独成卷。辩护律师经法庭许可,查阅对证人、鉴定人、被害人使用化名情况的,应当签署保密承诺书。"《解释》第二百一十条也作了相应规定。需要注意的是,依法决定对出庭作证的证人、鉴定人采取不公开真实姓名、住址和工作单位等个人信息的保护措施的,证人、鉴定人在作证前,应当在如实作证的保证书上使用真名签名,而不得使用化名签名。当然,该保证书应当单独成卷或者列入副卷。

(九)有专门知识的人出庭

引入有专门知识的人制度,在法庭审理过程中由有专门知识人对鉴定人作出的鉴定意见提出意见,实现有专门知识的人与鉴定人的对抗,是此次刑事诉讼法修改的一大亮点。根据刑事诉讼法和《解释》的相关规定,司法实践中适用有专门知识的人出庭制度,应当注意以下几个问题:

1. 有专门知识的人是否需要具备鉴定人资格。经研究认为,相当多的有专门知识的人,如科研单位的研究人员、大学教授、医生等,由于其不专门从事鉴定业务,往往并未申请鉴定人资格,但其学识、能力、水平可以胜任出庭就相关专门问题提出意见。而要求出庭的有专门知识的人必须具有鉴定人资格,不当地限制了有专门知识的人的范围,不利于讼争专业问题的解决,不符合立法目的。因此,《解释》第二百一十七条并未将有专门知识的人的范围限于具有司法鉴定资格的人员,实践中教授、医生、工程师、会计师等都可以作为有专门知识的人出庭。

2. 申请有专门知识的人出庭的主体和程序。根据刑事诉讼法第一百九十二条第二款的规定,申请有专门知识的人出庭的主体包括公诉人、当事人和辩护人、诉讼代理人。《解释》第二百一十七条第一款则进一步明确了申请程序,规定:"公诉人、当事人及其辩护人、诉讼代理人申请法庭通知有专门知识的人出庭,就鉴定意见提出意见的,应当说明理由。法庭认为有必要的,应当通知有专门知识的人出庭。"需要注意的是,如前所述,有专门知识的人不限于具有司法鉴定资格的人员,但这并不意味着人民法院对被申请出庭的人员不需要审查是否具有专门知识。因经审查有关人员确实不具有专门知识,无法就鉴定意见提出意见,则无必要通知其出庭。

3. 有专门知识的人出庭的人数限制。为保证庭审活动顺利、集中进行,《解释》第二百一十七条第二款对有专门知识的人出庭人数作了适当限制。通常情况下,控辩一方申请有专门知识的人出庭,不得超过二人。案件的鉴定意见涉及多个不同类别的鉴定事项的,可以相应增加人员。需要说明的是,这只是对出庭的有专门知识的人的限制,控辩各方聘请的其他有专门知识的人可以在庭外提供辅助,这不受前述的人数限制。控辩双方共同申请法庭通知同一名有专门知识的人出庭的,有利于控辩双方对讼争专业问题和相关鉴定意见达成一致认识,故应当予以鼓励。

4. 有专门知识的人在法庭中的位置的问题。关于有专门知识的人在法庭中的位置设置问题,《解释》未作规定,留待司法实务实践一段时间后,再视情况予以明确。如前所述,有专门知识的人出庭是就鉴定人作出的鉴定意见提出意见,辅助控辩一方就鉴定意见行使质证程序。因此,我们的倾向性意见是,可以在鉴定人席旁边设有专门知识的人席位,无论控辩何方申请通知出庭的有专门知识的人都在此就坐,以实现其辅助一方的功能。

5. 有专门知识的人就鉴定意见提出的意见的性质。有专门知识的人就鉴定意见提出的意见不是鉴定意见,不属于证据。有专门知识的人实际上是代表控辩双方发表意见,法院可以将其意见视为控辩双方的意见。

(十) 庭外调查核实证据

根据刑事诉讼法第一百九十一条的规定,法庭审理过程中对"证据有疑问的",合议庭可以宣布休庭,对证据进行调查核实。为进一步贯彻立法的这一原则规定,《解释》第二百二十条及相关规定从庭外调查权的启动、调查方式、证据采信等方面对刑事诉讼法的规定作了可操作性强的具体规定。具体而言:

1. 法庭在案件审理过程中,法庭对证据有疑问的,首先可以告知公诉人、当事人及其法定代理人、辩护人、诉讼代理人补充证据或者作出说明,而非径直启动庭外调查核实程序。如果法庭对于证据有疑问,可以通过要求公诉人、当事人和辩护人、诉讼代理人补充证据或者作出说明的方式消除疑问,查证核实证据的,则没有必要启动庭外调查核实程序。

2. 根据《解释》第六十六条第一款的规定，法庭庭外调查核实证据，必要时，可以通知检察人员、辩护人、自诉人及其法定代理人到场。上述人员未到场的，应当记录在案。

3. 对公诉人、当事人及其法定代理人、辩护人、诉讼代理人补充的和法庭庭外调查核实取得的证据的查证方式。从司法实践来看，很多情况下控辩双方开庭后又陆续收集了一些证据，这些证据控辩双方实际上并无异议，如果仍要通过开庭程序予以查证属实，则会导致司法资源浪费，诉讼也可能会无限拖延。而且，这些证据材料大多系自首、坦白、立功等对被告人有利的证据材料或者不独立存在、但能增强法官内心确信的补强性证据材料。因此，《解释》第二百二十条第二款规定，对于上述证据材料，经庭外征求意见，控辩双方没有异议的，不再当庭质证。

顺带提及的是，对于控辩双方申请法院调取的证据以及法院依职权调取的证据，需要当庭举证、质证的，实践中举证方式五花八门，有法庭出示证据，控辩双方质证的，也有控辩双方一方出示，另一方质证的。我们认为，通常可以采取如下方式：对于人民法院依照上述规定调取的证据，不应当移送控辩一方，但应当及时通知检察人员、辩护人、自诉人及其法定代理人查阅、摘抄、复制。而且，对于人民法院依据上述规定调取的证据，开庭审理时，出庭的检察人员和辩护人认为需要出示的，可以向法庭提出申请。

（十一）补充证据引发的延期审理

根据刑事诉讼法第一百九十八条的规定，《解释》第二百二十二条专门规定：法庭审理过程中，当事人及其辩护人、诉讼代理人申请通知新的证人到庭，调取新的证据，申请重新鉴定或者勘验的，应当提供证人的姓名、证据的存放地点，说明拟证明的案件事实，要求重新鉴定或者勘验的理由。法庭认为有必要的，应当同意，并宣布延期审理；不同意的，应当说明理由并继续审理。

关于此种情形下延期审理的时间，《98年解释》第一百五十六条第二款规定："依照前款规定延期审理的时间不得超过一个月，延期审理的时间不计入审限。"刑事诉讼法没有规定延期审理的期限不计入审理期限，由司法解释规定不计入审理期限不妥，因此，删除了上述规定，对于这一期限应当计入审理期限。当然，根据《解释》第二百二十二条的规定，延期审理的案件，符合刑事诉讼法第二百零二条第一款规定的，可以报请上级人民法院批准延长审理期限。从实践看，由于证据原因需要延期审理的案件，通常可以认为是"犯罪涉及面广,取证困难的重大复杂案件",可以依照刑事诉讼法第二百零二条的规定经上一级人民法院批准延长3个月;因特殊情况还需要延长的,报请最高人民法院批准。

(十二) 补充侦查引发的延期审理

根据刑事诉讼法第一百九十八条的规定,《解释》第二百二十三条第一款规定:审判期间,公诉人发现案件需要补充侦查,建议延期审理的,合议庭应当同意,但建议延期审理不得超过两次。

为了明确补充侦查所获得证据材料的移送和辩护方的查阅问题,《解释》第二百二十三条第二款专门规定:人民检察院将补充收集的证据移送人民法院的,人民法院应当通知辩护人、诉讼代理人查阅、摘抄、复制。

为了避免此种情形下延期审理的无限延期,刑事诉讼法第一百九十九条规定,根据检察人员补充侦查建议决定延期审理的案件,人民检察院应当在一个月以内补充侦查完毕。但是,司法实践中存在人民检察院未及时提请人民法院恢复法庭审理,导致此种情形下延期审理的无限延期现象。因此,《98年解释》第一百五十七条第二款专门规定:"法庭宣布延期审理后,人民检察院在补充侦查的期限内没有提请人民法院恢复法庭审理的,人民法院应当决定按人民检察院撤诉处理。"《解释》第二百二十三条第三款,经综合有关方面的意见,对上述规定予以保留并作适当调整,规定:补充侦查期限届满后,经法庭通知,人民检察院未将案件移送人民法院,且未说明原因的,人民法院可以决定按人民检察院撤诉处理。

(十三) 普通程序简化审

为提高审理刑事案件的质量和效率,2002年最高人民法院、最高人民检察院、司法部联合制定了《关于适用普通程序审理"被告人认罪案件"的若干意见(试行)》,规定对被告人对被指控的基本犯罪事实无异议,并自愿认罪的第一审公诉案件,可以适当简化审理程序。此次刑事诉讼法修改,扩大简易程序适用范围后,有的同志对于能否继续沿用《意见》规定存在疑惑。经研究,我们认为,只要是被告人认罪的案件,包括可能判处无期徒刑、死刑的案件,即便按照普通程序审理,其审理程序也可以作适当简化。鉴此,《解释》第二百二十七条吸收了《意见》的精神,规定:"对被告人认罪的案件,在确认被告人了解起诉书指控的犯罪事实和罪名,自愿认罪且知悉认罪的法律后果后,法庭调查可以主要围绕量刑和其他有争议的问题进行。对被告人不认罪或者辩护人作无罪辩护的案件，法庭调查应当在查明定罪事实的基础上，查明有关量刑事实。"

（十四）法庭辩论

《解释》第二百三十三条规定："法庭辩论过程中，审判长应当充分听取控辩双方的意见，对控辩双方与案件无关、重复或者指责对方的发言应当提醒、制止。"与《98年解释》第一百六十三条相比，主要在《98年解释》规定的"制止"措施之前增加了"提醒"的方式，旨在提醒审判长进一步提高驾驭庭审的技巧和方法，避免造成被制止方与审判人员的对立，保证庭审顺利进行。起草过程中，有意见提出，从审判实践来看，个别案件中控辩双方发言过于冗长，不利于法庭审理的顺利进行，建议将控辩双方过于冗长的发言也列入审判长应当提醒、制止的对象范围。研究认为，过于冗长的发言必然是无关、重复的发言，如果不是无关、重复的发言，审判长不能仅仅因为发言长而制止。因此，对于过于冗长的发言，要么可以纳入"无关、重复的发言"，要么则属于应当允许发言的情形。

（十五）判决认定罪名与指控罪名不一致的问题

人民法院通过审理认定的罪名与指控的罪名不一致的，应当按照审理认定的罪名作出有罪判决。需要注意的是，由于法庭审理是围绕指控的罪名进行，特别是控辩双方主要围绕指控的罪名能否成立开展辩论，因此，人民法院作出与指控的罪名不一致的有罪判决的，应当设法保障被告方的辩护权。基于这一考虑，《解释》第二百四十一条第二款专门增加规定："具有前款第二项规定情形的，人民法院应当在判决前听取控辩双方的意见，保障被告人、辩护人充分行使辩护权。必要时，可以重新开庭，组织控辩双方围绕被告人的行为构成何罪进行辩论。"审判实践中，人民法院拟根据审判认定的罪名作出有罪判决前，应当采取多种方式就变更罪名问题听取控辩双方的意见，既可以召集控辩双方在庭外共同听取意见，也可以在庭外分别听取控辩双方的意见。根据案件的具体情况，在案件社会影响较大、拟认定的罪名重于指控罪名等"必要时"，可以重新开庭，组织控辩双方围绕罪名确定问题进行辩论。

（十六）裁判文书

裁判文书刑事诉讼中最为重要的法律文书，必须严格按照规定的格式和要求制作、送达。实践中有两个问题值得注意：

1. 裁判文书的说理问题。针对当前裁判文书说理不够的问题，《解释》第二百四十六条规定：裁判文书应当写明裁判依据，阐释裁判理由，反映控辩双方的意见并说明采纳或者不予采纳的理由。

2. 根据《解释》第二百四十四条的规定，对依照本解释第一百八十一条第一款第四项规定受理的案件，人民法院应当在判决中写明被告人曾被人民检察院提起公诉，因证据不足，指控的犯罪不能成立，被人民法院依法判决宣告无罪的情况；前案依照刑事诉讼法第一百九十五条第三项规定作出的判决不予撤销。具体可以表述为："被告人×××曾于×年×月×日被××人民检察院以××罪向××人民法院提起公诉。因证据不足，指控的犯罪不能成立，被××人民法院依法判决宣告无罪。"

3. 判决书的送达。《解释》根据刑事诉讼法的规定，不再将被告人的近亲属列为判决书应当送达对象，是否送达，由人民法院根据案件具体情况处理。

4. 宣告判决。《98年解释》第一百八十三条第二款规定："宣告判决时，法庭内全体人员应当起立。"审判实践中，各地法院宣告判决时，何时全体起立不一致，有必要统一全体起立的时间。因此，《解释》第二百四十八条第二款进一步将起立时间明确为"宣告判决结果时"。

（十七）建议人民检察院补充或者变更起诉的问题

《解释》第二百四十三条规定："审判期间，人民法院发现新的事实，可能影响定罪的，可以建议人民检察院补充或者变更起诉；人民检察院不同意或者在七日内未回复意见的，人民法院应当就起诉指控的犯罪事实，依照本解释第二百四十一条的规定作出判决、裁定。"与《98年解释》第一百七十八条的规定不同，这里规定了人民检察院回复的时间，旨在防止人民检察院对人民法院的建议久拖不决的情况。

从司法实践来看，人民检察院通常无法在七日内作出是否补充或者变更起诉的决定，往往需要通过补充侦查后才能作出相应决定。而且，补充起诉或变更起诉，相当于一次全新起诉，需要重新组织开庭。因此，此种情形下，人民法院宜协调人民检察院作出建议补充侦查的回复，从而在案件重新移送人民法院后重新计算审理期限，有效避免此种情况下案件审理期限不够的问题。

(十八) 法庭纪律

《解释》在《法庭规则》和《98年解释》相关规定的基础上，根据司法实践中出现的新情况、新问题，对刑事案件法庭纪律作出了新的规定。

1. 法庭纪律。《解释》第二百四十九条对刑事案件法庭审理过程中诉讼参与人、旁听人员应当遵守的法庭纪律作出统一规定。特别是，根据司法实践中的新情况，专门规定"不得对庭审活动进行录音、录像、摄影，或者通过发送邮件、博客、微博客等方式传播庭审情况，但经人民法院许可的新闻记者除外"。之所以规定未经许可不得传播庭审情况，主要是考虑：实践中，个别诉讼参与人当庭利用电脑、手机等"直播"庭审情况，试图引发舆论关注、炒作，制造"舆论压力"，这显然干扰了人民法院依法独立、公正审判；诉讼参与人不专注庭审，无疑也有违职业道德，有损当事人的合法权益。考虑到新闻记者经常在法庭审理过程中需要使用录音、录像、摄像或者通过其他方式报道庭审活动，故特别规定"但经人民法院许可的新闻记者除外"。

司法实践中，部分辩护律师等诉讼参与人经常需要携带笔记本电脑、平板电脑等进入法庭，以进行法规查询等工作。这些笔记本电脑、平板电脑等是办案工具，应当允许诉讼参与人带入法庭。但是，这些电子设备也具有录音、录像、摄影或者发生邮件、博客、微博客等功能，诉讼参与人不得使用其对庭审活动进行录音、录像、摄像，或者通过发送邮件、博客、微博客等方式传播庭审情况。

2. 违反法庭纪律的处理。《解释》根据刑事诉讼法的相关规定，结合司法实践的具体情况，第二百五十条至第二百五十三条对违反法庭纪律行为的处理作出了相应规定。需要特别注意的是：(1) 未经许可录音、录像、摄影或者通过邮件、博客、微博客等方式传播庭审情况的，可以暂扣存储介质或者相关设备。这主要是考虑到诉讼参与人、旁听人员未经许可录音、录像、摄影和通过邮件、博客、微博客等方式报道庭审活动的，对其仅仅警告制止并进行训诫，尚不足以防止妨碍庭审顺利进行的后果发生，如未经许可将相关录音、录像、摄影资料带出法庭。因此，专门规定可以暂扣存储介质或者相关设备。司法实践中，应当对暂扣的存储介质或者相关设备进行相应的技术处理（并非简单的删除）后，在确保不发生进一步危害后果的前提下退还。(2)《解释》第二百五十一条规定："担任辩护人、诉讼代理人的律师严重扰乱法庭秩序，被强行带出法庭或者被处以罚款、拘留的，人民法院应当通报司法行政机关,并可以建议依法给予相应处罚。"(3)根据《解释》第二百五十条的规定,辩护人严重违反法庭纪律,可能被强行带出法庭或者被处以罚款、拘留。此种情况下,如何保障被告人辩护权的有效行使和庭审活动的顺利进行,是亟待解决的问题。根据《解释》第二百五十三条的规定:辩护人严重扰乱法庭秩序,被强行带出法庭或者被处以罚款、拘留,被告人自行辩护的,应当准许,庭审继续进行;被告人要求另行委托辩护人,或者被告人属于应当提供法律援助情形的,应当宣布休庭,由被告人重新委托律师或者由人民法院另行通知法律援助机构指派律师。原辩护人不得继续担任辩护人。

(十九) 当庭拒绝辩护的处理

《解释》第二百五十四条至第二百五十六条对被告人当庭拒绝辩护人辩护、辩护人当庭拒绝为被告人辩护的有关问题作了规定。具体而言:

1. 被告人当庭拒绝辩护人为其辩护的,区分情况处理:被告人当庭拒绝辩护人辩护,要求另行委托辩护人或者指派律师的,合议庭应当准许。被告人拒绝辩护人辩护后,没有辩护人(被告人只委托有一名辩护人,或者同时拒绝两名辩护人为其辩护)的,应当宣布休庭,择日开庭;仍有辩护人(被告人委托有两名辩护人,只拒绝其中一名辩护人为其辩护)的,仍然可以保障其辩护权,庭审可以继续进行。

2. 对于有多名被告人的案件,部分被告人拒绝辩护人辩护的,确立处理原则:有多名被告人的案件,部分被告人拒绝辩护人辩护后,没有辩护人的,根据案件情况,可以对该被告人另案处理,对其他被告人的庭审继续进行。

3. 重新开庭后,被告人再次当庭拒绝辩护人辩护的,可以准许,但被告人不得再次另行委托辩护人或者要求另行指派律师,由其自行辩护。被告人属于应当提供法律援助的情形,重新开庭后再次当庭拒绝辩护人辩护的,不予准许。

4. 法庭审理过程中,辩护人拒绝为被告人辩护的,应当准许;是否继续庭审,参照适用上述规定。

5. 依照前述规定另行委托辩护人或者指派律师的,自案件宣布休庭之日起至第十五日止,由辩护人准备辩护,但被告人及其辩护人自愿缩短时间的除外。需要注意的是,与《98年解释》规定不同,此种情形下应当是"宣布休庭",而非"宣布延期审理",且准备辩护的时间应当计入审理期限。

（二十）共同犯罪案件的中止审理

根据《解释》第二百五十七条的规定，对于共同犯罪案件部分被告人出现法定中止审理情形，是否需要全案中止审理，应区分情况处理：

1. 原则上，对于全案应当中止审理。因为如果部分被告人患有严重疾病，无法出庭的，如果只对该被告人中止审理，而对其他被告人的审理继续进行，可能会影响到该被告人的合法权益，导致由于其未出席法庭审理而遭致不利。

2. 根据案件情况，也可以对该被告人中止审理，对其他被告人继续审理。所谓"根据案件情况"应具体把握，如果共同犯罪案件因为中止审理的被告人身体情况等原因可能导致审判拖延较长时间，超过了法定的审理期限，也可以针对该被告人中止审理，其他被告人的审理工作继续进行。这种情况，可以视同其没有到案的情形处理。此外，如果部分被告人脱逃的，也可以对该被告人中止审理，而对于其他被告人的审理继续进行。

3. 对部分被告人中止审理的，可以根据案件具体情况另案处理。具体操作举例如下：人民检察院对五名共同犯罪人一起起诉，审理过程中，有一名被告人重病或者脱逃，人民法院可以对其他四名被告人继续审理，作出判决。而对该名被告人的审理另案进行，单独作出判决。在此过程中，不需要人民检察院重新起诉或者变更起诉，可作出两份判决，两份可标为同一案号，但区分为"－1""－2"。

五、简易程序

简易程序是基层人民法院适用最多的程序，它的科学设计对于提高人民法院审判工作质效，实现刑事案件审理的简繁分流，有效解决人民法院"案多人少"的矛盾，意义重大。此次刑事诉讼法修改，对简易程序作了重大完善：第一，扩大了适用简易程序审理案件的范围，明确了适用条件，将被告人是否同意规定为适用简易程序的必要条件；第二，规定了不适用简易程序审理案件的情形；第三，明确了适用简易程序审理案件的审判组织形式；第四，完善了适用简易程序的审限规定。《解释》根据法律修改情况，结合《最高人民法院、最高人民检察院、司法部关于适用简易程序审理公诉案件的若干意见》《最高人民法院、最高人民检察院、司法部关于适用普通程序审理"被告人认罪案件"的若干意见》的规定，以及审判实践，对简易程序作了具体规定。

(一) 适用简易程序审理案件的条件

1. 属于基层人民法院管辖。与 1996 年刑事诉讼法相比，此次刑事诉讼法修改将可以适用简易程序的案件范围扩大到基层人民法院管辖的所有案件，刑事诉讼法没有再规定可以适用简易程序的案件的种类，而是明确了适用条件，只要是符合法律规定条件的案件，都可以适用简易程序审理。包括：一罪或者数罪可能被宣告判处的刑罚为有期徒刑、拘役、管制、单处罚金、单处剥夺政治权利、免予刑事处罚的案件。1996 年刑事诉讼法没有规定可能单处剥夺政治权利的案件可以适用简易程序审理，根据刑事诉讼法规定，可能单处剥夺政治权利的案件只要符合适用简易程序的条件，即可适用简易程序审理。《解释》征求意见稿曾借鉴《98 年解释》第二百二十一条的规定，明确可能判处免予刑事处罚的案件，也可以适用简易程序。后经研究，免予刑事处罚的案件，只要符合刑事诉讼法规定的适用简易程序的条件，可以适用简易程序，没有必要再单独规定，因此，《解释》没有再明确这一问题。

2. 案件必须事实清楚、证据充分。即指人民法院根据起诉书指控的事实，认为案件事实简单明确，易于审理，定罪量刑的证据客观全面，足以认定被告人有罪。

3. 被告人承认自己所犯罪行，对起诉书指控的犯罪事实没有异议。即被告人认罪，对起诉书指控的犯罪行为供认不讳。如果承认指控的主要犯罪事实，仅对个别细节提出异议；或者对犯罪事实没有异议，仅对罪名认定提出异议的，不属于不认罪，仍然可以适用简易程序，但庭审中应针对被告人有异议的部分重点调查、辩论。

4. 被告人对适用简易程序没有异议。即被告人在了解简易程序的相关规定和适用该程序可能导致的后果后，仍同意适用简易程序。特别强调的是，适用简易程序审理案件，应在取得被告人同意后适用，即使开庭前已经取得被告人同意，开庭后也应当由其当庭确认。

有意见提出，被告人及其辩护人也可以申请适用简易程序，同时，适用简易程序应征求被害人的意见。经研究认为，刑事诉讼法仅将被告人是否同意作为适用简易程序的条件，没有规定也应当取得被害人同意，故无须征求被害人的意见。被告人当然也可以主动要求或者申请适用简易程序。另外，对于被告人庭前不认罪，但当庭认罪的，人民法院也可以当庭决定适用简易程序审理。

（二）不适用简易程序审理的情形

刑事诉讼法第二百零九条规定了不适用简易程序审理的情形，《解释》参考《98年解释》第二百二十二条的规定，在刑事诉讼法规定的基础上增加了两项："辩护人作无罪辩护的"、"被告人认罪但经审查认为可能不构成犯罪的"。

起草《解释》过程中，有意见提出，应将"比较复杂的共同犯罪案件"、"辩护人对主要犯罪事实有异议的"、"被害人不同意适用的"以及"经审理可能改变罪名的"增加为不应适用的情形。经研究认为，刑事诉讼法规定的不应适用简易程序的情形主要有三种：一是可能影响被告人的诉讼权利的；二是难以取得较好的社会效果的；三是对案件事实和程序适用存在争议，不符合刑事诉讼法明确规定的适用条件的。对"比较复杂的共同犯罪案件"，实践中不好区分，在被告人认罪且同意适用的情况下，完全可以适用简易程序，故不应将"比较复杂的共同犯罪案件"排除在可以适用简易程序审理的案件范围之外。对于"辩护人对主要犯罪事实有异议的"，由于刑事诉讼法仅规定适用简易程序应取得被告人同意，因此，辩护人提出异议的，应不影响简易程序的适用，特别是对哪些属于"主要犯罪事实"，实践中亦不好把握，但考虑到辩护人意见的重要性，可以吸收《98年解释》中的规定，将"辩护人作无罪辩护的"增加为不适用简易程序的情形。对于"被害人不同意适用的"的情形，由于于法无据，不能采纳。对于"经审理可能改变罪名的"，根据刑事诉讼法规定的可以适用简易程序的条件，并不能排除此项，因此，不能将"经审理可能改变罪名的"列为不适用的一种情形。

（三）适用简易程序审理案件对被告人辩护权的保障

与适用普通程序相比，适用简易程序审理案件只是程序上的简化和省略，以提高诉讼效率，但不是对被告人应有诉权的简化和省略。对于被告人的辩护权，应与适用普通程序审理一样，予以充分保障。实践中，应注意以下几点：

1. 开庭审理前，应当依照刑事诉讼法第三十三条、第三十四条等的规定，告知被告人可以委托辩护人。被告人符合法律援助条件的，应通知法律援助机构指派律师为被告人提供辩护。《解释》第二百九十一条规定了这一问题。

2. 开庭审理案件，被告人有辩护人的，应通知其出庭。《98年解释》规定适用简易程序审理案件，辩护人可以不出庭，只要将书面意见提交法庭即可。起草《解释》过程中，对于应否继续沿用上述规定存在不同意见。第一种意见认为，修改后的刑事诉讼法要求公诉案件公诉人应当出庭，从控辩平衡的角度出发，辩护人应当出庭。第二种意见认为，简易程序案件都是被告人认罪且事实清楚的案件，在提交书面辩护意见且被告人同意的情况下，为体现简易程序的简易性，可以不出庭。第三种意见认为，辩护人是否出庭应作区分，可能判处的有期徒刑超过三年的，或者被告人为未成年人的，辩护人应当出庭。经反复研究，为充分体现对被告人辩护权的保障，《解释》第二百九十三条明确规定："适用简易程序审理案件，被告人有辩护人的，应当通知其出庭"。

（四）适用简易程序审理案件，何时通知当事人、诉讼参与人参加庭审等

《解释》第二百九十二条规定了适用简易程序审理案件，应于何时通知当事人、诉讼参与人参加庭审的问题。《98年解释》仅规定应于开庭前通知相关人员，《解释》明确为开庭三日前。针对本条，有意见提出，根据刑事诉讼法第二百一十三条的规定，适用简易程序审理案件，送达不受关于普通程序中送达期限规定的限制，规定应当在开庭三日前通知，没有体现简易程序的简易性，可不明确规定，由实践中具体把握。经反复研究，为给相关方以充足的庭审准备时间，特别是在适用简易程序审理公诉案件公诉人都应当出庭的情况下，应尽可能提请通知相关方，故仍明确为三日前通知。还有意见提出，应明确"其他诉讼参与人"的范围，将"可以通知"修改为"应当通知"。经研究认为，关于通知人员范围的规定主要来源于《98年解释》，实践中没有出现问题，前面已有列举，为充分体现简易程序的简易性，人民法院可以根据案件的不同情况，确定应当通知的其他诉讼参与人，故没有采纳该意见。

有意见提出，公开审判案件公告的时间似无必要受刑事诉讼法第一百八十二条第三款规定的公告应在开庭三日以前的限制，但必须先期公告，以贯彻公开审判原则，可以规定在开庭一日以前公告有关事项。经研究，考虑到实践中的做法不一，为充分体现简易程序的简易性，解释没有规定先期公告的时间，但是公开审判案件，必须在开庭前先期公布案由、被告人姓名和开

庭的时间、地点。

(五) 适用简易程序审理案件的期限

修改后的刑事诉讼法对适用简易程序审理案件的期限规定也作了完善,第二百一十四条规定:"适用简易程序审理案件,人民法院应当在受理后二十日内审结;对可能判处的有期徒刑超过三年的,可以延长至一个半月。"审判实践中,有些已经适用简易程序审理的案件,由于有附带民事诉讼,需要更多的时间用于民事调解、化解矛盾,确实难以在审限内结案的,能否延长审限,有不同认识。一种意见认为,不得延长审限。主要是考虑:我国刑事诉讼法对每一个审判程序都规定了审理期限(死刑复核程序除外,但死刑复核程序是否属于审判程序存有争议),适用哪一个程序审理案件,就应当遵守哪一个程序的审限规定,不能"嫁接"。一旦确定适用简易程序审理,就应当适用简易程序的审限规定,不得延长审限。若可以延长审限,就难以体现简易性。为防止超审限,且确保有充裕时间做好调解、和解等矛盾化解工作,对于有附带民事诉讼的案件,可以在开庭前先就附带民事赔偿问题进行了解、调查,如有可能在简易程序的审限内审结附带民事诉讼的,可适用简易程序;否则应适用普通程序;若已经适用简易程序,但不能在审理内审结附带民事诉讼的,也不能报请延长审限,应当转为普通程序审理。另一种意见认为,对于附带民事诉讼案件,不管适用普通程序审理还是适用简易程序审理,均可以根据刑事诉讼法第二百零二条的规定,报请上一级人民法院延长审限三个月。主要考虑:简易程序主要针对刑事部分设计,只要符合法定条件的案件就可以适用简易程序,不能因有附带民事诉讼就一律排除适用。刑事诉讼法第二百零二条规定,对于有附带民事诉讼的,可以延长审限,并未明确将简易程序排除在外,因此,不管是普通程序还是简易程序,只要有附带民事诉讼的,就可以依法延长审限。经研究,从实践看,上述第二种意见有合理的一面;但从法律规定看,刑事诉讼法有关延长审限的规定似只能适用于普通程序。这一问题尚需继续研究。

六、二审程序

此次刑事诉讼法修改,对二审程序作了重要完善:第一,明确了二审应当开庭审理的案件范围;第二,明确了二审中人民检察院阅卷时间的处理;第三,完善了发回重审制度;第四,完善了二审审理期限的规定。《解释》根据修改后的刑事诉讼法,在《98年解释》的基础上,结合《最高人民法院、最高人民检察院关于死刑第二审案件开庭审理若干问题的规定（试行）》（以下简称《死刑二审案件开庭规定》）等规范性文件的规定，综合考虑审判实践情况和各方面意见，对二审程序作出了具体规定。

（一）二审开庭审理的案件范围

刑事诉讼法第二百二十三条第一款明确了二审应开庭审理案件的种类，《解释》第三百一十七条对此规定予以具体化，规定："下列案件，根据刑事诉讼法第二百二十三条的规定，应当开庭审理：（一）被告人、自诉人及其法定代理人对第一审认定的事实、证据提出异议，可能影响定罪量刑的上诉案件；（二）被告人被判处死刑立即执行的上诉案件；（三）人民检察院抗诉的案件；（四）应当开庭审理的其他案件。""被判处死刑立即执行的被告人没有上诉，同案的其他被告人上诉的案件，第二审人民法院应当开庭审理。""被告人被判处死刑缓期执行的上诉案件，虽不属于第一款第一项规定的情形，有条件的，也应当开庭审理。"对于本条，需要说明的是：

1. 对于死刑缓期执行的二审案件，《解释》并没有规定一律开庭审理。有意见提出，死刑包括死刑缓期执行，死刑缓期执行的上诉案件也应当全部开庭审理。经研究认为，关于死刑缓期执行案件是否应一律开庭的问题，暂不能规定一律开庭：其一，刑法、刑事诉讼法中"死刑"的含义，根据语境不同，有两种含义，有的仅指死刑立即执行，有的则还包括死刑缓期执行。如刑法第四十八条有关"死刑除依法由最高人民法院判决的以外，都应当报请最高人民法院核准。死刑缓期执行的，可以由高级人民法院判决或者核准"、刑事诉讼法第二百四十八条有关"最高人民法院核准的死刑判决和高级人民法院核准的死刑缓期二年执行的判决"规定中的"死刑"显然均只指死刑立即执行。将刑事诉讼法第二百二十三条第一款第二项规定的"死刑"具体明确为死刑立即执行并不违反法律规定。其二，死刑立即执行的二审案件一律开庭是经各方面做出巨大努力，在人财物方面做出巨大投入才得以落实的。目前，死刑缓期执行案件的总数已多于死刑立即执行，再将死刑缓期执行的二审案件一律纳入二审开庭范围，现实条件显然尚不具备。其三，根据刑事诉讼法第二百二十三条第一款第一项的规定，对死刑缓期执行案件，如被告人对一审认定的事实、证据存有异议提出上诉的，可以适用本条第一款第一项的规定开庭审理；如被告人仅就法律适用、量刑问题上诉的，则开庭审理并无必要，不开庭并不会影响案件公正审理。经深入研究并征求多方意见，《解释》虽没有要求对死刑缓期执行的上诉案件一律开庭审理，但本条第三款规定，具备开庭审理条件的，应当开庭审理。

《解释》征求意见稿曾规定，出现新的事实、证据，可能影响定罪量刑的案件也应当开庭审理，有意见建议删除此规定。理由为：一是在二审期间出现新的事实和证据，通常需要发回重审，在这种情况下，二审没有必要开庭。二是二审期间被告人检举揭发他人犯罪的，是否属于新的犯罪事实、证据，颇有争议，若认为是新的事实、证据而对此类案件开庭审理，则实际意义不大。因此，解释采纳了这一意见，删除了此规定。

2. 对于被判处死刑立即执行的被告人没有上诉，同案的其他被告人上诉的案件，二审是否应当开庭审理，过去有关司法解释的规定不一致。为保障死刑案件公正、慎重审理，明确法律适用，《解释》规定："被判处死刑立即执行的被告人没有上诉，同案的其他被告人上诉的案件，第二审人民法院应当开庭审理。"

3. 根据《解释》第三百一十八条的规定，两类二审案件可以不开庭审理：一是经审查，认为原判明显事实不清、证据不足，需要发回重审的，可以不开庭审理；二是具有刑事诉讼法第二百二十七条规定的违反法定诉讼程序情形，需要发回重审的，可以不开庭审理。

（二）二审全面审查与重点审理相结合的原则

《解释》第三百一十条重申了立法规定的全面审查原则，第三百一十一条至第三百一十三条是全面审查原则在一些特殊类型案件上的具体化，以确保二审监督、纠错功能的充分发挥。同时，为突出重点，确保庭审质效，《解释》第三百二十三条吸收《死刑二审案件开庭规定》第十四条的规定，明确："开庭审理上诉、抗诉案件，可以重点围绕对第一审判决、裁定有争议的问题或者有疑问的部分进行。根据案件情况，可以按照下列方式审理：（一）宣读第一审判决书，可以只宣读案由、主要事实、证据名称和判决主文等；（二）法庭调查应当重点围绕对第一审判决提出异议的事实、证据以及提交的新的证据等进行；没有异议的事实、证据和情节，可以直接确认；（三）对同案审理案件中未上诉的被告人，未被申请出庭或者人民法院认为没有必要到庭的，可以不再传唤到庭；（四）被告人犯有数罪，对其中事实清楚且无异议的犯罪，可以不在庭审时审理。同案审理的案件，未提出上诉、人民检察院也未对其判决提出抗诉的被告人要求出庭的，应当准许。出庭的被告人可以参加法庭调查和辩论。"

对以上规定，需说明的是，全面审查是开庭审理前对全案的审查，一方面，有利于掌握全部案件情况，确保庭审质量，发现和纠正一审错误；另一方面，为开庭审理把握重点，提高质效打好基础。重点审理是开庭审理时对有争议问题和有疑问部分的重点审理，是在确保质量基础的效率提高。

（三）限制发回重审的问题

为避免案件被反复发回，久拖不决，影响司法权威和当事人权益，刑事诉讼法第二百二十五条第二款规定："原审人民法院对于依照前款第三项规定发回重新审判的案件作出判决后，被告人提出上诉或者人民检察院提出抗诉的，第二审人民法院应当依法作出判决或者裁定，不得再发回原审人民法院重新审判。"《解释》第三百二十八条、第三百二十九条对该款规定作了进一步明确。需要注意的是：

1. 具有刑事诉讼法第二百二十七条规定的情形之一，或者违反第二百二十八条规定的，不受限制发回重审的限制，即二审法院经审理，认为一审法院在再审中违反刑事诉讼法第二百二十七条、第二百二十八条规定的程序性事项，可以再次发回。

2. 根据司法实践情况，《解释》征求意见稿还规定了两种限制发回重审的例外情形，即"第二审期间发现新的犯罪事实，需要对原判决认定的犯罪与新发现的犯罪一并作出处理的"、"第二审期间在逃的共同犯罪人归案，需要对全案合并审理的"。对此，有关部门提出，有关限制发回重审的规定是此次刑事诉讼法修改的重要内容，司法解释在法律有明确规定的情况下，仍作除外规定，不妥。经反复研究，采纳了有关部分意见，删除了此两种情形。今后遇有此类案件，可再通过专门批复等形式予以解决。

七、关于未成年人刑事案件诉讼程序

将未成年人刑事案件诉讼程序作为特别程序予以规定，是此次刑事诉讼法修改的亮点之一。《解释》根据法律规定，以2001年施行的《关于审理未成年人刑事案件的若干规定》（以下简称《审理未成年人刑事案件规定》）为基础，参考相关规范性文件，结合少年法庭工作实际，对相关问题作了进一步明确。

（一）机构建设

专门的少年审判机构是保证专业队伍的重要前提，也是开展少年审判各项工作的重要保障。《审理未成年人刑事案件规定》第六条的规定已不能适应少年法庭工作发展的需要,主要体现在:该规定中所称少年法庭仅指未成年人刑事审判庭和未成年人刑事案件合议庭,没有包括未成年人案件综合审判庭,也未对高级法院设立独立机构提出要求。2006年8月,最高人民法院决定在全国17个中级法院开展设立独立建制的未成年人案件综合审判庭的试点工作,少年法庭机构和工作内容均发生较大变化。基于试点工作取得的良好效果和实践需要,经中央政法委同意,最高人民法院于2012年12月决定增加32个中级法院参与试点工作。对于高级法院的机构建设,最高人民法院领导在全国法院第六次少年法庭工作会议上明确要求:高级人民法院要根据形势的发展和工作需要,积极推进成立独立建制的少年法庭工作机构。

根据全国少年审判机构发展的具体情况,《解释》第四百六十二条将未成年人刑事审判庭修改为未成年人案件审判庭,同时规定具备条件的高级法院可以设立独立建制的未成年人案件审判庭。这一规定,对目前少年审判机构的设置提出了要求,也为未来发展留出了空间。

(二) 少年法庭审理案件的范围

《审理未成年人刑事案件规定》第十条没有明确犯罪时未成年、审判时已成年的案件是否由少年法庭审理,对此,司法实践中存在一定的争议。多数意见认为对于犯罪时未成年、审判时刚满18周岁的案件,由少年法庭审理有利于更好地保护被告人的权益,但对于审判时年龄较大的被告人,则由刑事审判庭审理更为适宜。《解释》第四百六十三条充分考虑少年法庭工作实际,吸收了实践中的多数意见,第一款规定被告人实施被指控的犯罪时不满18周岁、人民法院立案时不满20周岁的案件,以及被告人实施被指控的犯罪时不满18周岁、人民法院立案时不满20周岁,并被指控为首要分子或者主犯的共同犯罪案件,由少年法庭审理。第二款中"其他共同犯罪案件中有未成年被告人的案件",是指未成年被告人不是主犯的共同犯罪案件,这里的"未成年被告人"也应当理解为实施被指控的犯罪时不满18周岁、人民法院立案时不满20周岁的被告人。"其他涉及未成年人的刑事案件",主要指刑事案件被害人是未成年人或者附带民事诉讼原告人有未成年人的案件。

对于被告人实施被指控犯罪时不满18周岁、人民法院立案时已满20周岁的案件,能否由少年法庭审理?我们认为,这类案件由刑事审判庭审理比较合适,但院长也可以根据本院少年法庭审判力量、未成年人刑事案件数量等实际情况，决定由少年法庭审理。

（三）分案审理

分案审理，是指在有成年犯又有未成年犯的共同犯罪案件中，将成年犯和未成年犯分开审理的制度。目前，很多地方检察院、法院都在试行分案起诉、分案审理制度，取得了良好效果。最高人民检察院 2006 年 12 月出台的《审理未成年人刑事案件规定》第二十三条规定："人民检察院审查未成年人与成年人共同犯罪案件，一般应当将未成年人与成年人分案起诉。"为与检察机关分案起诉制度互相配套，保证认定案件事实证据的一致性以及量刑的公平性，避免重复劳动和司法资源的浪费，《解释》第四百六十四条明确了人民法院分案审理的程序，规定"对分案起诉至同一人民法院的未成年人与成年人共同犯罪案件，可以由同一个审判组织审理；不宜由同一个审判组织审理的，可以分别由少年法庭、刑事审判庭审理"。"未成年人与成年人共同犯罪案件，由不同人民法院或者不同审判组织分别审理的，有关人民法院或者审判组织应当互相了解共同犯罪被告人的审判情况，注意全案的量刑平衡。"

（四）指定管辖

未成年人刑事案件指定管辖模式有利于解决案源不足和机构闲置的矛盾，稳固少年审判机构；有利于统一司法尺度，实现定罪量刑的平衡；有利于积累少年审判经验，形成较为成熟的少年审判队伍。1998 年 5 月，江苏省连云港市首创未成年人案件指定管辖模式，这一模式在江苏、上海、河南、山西等省市推广多年，取得积极成效。目前看，指定管辖模式已经成为许多大中城市少年法庭机构建设的发展方向。根据司法实践的需要，为肯定并鼓励各地法院指定管辖的做法，进一步推动少年法庭的机构发展，《解释》第四百六十五条对指定管辖作了规定。需要说明的是，未成年人刑事案件指定管辖的具体操作，应当严格按照刑事诉讼法的规定，一案一指定。

（五）法定代理人、合适成年人到场制度

未成年人由于其认知能力和表达能力的局限，在刑事诉讼中难以充分行使诉讼权利，1996 年刑事诉讼法第十四条仅规定可以通知法定代理人到场，导致实践中有些地方没有通知法定代理人到场，未能很好地保障未成年人的诉讼权利。修改的刑事诉讼法第二百七十条规定应当通知法定代理人到场，无法到场的,也可以通知未成年人的其他成年亲属或者代表。

《解释》第四百六十六条进一步明确了合适成年人到场的权利,在适用中应当注意:(1)在法庭代理人未能到场的情况下,一般应当通知合适成年人到场。有条件的法院,通知合适成年人到场之前可以先征求未成年被告人的意见。此外,为节约时间,提高诉讼效率,在通知法定代理人时,即可以提前做好通知合适成年人的准备。(2)到场的合适成年人,经法庭同意,可以参与法庭教育、附带民事调解等工作。(3)如果未成年人拒绝合适成年人到场,法庭应当向其讲明合适成年人到场有利于维护其诉讼权利,但是未成年人仍然反对,合适成年人到场可能起到反作用甚至影响诉讼的,法院可以不通知其到场或者允许其退出法庭,并将上述情况记录在案。

(六)未成年人情况调查制度

在办理未成年人案件时进行社会调查,了解其生活背景,分析其犯罪原因,从而有针对性地采取相应措施,对其施以教育矫治,可以取得更好的办案效果。《解释》第四百七十六条根据刑事诉讼法第二百六十八条的规定,对情况调查制度作了细化。适用《解释》第四百七十六条的应当注意:

(1)情况调查的主体分为启动调查的主体和接受委托的主体。关于启动调查的主体。根据刑事诉讼法第二百六十八条的规定,公检法机关都有权启动调查;除此之外,根据刑事诉讼法第四十一条有关律师取证的一般规定,辩护律师也可以就未成年人的情况进行调查。关于接受委托的主体,《关于进一步建立和完善办理未成年人刑事案件配套工作体系的若干意见》规定"由未成年犯罪嫌疑人、被告人户籍所在地或居住地的司法行政机关社区矫正工作部门负责"。但调研发现,实践中接受委托的主体既有司法行政部门,也有其他社会团体,主要原因在于,司法行政机关负责情况调查工作的部门是社区矫正部门,而社区矫正部门工作任务重,人手不足,很难全面开展情况调查工作。虽然从调查的规范性和统一性来讲,接受委托的调查主体应当统一,但根据现阶段开展情况调查的工作实际,还可以委托共青团组织以及其他社会团体、组织开展调查。(2)关于调查程序。调查的工作程序没有统一规定,调查报告的样式、内容也各不相同。调查方式有实地走访的,有发信函的,有打电话的;报告样式有采用公文报告形式的,有采用调查表格或调查笔录样式的;调查内容一般是围绕未成年人的性格特点、文化程度、家庭环境、成长经历、社会交往及实施被指控犯罪前后表现等情况展开,但也有的纳入了心理评估、非羁押措施风险评估等内容,还有的就如何量刑、如何帮教提出具体建议等等。由于各地开展调查工作的人力、物力不尽相同，调查程序也无法完全统一。我们认为，有条件的法院可以就这一问题继续与有关部门沟通、协调，争取早日形成统一规范，目前重庆、上海、北京、苏州等地法院已与相关部门联合签发了未成年人情况调查的规范性文件，值得借鉴。

对于未成年人的情况调查，另一个重要问题是调查报告的地位作用。对此，有两种意见：一种意见认为，调查报告与其他证据具有相同的形式要件，属于广义证据的一种，是量刑的证据；另一种意见认为，调查报告不属于证据，只可以作为量刑的参考。经研究认为，未成年人调查报告是针对未成年人各方面情况进行调查形成的材料，并非证明案件事实的材料，不属于刑事诉讼法第四十八条规定的证据。但是，调查报告一定程度上反映了未成年被告人的主观恶性、人身危险性和监护帮教条件，对于人民法院有针对性地进行法庭教育和准确适用刑罚，有重要的参考作用，因此，《解释》第四百八十四条规定，法庭在审查并听取控辩双方意见后，可以将调查报告和有关书面材料作为法庭教育和量刑的参考。此外，人民法院采纳调查报告中内容并将其作为量刑参考的，可以在裁判文书中说明。

（七）心理疏导和心理测评机制的运用

在未成年人案件审判中引入心理疏导和心理测评机制，是少年法庭为贯彻未成年人保护法对未成年人"特殊、优先"保护的原则、保障未成年人在诉讼中的各项合法权益的一项特色工作机制，具有重要意义，《解释》第四百七十七条对此作了规定。心理疏导可以由法官进行，也可以由专业心理咨询师进行；心理测评则通常由专业心理咨询师进行。对未成年人开展心理测评，涉及未成年人的个人信息和个人隐私保护，为落实刑事诉讼法关于未成年人案件不公开审理、轻罪犯罪记录封存等规定，对心理测评情况应当严格保密。

（八）法庭教育

《审理未成年人刑事案件规定》规定对未成年被告人进行法庭教育应当在宣判定罪以后，但从实践看，对案情简单、被告人认罪的一些案件，在法庭审理过程中进行教育，效果更好：一是诉讼参与人均在场，便于各方共同教育；二是在庭审过程中进行教育，更容易使未成年被告人认识到行为的危害性；三是在庭审中教育有利于促成被害方谅解并被告人与被害方之间的和解;四是法庭教育不宜局限于仅对定罪的被告人进行,法庭教育还应兼有法制宣传的功能,甚至对被告人亲属亦有启发和教育意义。经多次讨论和征求意见,一致认为法庭教育可以在法庭调查和辩论结束之后进行,但有罪教育必须在宣判后,《解释》第四百八十五条对《审理未成年人刑事案件规定》第三十三条作了相应修改。

适用《解释》第四百八十五条应当注意:(1)根据第一款规定,如果在宣判之前已进行法庭教育的,宣判有罪后不必再行教育;如果宣判前没有进行教育,则宣判有罪后必须进行教育。(2)被告人及其法定代理人或者辩护人在提出无罪意见的,在庭审中不进行法庭教育,但是判决宣告有罪后仍然要进行教育。(3)法庭可以邀请到庭的诉讼参与人、参加庭审的其他人员以及未参加庭审的社会调查员、心理咨询师等参与法庭教育。(4)法庭教育,可以围绕"违法行为对社会的危害和应当受到处罚的必要性、导致违法行为发生的主客观原因及应当吸取的教训、正确对待人民法院的裁判"等内容进行。(5)适用简易程序的案件,也应当进行法庭教育。

(九) 前科封存制度

《解释》第四百九十条根据刑事诉讼法第二百七十五条的规定,对前科封存制度作了规定。适用时应当注意:(1)未成年人轻罪犯罪记录封存制度的适用范围,包括未成年被告人被判处5年以下有期徒刑、拘役、管制、单处罚金、驱逐出境以及免除刑事处罚的情形。需要说明的是,对于判决依法不负刑事责任、免予追究刑事责任的未成年人的行为记录,虽然不是犯罪记录,但属于未成年人的不良行为记录,也应当封存。(2)被判处5年有期徒刑以下刑罚,并且正在管制服刑期间或者缓刑、假释考验期内的未成年人犯罪记录,也应当封存。主要是考虑行为人人身自由没有被剥夺,只是受到一定限制,可能面临就学、就业的问题,在此期间是否报告所受刑事处罚对行为人有重大影响,封存其犯罪记录可以最大限度消除刑事处罚给未成年人带来的不利影响。(3)行为人在18周岁前后连续实施数个行为,构成一罪,被判处5年有期徒刑以下刑罚的,能否适用前科封存的规定?我们认为,行为人连续实施数个行为构成一罪的,如盗窃、诈骗或者抢劫等,犯罪数额累计计算,定罪量刑是综合衡量数个行为后作出的,其18周岁之前的行为没有作单独评价,无法进行封存,不适用前科封存的规定。但是,如果行为人的主要犯罪事实在18周岁之前,18周岁之后的行为单独衡量不能构成犯罪的,人民法院可以决定封存。人民法院决定封存的,应当书面通知当事人、诉讼参与人和其他负有封存义务的机关。(4) 被封存犯罪记录的未成年人被发现有新的犯罪事实，其犯罪记录是否应当解除封存？我们认为，法律没有明确规定，一般不得解除封存。但也有例外情形：一是未成年人在服刑期间发现漏罪或者再犯新罪，如果漏罪、新罪都是其 18 周岁之前实施，且与被封存记录之罪数罪并罚后被决定执行 5 年有期徒刑以上刑罚的，则被封存的犯罪记录应当解除封存。二是如果未成年人服刑期满后发现其在 18 周岁之前尚有其他犯罪事实或者重新犯罪的，新判决确定的刑期与被封存之罪的刑期之和超过 5 年的，人民法院可以根据情况决定是否解除封存。对于以上两种情形，人民法院决定解除封存的，应当书面通知当事人、诉讼参与人和其他负有封存义务的机关。(5) 前科封存被封存后，司法机关或者有关单位提请查询的依据是国家规定，根据刑法第九十六条的规定，"国家规定"指全国人大及其常委会制定的法律和决定，国务院制定的行政法规、规定的行政措施、发布的决定和命令，不包括部门规章和地方性法规。(6) 有条件的人民法院可以建立专门的未成年犯罪人案卷资料库，对应当封存的案卷标注密级，单独管理，同时对相关电子信息加密管理。司法机关为办案需要，或者有关单位根据国家规定提请查询犯罪记录的，经人民法院审查后，可以查询相关记录。需要说明的是，查询的是犯罪记录，而不是案卷材料。(7) 对于 2012 年 12 月 31 日以前审结的案件，符合封存条件的未成年人犯罪记录，也应当封存。当然，封存的方式可以灵活掌握，考虑到现实情况，案卷可以不必一律单独存放或者单独标记，只需做到对犯罪记录保密，非因法定事由，不提供查询即可。

（十）未成年人被害人、证人的权益保护

刑事诉讼法针对我国未成年被害人权益长期未得到应有重视的问题，对询问未成年被害人、证人作了特别规定。《解释》第四百七十三条规定了人民法院应当保障未成年被害人有权获得法律援助，体现对被害人权益的公平保护。需要说明的是，这里的法律援助不是法律规定的强制援助，人民法院帮助未成年被害人提出援助申请后，是否提供援助由法律援助机构决定。

此外，《解释》第四百六十八条还对未成年被害人、证人的保护作了规定，适用时应当注意：（1）对于未成年被害人、证人，一般情况下不应通知其出庭作证，除非其陈述、证言对定罪量刑具有关键性影响，不可替代，且控辩双方存有异议。特别是性侵犯、虐待、暴力伤害等案件的未成年被害人，原则上不应通知其出庭作证。（2）对确有必要出庭的未成年被害人、证人,为了避免其受到伤害,可以采取不暴露身份信息、不暴露外貌、真实声音等特殊保护措施;条件具备的,还可以采取远程视频等方式作证。

八、当事人和解的公诉案件诉讼程序

刑事诉讼法增设了当事人和解的公诉案件诉讼程序,但仅有三条原则规定。为充分发挥和解程序功能,有效化解社会矛盾,同时规范法律适用,防止出现"花钱买刑"等损害司法公正的问题,《解释》对和解程序的具体适用作了较为全面的规定,切实贯彻了和解自愿、合法原则及和解从宽处罚原则,同时确立了和解的即时履行原则及不得反悔原则。

(一)和解自愿、合法原则

自愿、合法原则是和解程序的灵魂和核心。刑事诉讼法明确规定了和解程序适用的案件类型和范围,同时强调被告人应当真诚悔罪,被害人应当自愿和解,双方当事人才可以和解。

1. 准确理解和解的适用条件、范围。对于适用当事人和解程序的案件,除必须符合刑事诉讼法第二百七十七条规定的条件外,还应当满足事实清楚、证据充分的要求。如果证据不足,不能认定被告人有罪的,不能适用当事人和解程序。

根据刑事诉讼法规定,对于因民间纠纷引起,涉嫌刑法分则第四章、第五章规定的犯罪案件,可能判处3年有期徒刑以下刑罚的,或者除渎职犯罪以外的可能判处7年有期徒刑以下刑罚的过失犯罪案件,如果被告人在5年以内没有故意犯罪,双方当事人可以和解。理解本条规定,需要注意以下几个问题:

一是"民间纠纷"。虽然司法部1990年发布的《民间纠纷处理办法》第三条规定:"基层人民政府处理民间纠纷的范围,为《人民调解委员会组织条例》规定的民间纠纷,即公民之间有关人身、财产权益和其他日常生活中发生的纠纷。"但对于刑事诉讼法规定的民间纠纷的内涵,尚有不同意见,故《解释》未对民间纠纷予以明确,为法官留下解释空间,以利于化解矛盾纠纷,促进社会和谐。

二是"可能判处三年有期徒刑以下的刑罚"。应当结合案件具体情节判断,而不能仅以法定最高刑是否为3年为标准。一般而言,在不考虑和解的情况下,根据被告人的犯罪事实、情节,应当判处的刑罚在3年有期徒刑以下的,就可以适用和解程序。比如,被告人参与故意伤害犯罪致人重伤,法定刑是3年以上10年以下有期徒刑，但其系从犯，依法应当判处的刑罚是二年有期徒刑左右，此时，对该被告人就可适用和解程序。

三是"五年以内曾经故意犯罪"。刑事诉讼法规定"五年以内曾经故意犯罪"不适用和解的主要目的是贯彻累犯从重原则，对于累犯，不得适用缓刑，不得假释，可以限制减刑，也不得适用和解。如果后罪是过失犯罪，虽然依法不构成累犯，但也不得适用和解。

2. 准确把握和解的主体。根据刑事诉讼法的规定，和解的主体是犯罪嫌疑人、被告人与被害人。当事人和解，原则上应当在双方当事人直接参与的情况下进行。但因各种主客观条件的限制，一些当事人可能无法亲自到场或者无法实际参与和解程序，这就涉及当事人和解的代理问题。

一是被害方代为和解的情形。如果被害人死亡的，可以由他的近亲属作为当事人进行和解。近亲属有多人的，达成和解协议，应当经处于同一继承顺序的所有近亲属同意。实践中比较常见的情况是，被害人死亡后，其妻子和父母，一方愿意和解而另一方反对，或者对和解内容意见不一，此时应当尽量协商解决，经协商后仍然有人坚决反对的，就不宜达成和解协议。被害人丧失行为能力或者系限制责任能力人的，可以由他的法定代理人或者近亲属代为和解。

二是被告方代为和解的情形。被告人的近亲属经被告人同意，可以代为和解。比如被告人被羁押，其往往无法到场协商，此时，经被告人同意，可以由其近亲属、其他亲友甚至被告人委托的律师等代为协商以达成和解。被告人系限制行为能力人的，其法定代理人依法可以代为和解，此时无须征得被告人同意。《解释》还特别强调，被告人的法定代理人、近亲属代为和解的，和解协议约定的赔礼道歉等事项，应当由被告人本人履行。当然，被告人本人履行赔礼道歉等事项，并不影响被告人家属向被害人赔礼道歉。

3. 准确把握和解的内容。《解释》第五百零一条规定："和解协议书应当包括以下内容：（一）被告人承认自己所犯罪行，对犯罪事实没有异议，并真诚悔罪；（二）被告人通过向被害人赔礼道歉、赔偿损失等方式获得被害人谅解；涉及赔偿损失的，应当写明赔偿的数额、方式等；提起附带民事诉讼的，由附带民事诉讼原告人撤回附带民事诉讼；（三）被害人自愿和解，请求或者同意对被告人依法从宽处罚。"

一是和解能否涉及被告人量刑的问题。一些地方主张和解协议中应当包含被害人对被告人表示谅解并同意对其从宽处罚的内容；而反对意见认为，量刑是司法机关的权限，不容许当事人之间协商。经研究认为，和解与量刑密切相关，双方当事人有权就赔偿与量刑的关系问题进行协商，并在和解协议中写明被害人请求或者同意对被告人从宽处罚的内容，但双方当事人不宜对量刑作出具体、明确的约定，否则对司法机关没有约束力。

二是赔偿数额是否应当限制的问题。有意见提出，经济赔偿的目的在于有效补偿被害人的物质和精神损失，而非以金钱换取刑罚的减免，使被告人"花钱消灾"，因此，建议对当事人和解的赔偿数额作出原则性规定，一方面避免使社会公众产生"只要有钱不怕犯罪"的误解，另一方面摒除被害人"漫天要价"的投机心理，保持刑法的严肃性和权威性。经研究，和解赔偿的数额确实普遍比判决赔偿的数额要高，法律也因此对和解从宽作了特别规定。只要双方完全出于自愿，被告人经济条件允许，就不宜作过多限制、干涉，以充分保障被害人合法权益。

4. 遵循和解的正当程序。根据《解释》规定，和解的主要程序如下：

一是释明法律。对于符合刑事诉讼法第二百七十七条规定的公诉案件，事实清楚、证据充分的，人民法院应当告知当事人可以自行和解。

二是审查和解的自愿性、合法性。对于双方当事人在审判期间和解的，人民法院应当听取当事人及其法定代理人等有关人员的意见，对和解的自愿性、合法性进行审查。听取意见的人员范围，可以根据案件情况掌握。

对于双方当事人在侦查、起诉期间和解的，只有当事人提出异议时，人民法院才进行审查。经审查，和解自愿、合法的，予以确认，无须重新制作和解协议书；和解不具有自愿性、合法性的，应当认定和解无效，双方当事人可以重新达成和解协议。认定和解协议无效的，无须制作专门法律文书认定和解无效或者撤销和解协议，只需在裁判文书中客观叙述，不认定双方当事人已达成和解协议即可。

三是主持协商。当事人提出申请的，人民法院可以主持双方当事人协商以达成和解。人民法院仅是主持双方当事人协商以达成和解，而不是主持和解。刑事案件的加害方和被害方往往缺乏有效沟通的渠道，且有些还处于对立状态，缺乏互信，如果法官没有释法明理，没有从中斡旋、调和，不能有效增进双方的理解和信任的话，双方当事人很难自行和解。因此，人民法院应当践行能动司法理念，积极做好矛盾化解工作，认真主持双方当事人协商。同时，我们特别强调，人民法院仅仅是主持协商，而不是主持和解，故人民法院应当恪守中立，充分尊重双方自愿，不得对任何一方施加压力。

双方当事人请求人民法院主持和解的，人民法院也不能像主持调解一样，极力促成双方当事人和解，否则就可能为当事人事后反悔提供口实。因此,《解释》明确规定"根据案件情况,人民法院可以邀请人民调解员、辩护人、诉讼代理人、当事人亲友等参与促成双方当事人和解"。我们务必充分发挥人民调解员、当事人亲友等的作用,尤其应当注重发挥辩护人、诉讼代理人的作用,尽可能由第三方促成双方当事人和解,确保双方自愿达成和解。

四是主持制作和解协议书。和解协议书应当由审判人员签名,但不加盖人民法院印章。征求意见稿曾规定,审判人员不在和解协议书中签名,也不加盖人民法院印章。后经研究,主持制作和解协议书的审判人员应当以制作人员的身份签名或者署名,以表明其对和解协议书的真实性、合法性进行了审查。但鉴于人民法院没有主持和解,是双方当事人自愿和解,故和解协议书不能加盖人民法院印章,也不能作为强制执行的依据,否则便混淆了和解与调解的界限。

五是法庭调查。由于当事人和解是重要的量刑情节,和解协议书原则上应当在法庭上出示,并进行质证,经查证属实后才能作为量刑的证据。但是,对于双方当事人在庭后达成和解的,可以庭外征求人民检察院的意见,而不必再次开庭举证、质证。

六是赔偿数额可以保密。为避免被害人漫天要价,互相攀比,也避免被误解为"花钱买刑",对和解协议中的赔偿损失内容可以保密,但对于双方当事人达成和解协议这一事实,不能保密。据此,《解释》明确规定:"对和解协议中的赔偿损失内容,双方当事人要求保密的,人民法院应当准许,并采取相应的保密措施。"

(二) 即时履行原则

和解协议约定的赔礼道歉等内容,无疑应当在协议签订之前或者之时就要履行完毕,这是表明被告人真诚悔罪的基础。但和解协议中的赔偿损失内容,应当何时履行?对此问题存在较大认识分歧:一种观点认为,和解协议约定的赔偿损失内容,一般应当即时履行,但被害方自愿接受延期履行、分期履行的,也应当允许;另一种观点认为,和解协议应当即时履行。经研究,《解释》第五百零二条第一款规定:"和解协议约定的赔偿损失内容,被告人应当在协议签署后即时履行。"主要是考虑:

1. 和解协议应当即时履行,对被告人从宽处罚就有了牢固的基础。和解是重要的量刑情节,必须确定无疑。如果允许延期履行、分期履行和解协议约定的赔偿损失内容,将会使人民法院对被告人的从宽处罚建立在不确定的基础上,也会使被害方的合法权益难以得到切实保障;一旦被告人获得从宽处罚后,拒不履行或者不全部履行赔偿义务,受上诉不加刑原则所限,二审法院不能加重其刑罚,且即使发回重审,也不能加重其刑罚;同时,由于是当事人之间达成的和解协议,也不能作为强制执行的依据,这样,无疑会损害裁判权威,引发被害方申诉、上访等问题,使法院工作陷入被动。

2. 和解协议应当即时履行,可以更好发挥公检法机关化解社会矛盾的合力。如果双方当事人在侦查、审查起诉阶段达成和解协议且即时履行完毕,被害方通常就不会在审判环节又提起附带民事诉讼。这无疑有助于减少不必要的重复劳动,减轻审判环节的负担。

3. 和解协议应当即时履行,可以有效督促被告人及时赔偿被害人,及早化解矛盾,并有效杜绝反悔现象。和解协议应当即时履行,原则上就要求赔偿款到位后才签署和解协议,和解协议签署后即支付被害人赔偿款,被害人及时得到赔偿、抚慰,就能及时化解怨恨情绪,被告人及时认罪、赔偿,就可以尽早获得从宽处罚,从而有效杜绝反悔现象,也可以在很大程度上解决如何看待和解协议的效力、和解协议能否作为强制执行依据等问题。

双方虽然愿意和解,但被告人不能即时履行全部赔偿义务的,人民法院不宜制作和解协议书,而是应当制作附带民事调解书。法院可依法对被告人酌情从轻处罚,但不得根据刑事诉讼法第二百七十九条的规定对其减轻、免除处罚。

(三)不得反悔原则

和解协议签署后能否反悔?对此问题也存在较大认识分歧。从审判实践角度看,当然希望当事人双方达成和解协议后,能信守协议,不能随意反悔;但从理论上说,和解毕竟只是双方当事人的合意,无法绝对禁止反悔。征求意见稿从尊重当事人意愿的角度,曾规定不管和解协议是否已经履行,只要判决、裁定还没有宣告,都可以反悔。后经研究认为,《解释》应当坚持正确的价值取向,大力鼓励、倡导诚信,只要和解协议已经全部履行,原则上就不得反悔。据此,《解释》第五百零二条第二款规定:"和解协议已经全部履行,当事人反悔的,人民法院不予支持,但有证据证明和解违反自愿、合法原则的除外。"明确规定和解协议全部履行后就不得反悔,不仅有利于倡导诚信,遏制个别被害人投机取巧的心理,有利于被告人尽快筹措资金,及早履行赔偿义务,有利于各方积极促成和解,及时化解矛盾纠纷,也有利于减少法官的顾虑,增强法官做好刑事和解及赔偿工作的积极性、主动性，以尽快恢复和谐的社会关系。

对于双方当事人在侦查、审查起诉期间已经达成和解协议，被害人或者其法定代理人、近亲属又提起附带民事诉讼的，人民法院能否受理，也有不同意见。经研究，《解释》坚持了和解协议全部履行后不得反悔的原则，规定双方当事人在侦查、审查起诉期间已经达成和解协议并全部履行，被害人或者其法定代理人、近亲属又提起附带民事诉讼的，人民法院不予受理。主要考虑：一是和解后还到人民法院起诉违背了诚信原则，易被人钻法律漏洞，增加法院不必要的工作量，不利于双方当事人在公安、检察阶段早和解、早化解矛盾，也会挫伤公安、检察人员主持和解的积极性，故原则上不予支持；二是不予受理的前提条件是已经全部履行和解协议约定的赔偿义务。是否已经全部履行和解协议约定的赔偿义务，在立案审查时就可以审查判断。三是如果被害人提出证据证明和解确实违反了自愿、合法原则，则法院可以受理。当然，如果出现了签署和解协议时不能预见的情况，比如当时伤情稳定，但后来伤情恶化，增加了大量医疗费，被害人以新的事实起诉要求增加赔偿费用的，人民法院可以受理；如果和解协议确实显失公平，被害人以和解违反合法原则起诉的，人民法院也可以受理。

（四）和解从宽原则

《解释》第五百零五条第一款规定："对达成和解协议的案件，人民法院应当对被告人从轻处罚；符合非监禁刑适用条件的，应当适用非监禁刑；判处法定最低刑仍然过重的，可以减轻处罚；综合全案认为犯罪情节轻微不需要判处刑罚的，可以免除刑事处罚。"

需要说明的是，征求意见过程中，不少地方提出，和解情节不具有减轻处罚功能。主要理由是：刑法并没有将和解规定为减轻处罚情节。刑法第六十三条规定："犯罪分子具有本法规定的减轻处罚情节的，应当在法定刑以下判处刑罚"，"犯罪分子虽然不具有本法规定的减轻处罚情节，但是根据案件的特殊情况，经最高人民法院核准，也可以在法定刑以下判处刑罚"。这就说明，能否减轻处罚，必须看被告人是否具有刑法规定的减轻处罚情节，如果没有，就不能仅依和解情节对被告人减轻处罚。如果根据案件的特殊情况，确需对被告人减轻处罚的，应当报经最高人民法院核准。因此，刑事诉讼法第二百七十九条规定中的"从宽处罚"，仅仅是政策导向，不能成为减轻处罚的法律依据。经研究认为，在程序法上规定从宽处罚情节，确属罕见，但刑事诉讼法作为基本法律，其规定的"从宽处罚"，绝非简单的政策导向,应当具有实质的法律含义。"从宽"的内涵显然大于"从轻",立法之所以使用"从宽",正是为了明确对被告人可以减轻,甚至免除处罚。立法机关编著的有关资料也明确,"从宽处罚"包括减轻处罚。[①] 因此,应当视为刑事诉讼法第二百七十九条规定了和解从宽的法定量刑情节,人民法院据此对被告人减轻处罚的,应当援引该条文作为法律依据,无须层报最高人民法院核准。

[①] 全国人大常委会法制工作委员会刑法室编著:《〈关于修改刑事诉讼法的决定〉释解与适用》,人民法院出版社2012年版,第285~286页。

【案例分析】

贯彻审理未成年人案件的方针原则
体现人性关怀

石春燕[*] 袁南利[**]

一、案情

上诉人（原审被告人）陈普某，犯罪时未满 16 周岁，在校初中生。2011 年 9 月 24 日 13 时许，上诉人陈普某和陈顺某（案发时未满 14 周岁，另案处理）、被害人陈财某 3 人在广东省茂名市茂南区鳌头镇某村公庙附近的鱼塘吃饭时，陈财某去鱼塘网外捉回一只鸭子，陈顺某见状作势要打陈财某，陈普某则拿起鱼塘屋门处的一支枪，对着陈财某的后背开了一枪，致陈财某胸腹腔内脏破裂致失血性休克死亡。当日，陈普某到侦查机关投案自首。二审期间，上诉人陈普某的家属赔偿人民币 12 万元给被害人家属，双方自愿达成和解协议，被害人家属请求对陈普某予以轻判或者免除刑事处罚。

二、审判

广东省茂名市中级法院一审经审理认为，被告人陈普某持枪瞄准他人并击发，造成一人死亡的严重后果，其行为已构成故意杀人罪。陈普某作案时未满 16 周岁，依法应当从轻或减轻处罚。陈普某有自首情节，可以从轻或减轻处罚，遂依照刑法有关规定，作出一审判决：被告人陈普某犯故意杀人罪，判处有期徒刑十二年。一审宣判后，陈普某不服提出上诉。

---

[*] 作者单位：广东省高级人民法院。
[**] 作者单位：广东省湛江市中级人民法院。

上诉人陈普某上诉理由及其辩护人主要辩护意见为：陈普某没有故意杀人的主观故意，应定性为过失致人死亡。陈普某犯罪情节较轻，作案时未满16周岁，具有自首情节，原判量刑畸重，请求二审法院改判。

广东省高级人民法院二审经审理认为，陈普某明知击发枪支可能造成人员伤亡仍持枪瞄准他人击发，造成一人死亡的后果，其行为已构成故意杀人罪。陈普某犯罪时未满16周岁，依法应当减轻处罚。陈普某犯罪后积极采取抢救措施，并自动投案，如实供述自己的罪行，有自首情节、悔罪表现明显，且二审期间，陈普某的父亲积极代为赔偿并取得被害人家属谅解，依法可对陈普某减轻处罚。原判认定的事实清楚，证据确实、充分，定罪准确，审判程序合法，唯量刑偏重，予以纠正。遂依照刑法相关规定，判决：维持原审判决对陈普某的定罪部分；撤销原审判决对陈普某的量刑部分；上诉人陈普某犯故意杀人罪，判处有期徒刑三年，缓刑五年。

三、深入调解体现人性关怀

本案系一起发生在未成年人之间的间接故意犯罪的非典型案例。二审审理之初，陈普某与陈财某双方家属均态度强硬，拒绝和解，陈财某父亲痛失爱子后情绪崩溃，声称要杀害陈普某一家实施报复，并经常找陈普某父母喊打喊杀，双方家无宁日。

省法院承办法官本着对未成年被告人的教育和前途高度负责的态度，为化解当事人两家之间因本案产生的积怨，花费大量时间深入当事人所在村及家庭了解情况。在多次与双方家属协调碰壁后，承办法官没有放弃，辗转找到一位居住在该村的茂名市公安局干部，经过多次电话及当面交流，充分掌握了两个家庭的成员构成、经济收入、性格特点等状况，然后采取"背靠背"的方式，有的放矢地分别同双方家属进行了多次交流和沟通，经过长达一个月的努力，双方家属的态度从开始的抗拒调解、言语威胁逐渐转变为冷静平和、愿意沟通。

在此基础上，合议庭先后两次亲赴茂名进行调解，并邀请茂名市检察院、当地司法所、派出所及村委书记等相关单位的领导参与见证。在克服种种困难后，该案最终成功调解结案，结怨两年的双方家属在调解现场抱头痛哭，让在场者无不动容。

四、贯彻未成年人案件审理的方针原则

该案一、二审判决认定事实、定性均相同,判决结果却相差悬殊,宣判后所取得的社会效果更好。二审法院认真贯彻审理未成年人刑事案件教育、感化、挽救的方针,坚持教育为主、惩罚为辅的原则,加强对未成年人的特殊保护,改判是正确的、必要的,理由如下:

第一,行为人的主观故意问题。陈普某与被害人陈财某系同村好友,案发时正在一起玩耍,陈普某开枪击中陈财某后立即抱住陈财某并找人求救,在陈财某被送往医院后陈普某立即去投案自首。从上诉人与被害人案发前的关系、作案后的反应、抢救被害人的行动等情况分析,足以认定陈普某没有杀害被害人的动机,没有追求被害人死亡结果发生的故意,主观上不是直接故意;上诉人陈普某案发前曾使用过涉案枪支打鸟,知道枪内可能装有火药,其在明知枪支击发可能会造成人员伤亡后果的情况下,仍持枪对准被害人的身体击发,具有放任被害人死亡结果发生的故意,主观上系间接故意。

第二,量刑的考量因素。上诉人陈普某与被害人陈财某两家系同村邻居,二人又是好友,陈普某在与被害人嬉戏玩耍中临时起意犯罪且无积极追求被害人死亡结果的目的,系间接故意犯罪,其主观恶性、犯罪情节及社会危害性均不应等同于有预谋或直接故意的犯罪。二审期间,陈普某父亲积极赔偿被害人父母的经济损失并取得被害人父母的谅解,本是睦邻的两家人因本案造成的紧张关系得到最大程度的缓解。陈普某的父亲多次向法院提出恳请判处陈普某缓刑的请求;被害人父母虽痛失爱子,仍以善良、宽大的胸怀宽恕、原谅了陈普某,并书面表达了希望法院对陈普某轻判或免予刑事处罚的愿望,其情可嘉。案发当地百余村民联名提交担保书,力证陈普某系少童玩耍导致犯罪;陈普某所在学校的教师及同班同学均联名证实陈普某在校一贯表现良好。

第三,判决的社会效果。一审判决宣判后,原审被告人陈普某及其家属、被害人家属均表示不服,双方亲属甚至一度出现情绪失控、行动过激的对抗局面,严重影响当地的社会治安稳定。二审判决宣判后,双方家属均几番来电表示感谢,被害人家属表示拿到赔偿款后,经济状况得到改善,有了重新生活下去的勇气;上诉人陈普某家属表示孩子被适用缓刑释放后非常感恩,已经重返校园,重新做人。当地村委书记也来电反馈称双方家属目前和谐相处,相安无事。二审判决取得了良好的法律效果与社会效果。

综上所述，二审法院根据陈普某的犯罪事实、悔罪表现并综合考虑本案的法定情节、酌定情节及个案的特殊情况，依照对犯罪的未成年人实行教育、感化、挽救的方针及以教育为主、惩罚为辅的原则，依法对陈普某减轻处罚并予以宣告缓刑是正确的、必要的，最大可能地挽救了失足孩子的命运，并获得了双方当事人的一致肯定和称赞，二审判决折射出了法律的人情温暖和人性光芒。

2013年1月1日开始正式实施的新刑事诉讼法及其司法解释，均专章规定了未成年人刑事案件诉讼程序，进一步明确了人民法院审理未成年人刑事案件的方针、原则。从加强对未成年人的特殊保护角度来看，本案对于全省法院审理未成年人刑事案件具有典型的借鉴意义。

【域外考察与借鉴】

关于青少年司法考察团赴美考察情况的报告

蒋 明[*]

应美国人权对话基金会的邀请，2012年9月9日至15日，研究室副巡视员马东率青少年司法考察团一行7人，赴美国加利福尼亚州进行了为期7天的考察。在加州期间，青少年司法考察团分别考察了圣马刁县、旧金山县和圣塔克拉拉县的少年司法制度并在加州大学希斯汀法学院进行了学术交流。

一、考察概述

按照美国人权对话基金会的安排，此次考察活动主要集中在加州的四个地方进行：圣马刁县青少年服务中心、圣塔克拉拉县少年法院、旧金山县青少年指导中心、加州大学希斯汀法学院。

（一）圣马刁县青少年服务中心

圣马刁县青少年服务中心是一个集少年司法审判、审前调查、判后帮教于一体的综合性罪错未成年人工作机构，现有工作人员400余人，每年预算经费7000多万美元。内部工作部门有：少年法院、缓刑部、青少年评估中心、调解中心、公设辩护律师办公室、拘留所、青少年营地等。在圣马刁县青少年服务中心，所有部门的工作基本围绕少年司法审判展开，少年法院在各部门中处于中心位置。圣马刁县少年法院现有2名法官，2名书记官，1名司法警察，主要办理未成年人刑事案件，民事案件则交由社会服务部处理，但处理过程和结果需要向少年法院报告。少年法院每年办理未成年人刑事案件400多件。在加州，少年法庭与成人法庭的举证标准相同，二者的区

---

[*] 最高人民法院研究室少年法庭工作办公室主任。

别在于：少年法庭不需要陪审团，只有法官进行审判。考察团现场观摩了少年法庭庭审并与公设辩护律师和地区检察官举行工作午餐，就法官、公设辩护律师、检察官在少年司法中的角色与定位广泛交流了意见。圣马刁县少年法院常和一些私营机构合作，开展关于不良青少年帮教的调查、施治工作。比如，私营机构星星展望康复服务中心就承担了圣马刁县问题（不良行为）女孩治疗方案的研究制定与施治工作。研究者首先将治疗方案目标人群确定为药物滥用、酒精上瘾或者因家庭暴力逃学、出走、加入帮派或受到性虐待的未成年女孩，并设计出一个与男孩不同的性别回应方案。这个性别回应方案建立在科学研究的基础上，方案设定了三个阶段，第一阶段为监禁治疗（3至6个月），第二阶段过渡到社区（4至6个月），第三阶段巩固维护（2至4个月）。从美方提供的案例看，此治疗方案效果良好，有60%的问题女孩完成治疗后走上健康的生活轨道。

考察团与缓刑部的工作人员进行了座谈，缓刑长 Stu Forrest 详细介绍了美国缓刑制度的起源及该县未成年人缓刑制度实行情况。据介绍，现代意义上的缓刑制度起源于美国波士顿，被后世尊称为"缓刑之父"的约翰·奥古斯丁原是波士顿的一个鞋匠，也是一个热心肠，不忍经常看到醉汉因无力支付罚金而被拘禁。1841年，奥古斯丁向波士顿违警法院提出他将醉汉短期内予以教化。在法院勒令该罪犯于三周后受审时，法庭四座无不为醉汉面目一新的言谈举止所震惊。仅一年，奥古斯丁就成功协助10名醉汉免受科监刑罚。此后18年间，他不间断地帮助近两千人改过自新。他对未成年人尤为关注，对大多数未成年当事人进行系统的背景调查，对其姓名、出生日期、地址、案卷号以及保释金额都了如指掌，并将谨慎筛选的未成年人带回家中谆谆教导，促其改过自新。不但如此，奥古斯丁还首创了"Probation"（缓刑）来指代这一自新过程。1870年，波士顿颁行了缓刑法，随后，芝加哥与纽约也相继建立起缓刑制度。1925年，在"全美缓刑协会"等非政府组织的积极推动下，美国国会通过《1925年国家缓刑法》。1959年，全美所有的州和关岛及美属萨摩亚等海外领地均建立了缓刑制度。受各国少年法院运动的推动，未成年人缓刑发展节奏明显快于成人缓刑。美国国家刑事司法标准与目标委员会认为，未成年人缓刑应由四部分组成，即法定安置、监禁替代、少年司法之次系统及法院服务机构。法定安置是指少年处于少年法院监督之下必须服从一定条件和规则才有可能获释；监禁替代是指作为非惩罚性安置措施，未成年人缓刑强调矫正治疗与触法未成年人回归社会；法院服务机构则是指缓刑官作为未成年人缓刑具体执行人负有向法院提交调查报告、监督被判缓刑未成年人及向未成年人及其父母和所在社区提供专业建议的责任。在圣马刁县青少年服务中心，缓刑部是非常重要的部门。缓刑部由缓刑长、副缓刑长和若干缓刑官组成。缓刑部不受任何政治因素的影响独立开展工作，同时又接受少年法庭法官的指导，并为法官裁判提供合理化建议。在圣马刁县，缓刑官由法院选任，选任缓刑官需要经过多个法官的面试，缓刑官需要掌握与青少年服务有关的法律知识，具有良好的口头与书面交流能力，具备筹划与实施调查或监督的能力，拥有能有效与建设性运用权威的能力。大多数缓刑官为接受过本科教育、30至39岁并有5至10年相关工作经验的男性。缓刑官的工作业绩与缓刑效果休戚相关。一般来说，缓刑官负责三方面工作：一是对提起到少年法院的未成年人案件进行收案筛选；二是对未成年人安置结果提交建议报告；三是对已判决的未成年人进行缓刑监督。具体来说，缓刑官通常需承担四类职责，即调查、收案、诊断与处分监督。其中，调查系指在安置听证前收集涉案未成年人的信息向法官提供适当的安置建议；收案则是缓刑官就案情会见涉案未成年人以确定法院是否应当正式受理；诊断指缓刑官分析涉案未成年人人格以及确定何种处分措施对其矫正最为有利；至于处分监督，则是指在问题未成年人裁定执行缓刑后，缓刑官需要评估处分措施的有效性。通常一个缓刑官每年可以处理30至40个涉罪未成年人。缓刑官虽然负有监督职责，但并不"单打独斗"，通常会和警察或者一些社会力量合作，通过科学严谨的方法而非依赖经验，对涉罪未成年人进行分类，找出他们的特征和代表性，采取有针对性的处置措施。比如圣马刁县缓刑部，就有针对性地开展了小偷治疗、对受害人造成的影响等青少年外展项目。在小偷治疗项目中，每年有140名10至15岁的青少年参加到项目中来，参加项目的青少年被要求必须留在家中，接受专门治疗，并交付一定的项目经费，经济困难的可以申请免交费用。在对受害人造成的影响项目中，侵害人在7个星期内每个星期与受害人见面55分钟，见面不仅是看录像，还有听受害人述说因受害造成的影响，参加该项目的未成年人有两类：一是法庭命令参加的未成年人；二是非刑事处罚合约分流来的未成年人。参加该项目的未成年人不需缴纳费用，经费由政府承担。对法庭命令参加的未成年人不按时参加，法庭就会给予更严厉的惩治措施（比如羁押），而非刑事处罚合约分流来的未成年人不参加，则转交检察官起诉。对按期完成项目的未成年人，则交由评估中心重新作出评估，并由缓刑部或法庭作出是否转处的最终决定。

在圣马刁县，法庭、评估中心、警察、缓刑官会将可能达成双方谅解的案件转交给调解中心进行调解。调解中心会选聘社会志愿人员充当调解员（一般由教育、商业人员或者家庭妇女担任），调解员要接受专业培训。调解员在加害人和受害人之间进行调解，对调解过程和双方的谈话保密。调解中，调解员要分别找加害方和受害方谈话，请加害方和受害方分别讲述侵害行为如何发生的，影响如何，以及怎样做可以弥补，重点是要消除双方不合理的期望。如果双方当事人都是未成年人，各方可以带一至两个支持自己的人来调解现场，但不参与讨论。调解必须是双方自愿，不能强迫。调解一般要有两个调解员。调解员在和加害人、受害人的谈话后认为可以达成和解，就可以组织进行当事人会商，定下协议，并跟进落实。调解结果并不都是经济赔偿，对无钱可赔的，加害方可以提出另外的弥补方式（比如为受害者提供服务等）。调解中心要将调解结果向法庭、缓刑官或其他移交方报告。调解结果作为法庭是否转处分流和缓刑官是否订立非刑事处罚合约的参考。

考察团考察了专门收容有精神疾患青少年的橡树谷青少年救治中心以及圣马刁县青少年服务中心下设的拘留所和青少年营地（Camp Glenwood）。橡树谷青少年救治中心并不隶属圣马刁县青少年服务中心，它接受由加州教育部、社会服务部、公共健康护理部、精神卫生部以及缓刑部共同成立的一个专门委员会的指导，专门收治存在一定程度精神疾患的青少年。在此收治的青少年主要由两部分组成：一是缓刑官向法庭建议转送来的罪错青少年，二是从学区转送来的普通学校无法照顾的在校青少年。橡树谷青少年救治中心不同于精神病院，它介于普通治疗机构和精神病院之间，专门收治患病比较严重但尚不需送往精神病院的青少年。在橡树谷，青少年除了接受药物治疗和恢复性矫治外，可以像正常人一样学习生活，救治期最长可以到19岁。

考察团还跟随假释官出巡，现场了解被判缓刑的未成年人缓刑期间的工作生活情况，并前往青少年营地（Camp Glenwood）考察与青少年犯共进午餐。

（二）圣塔克拉拉县少年法院

圣塔克拉拉县少年法院是一所重点审理未成年人因酒精、药物滥用而发生的性犯罪和持枪抢劫等严重暴力犯罪的专门法院。考察团旁听了少年法院的审前会议，会议由少年法庭法官 Carrie Zepeda 主持，参加会议的有县毒品和酒精管理局和精神卫生局的代表、公设辩护律师、缓刑官、非营利治疗机构人员、检察官等。审前会议的主要议题是对罪错未成年人是否适应缓刑以及对适用缓刑的效果进行评估，为法官决定是否适用缓刑提供建议。根据程序，适用缓刑前，缓刑官要与未成年人进行面谈，了解并测试以下三方面情况：一是酒精、药物滥用情况；二是罪错未成年人有无愿望参加适用缓刑后的某一个矫治项目；三是适用缓刑后，未成年人有无能力自行完成矫治项目（比如学习有关法规、参加特定社区服务等），是否需要父母共同参加完成。对判处缓刑的未成年人，少年法庭设置了三个考察阶段。第一个阶段为6个星期，每个星期必须参加完成矫治项目4个小时，每星期有2次随机尿检，如果最后15天尿检没有问题，就进入第二个阶段。第二个阶段为8个星期，此阶段既要药物治疗，也需要尿检，如果此阶段的最后24天尿检没有问题，就进入第三个阶段。第三个阶段为12星期，此阶段每星期随机尿检一次。前两个阶段未成年人每星期需要见缓刑官2~3次，第三阶段每星期只须见一次。第三阶段的最后48天如果尿检没有问题，未成年人的矫治项目就告结束。如果结束后尿检又出现问题，少年法庭法官会要求缓刑官写报告说明情况，并对缓刑未成年人采取适当的制裁措施，如继续要求参加社区服务等。如果在采取措施后仍没改正，少年法庭法官就会要求缓刑未成年人每个星期四来到法庭，在法庭一侧的留置室内反省。少年法庭法官也会与缓刑官以及负责治疗的人员开会，决定是否调整矫治方案。方案由集体讨论但由法官最后决定是否采纳。在圣塔克拉拉县少年法院，考察团还听取了 Leonard Edwards 法官关于该县未成年人犯罪记录封存情况的介绍。在该县，只有少年法庭法官才有权决定是否封存或者解封，法官、检察官自动获得查看记录的权力，如果因未成年人民事案件审理需要查看记录的，则由少年法庭法官决定。有些只能查看记录的一部分，与民事案件审理无关的，少年法庭作技术处理后就不能被看到。未成年人轻微犯罪记录18岁以后自动封存（加州大多数县不是自动封存，是申请封存），但严重犯罪18岁后不能自动封存。对政府执法人员、检察人员、辩护律师手里的相关记录，少年法庭会要求交付封存或者销毁。如果违反法庭要求或者相关规定，则可能遭到刑事起诉或者受到500元罚款，但自此项制度实行以来，该县没有发生相关人员因此受到刑事起诉或被罚款的案件。封存的记录在未成年人成年满26周岁时，会全部销毁。犯罪记录封存后，未成年人在面对是否有过逮捕或受过刑事处罚调查时，可以否认，也就是合法地撒谎。

（三）旧金山县青少年指导中心

旧金山县青少年指导中心与圣马刁县青少年服务中心的工作性质大体相似，但亦有不同。旧金山青少年指导中心的整体规模要小于圣马刁县青少年服务中心，但在青少年重返社会的治理机制上更加灵活，更加注重未成年人救治工作与社会的互动性。在旧金山青少年指导中心，少年法庭法官 Julie Tang 向考察团详细介绍了该县的少年司法程序。在该县，少年法庭使用的术语与成年人司法术语不同，比如成年人司法程序中的"拘留""传讯""庭审""量刑""判定有罪"，在少年司法程序中分别叫"拘留听证""第一次法庭听证""第二次法庭听证""处置听证""裁定控告书属实"。一般来说，少年法庭审理程序有六项，即审前调查、第一次法庭听证（拘留听证）、审前会议、第二次法庭听证、处置听证、裁定控告书属实。审前调查由缓刑官负责，当地区检察官决定对未成年人提出指控时，缓刑官要调查未成年人的有关情况，并以电话或者书面通知的形式向未成年人家长或监护人送达有关法庭听证的资讯。作为家长或者监护人必须参加第一次法庭听证，在这次听证会上，地区检察官代表州政府发言，缓刑部的人员也可能出庭作证。根据《受害人权利法案》，受害人及其家长或法定监护人有权出席所有听证会，他们会收到每一次听证会的通知，并在听证会上发言。在听证过程中，法官基于下列某些事实考虑将未成年人释放还是拘留：（1）家长或法定监护人能否照顾未成年人并实施管教；（2）家长或法定监护人能否提供生活必需品（食物、住处等）；（3）家庭是否稳定，有无被忽视或被虐待的风险；4、未成年人释放后是否会自我伤害或对社会公众产生威胁；（5）未成年人有无良好的报告（按时上学、良好的工作记录、家长描述的优点、在家能够遵守规则、没有出走记录等）；（6）未成年人有无违法任何其他法庭命令；（7）未成年人能否在开庭日期按时出庭。如果法官决定将未成年人在特定条件下释放，则由家长或者法定监护人认领回家。如果决定继续拘留至下一次开庭。家长或法定监护人会了解到下一次法庭听证日期。下一次听证可能是审前会议、庭审或者处置。具体适用程序由法官决定。如果下一次是审前会议，未成年人的律师和地区检察官可以在审前会议上讨论于实际审理日期之前可能达成的解决方案。审前会议上，未成年人可以承认或者拒绝承认控告书中所列的违法行为。审前会议也可以对控告书进行修改，例如重罪指控减为轻罪、减少指控的罪行等等。审前会议可以裁定控告书属实，也可以被撤销。如果未成年人承认犯有控告书中的任何罪行，下一次的法庭听证将是处置听证。如果未成年人拒绝承认控告书所列违法行为，审前会议上又没有协商出一致同意的解决方案，则下一次法庭听证将是第二次法庭听证（即庭审）。处置听证会将在此后 10 个工作日内举行，在处置听证会上，法官可能下达下列命令：（1）判处缓刑。未成年人将被家长或法定监护人认领回家，其案件会重新分配给一位缓刑官监督管理。（2）家外安置。法庭如果认为对未成年人的康复而言最好的环境不是家中，可以命令缓刑部把未成年人作家外安置，比如另一位亲属家、集体居住地、移送当地或州内外某处。在缓刑部寻找最佳安置地点的过程中，未成年人可以被继续拘押。家外安置的时间从 6 个月至 18 个月不等。在此期间，未成年人案件将重新分配给一位安置缓刑官监督管理。（3）木屋农场。法庭可以决定将男性青少年安置在木屋农场，这是一处居住管教设施，位于旧金山市以南 45 英里处。未成年人在木屋农场居住的时间从数月到一年不等。其案件也将有一位新的缓刑官管理，该缓刑官在未成年人释放后将继续与其保持联络。（4）青少年管教部。对于较严重的案件，法庭可以命令把未成年人送往一处青少年管教设施，比如拘留中心。指导中心下设的拘留中心设有医疗室、学校、图书馆、健身房等设施，拘留中心的目标是使未成年人有尊严地获得生存和生活技能，培养未成年人社交技巧，帮助未成年人重新融入社会。拘留中心设置有辅导员和督导员，辅导员和督导员负责向拘留中心的未成年人提供安全、清洁及照顾妥当的环境，维护未成年人的公民权利。被羁押未成年人必须遵守拘留中心规定的行为标准、规定及纪律。身处拘留中心的未成年人可以给父母、法定监护人、雇主或者律师打电话，也可以写信。家长或法定监护人探视拘留中心未成年人必须持有缓刑官发给的探视证，有效期为 60 天，探视一般在星期二到星期日的下午进行，在特殊情况下，基于个案考虑也可晚上探视。不满 16 岁的未成年人探视时必须有人陪伴。未成年人在拘留中心最长可以关押至 25 岁。

对判处家外安置，或被安置在木屋农场、羁押在青少年管教部的未成年人，其家长或法定监护人可以给其写信或打电话，写信或打电话需要遵循安置指南。对于被安置在木屋农场的青少年，家长有机会每周探视。被判处缓刑的未成年人，必须遵守法庭设定的缓刑条件，这些条件包括宵禁、赔偿、参加自新计划、上学、禁止接触犯罪诱因、支付法庭费用和人身搜查。家长必须和判处缓刑的未成年人一起参加青少年顾问委员会举办的缓刑介绍会。该活动由已经顺利完成缓刑的未成年人主持。介绍会于每月第一个星期六举行。有关人员将在会上解释缓刑规则。缓刑期间，未成年人必须与缓刑官保持联络并按时参加所有约谈。另外，未成年人在缓刑期间还要参加社区服务。参加社区服务能够帮助未成年人获得一份良好的缓刑进步报告。一份工作、更多的学习活动、课外活动以及自愿服务，都有助于向法庭和缓刑官表明，未成年人正在作出正确的决定，朝着好的方向发展。

考察团还就电子监控项目、社区评估和转介、青少年重返社会协作等情况听取介绍并进行了互动研讨。对判处缓刑的未成年人，为了随时掌握其活动情况，缓刑官可以要求未成年人佩戴具有电子监控功能的脚环，脚环发射的频率可以通过安装在未成年人家中的特殊设备与缓刑官的电脑或者手机相连接，如果未成年人违反规定进入特定区域，缓刑官就会及时发现并进行约谈。对比较轻微的犯罪，比如涂鸦、单纯的打架、侵入别人领地等，法庭可以作非刑事社区处理。旧金山男童之家就是一所私营的非刑事社区处理机构，也是青少年重返社会协作项目的合作方。青少年重返社会协作项目的最大特点就是少年法院将判决后人身危险性较小的罪错青少年通过政府购买服务的方式安置到社区中，这些青少年统一居住，统一学习，不与外界隔离，对愿意到其他学校学习的青少年，经法庭批准，可以到外面上学，但放学后不能回家，必须回到男童之家。青少年重返社会协作项目取得了很大成功，加州高等法院大法官对其也给予了充分肯定。

（四）加州大学希斯汀法学院

考察期间，考察团参观了加州大学希斯汀法学院，并就当前青少年司法发展与改革议题与该院教授们进行了积极的学术研讨。希斯汀法学院是美国加州第一所法学院，坐落在旧金山市内，毗邻加州最高法院，很多著名的律师事务所和法律援助机构离希斯汀法学院都很近。经过130多年的发展，希斯汀法学院已经形成了一个丰富的法律社区，曾被评为全美十个重点公立法学院之一。希斯汀法学院的教授队伍一直被评为美国最好的教授队伍之一。从著名的模拟法庭队伍到广泛的法律诊所项目，从法律专题和法学报到研究中心和外国留学项目，希斯汀法学院致力于培养美国及全世界最优秀的法律人才。在加州州立大学体系中，希斯汀法学院地位特殊：它既是加州唯一的单独法学院，又是唯一不受州立大学董事会领导的分校。根据希斯汀法学院创立者的要求，希斯汀的校长直接对加州议会负责。目前，希斯汀法学院有学生1200多名，全职教授58名，法学报（包括国际法学报）8个，有不少中国留学生在此就读。研讨会上，Carol Lzumi 教授介绍了法律诊所项目的开展情况，Sheila Rose Purcell 教授介绍了加州未成年人判后重犯率的调查情况，中方考察团成员蒋明向美方介绍了我国少年法庭工作及其改革发展情况。双方还就圆桌审判、未成年人判处死刑等情况进行了深入探讨。

此外，考察团还拜访了加州上诉法院，参加了上诉法院专门举行的招待会，考察团团长马东和 James Lambden 大法官分别作讲话或致辞，双方互赠礼物并进行了广泛的交流。

二、考察启示

此次考察时间很短，行程紧凑，内容充实。考察团通过座谈研讨、庭审观摩、实地参观、跟随出巡等方式进一步加深了对美方少年司法工作情况的认识。成员们一致反映，此次考察体会深，收获大，尤其是对美方少年司法工作的系统性和专业性印象深刻。

（一）系统性

众所周知，少年司法工作是一项综合性的系统工程，需要政府各部门的协调配合和社会力量的积极参与。从根本上说，未成年人犯罪是由个人、家庭、学校、社会等各方面因素综合交织所产生的结果，对未成年人犯罪应当采取全方位综合治理的方针。此次考察，无论是圣马刁县青少年服务中心还是旧金山县青少年指导中心，都全面体现了综合治理的理念。从组织机构上看，二者都是相对独立的综合性工作系统，从受案、诊断到审判、帮教，都由中心各部门依职责共同完成。一个案件从缓刑部到评估中心到少年法庭再到拘留中心或者青少年营地，各部门各司其职、配合有序，真正形成了无缝衔接的"一条龙"工作机制。此外，中心也很注重和发挥社会力量的积极作用，比如圣马刁县青少年服务中心开展的小偷治疗项目、女孩治疗营项目、自愿者参与调解项目，旧金山县青少年指导中心开展的青少年重返社会协作项目等，都充分体现了社会力量广泛参与的理念。其实，以上工作理念和工作切入方式，我国少年司法工作中也已实行，比如我国一直倡导的"政法一条龙"和"社会一条龙"工作机制。但和美方相比，我国的"政法一条龙"和"社会一条龙"工作机制显然存在不足：一是"政法一条龙"效率不高。我国的"政法一条龙"旨在通过公安、检察、法院、司法行政部门在办理未成年人刑事案件中，既依法相互监督和制约又相互衔接、配套的工作制度，形成工作合力，从而达到有效教育、挽救失足未成年人的目的。但由于各部门并不是专门性的未成年人司法工作机构，未成年人司法只是各部门工作中的一小块工作（有些部门的少年司法工作明显受到忽视），且各部门之间也没有一个统一协调的强力机构，因此在实践中，各部门工作的衔接配合往往比较松散，又因办公地点相隔较远，在具体案件办理过程中，也很难做到及时的信息沟通，导致对未成年人的教育、感化、挽救工作成本高，效率不高。二是"社会一条龙"难以常态化。我国的"社会一条龙"旨在借助社会力量的共同参与来做好涉案未成年人保护和预防未成年人违法犯罪的工作,这在理念上和美方并无不同。区别在于,我国的"社会一条龙"基本靠宣传、靠群众的热情甚至是少数人的工作兴趣,参与者既没权也没责,工作缺乏物质保障,参与水平低,缺乏针对性和科学性,很多参与者"三天打鱼,两天晒网",工作难以常态化。而美方除了鼓励自愿者参与其中外,更多地是通过购买服务的方式,让私营机构或个体从业者参与到对涉罪未成年人的教育感化工作中来,如以上提到的小偷治疗项目、女孩治疗营项目、青少年重返社会协作项目等。这种做法既能有效保证社会力量参与的效率,又能最大限度地提高社会力量参与的工作水平,值得我国借鉴。此次考察给考察团最大的感受是,在我国建立以少年法院为中心的未成年人司法工作体系非常有必要。建议在北京、上海、广州等经济发达地区建立试点少年法院,以少年法院为中心,建立起社会调查、案件审判、判后矫正帮教一体化工作体系,在鼓励群众个体参与的前提下,适当开展政府购买服务、社会机构积极参与的未成年人司法外展项目,从而真正使我国未成年人司法工作形成一个相对独立、高效、科学的工作系统。

(二) 专业性

美方少年司法工作的专业性主要体现在人员专业化和工作科学化上。从业人员一般要求在本科学历以上,并具有相应的专业背景和从业资质,比如负责女孩治疗营项目的人员,必须要取得婚姻家庭治疗师资质,即使是充当自愿调解员无任何经验的家庭妇女,也必须接受专业培训方能上岗。工作科学化的主要表现就是对涉罪未成年人的精神评估、分级制裁和电子监控。精神评估类似于我国少年司法领域正在试行的心理评估干预,与精神评估不同的是,我国的心理评估干预没有严格的程序要求,只是让具有心理咨询师资质的人员对未成年人进行心理疏导,以减少庭审中的对抗,以便使未成年人更好地接受教育感化,心理咨询师出具的心理评估报告只作为量刑的参考。而美方的精神评估有严格的程序,一般由精神服务部青年评估中心负责,在未成年人被逮捕48至72小时内作出评估意见,以便缓刑部作出是送交法庭还是签订非刑事处罚合约的决定。分级制裁是美方对涉罪未成年人采取的从重到轻的处罚流转方式。以圣马刁县青少年服务中心为例,其下设拘留中心、青少年营地(Camp Glenwood),对改造难度和人身危险性较大的判后未成年人一般羁押在拘留中心,拘留中心四周有围墙和电子监控,羁押在此未成年人的人身自由受到较多限制。对改造难度和人身危险性较小的判后未成年人一般收容在青少年营地（Camp Glenwood），青少年营地四周没有围墙，是一所完全开放式的管教设施，表现好的未成年人还可以定期回到家中与家人团聚。对基本没有人身危险性而不需特别关押的未成年人，则判处缓刑交由缓刑官监督考察。被羁押在拘留中心的未成年人表现好的也可以转到青少年营地。另外，对有精神创伤的未成年人还可以转介到橡树谷青少年营地进行专门的协助复原创伤治疗。电子监控的对象是被判处缓刑的未成年人。缓刑官为及时掌握缓刑期的未成年人的活动范围，要求未成年人在脚上戴电子脚环，脚环发射的频率可以通过安装在未成年人家中的电话或特殊设备与缓刑官的电脑或者手机相连接，如果未成年人进入不被允许进入的区域或者毁坏电子脚环，缓刑官就会及时跟进作进一步处理。电子脚环的弊端在于，未成年人很容易被发现曾经犯过罪，可能会影响未成年人犯罪记录封存的效果。

在我国目前的未成年人矫治体系中，还缺少像青少年营地这样由重到轻的过渡环节，也没有像橡树谷这样专门的精神疾病和创伤治疗恢复性营地。对未成年人的心理评估还处在探索实践阶段。学习美方的经验，有利于推动我国少年司法工作体系的规范、科学发展，尤其是像电子监控这样辅助管理手段，能够有效发挥监督作用，减少工作人员的工作负累，不妨洋为中用。

总的体会是，我国未成年人司法工作有自己的优势，比如党和国家高度重视、人民群众参与的积极性高、未成年人司法理念科学先进，但我国尚未形成完备的未成年人司法工作体系，尤其在制度安排和具体处置方面，仍显粗放，这些都需要我们在借鉴西方先进经验的基础上进一步健全完善。

附：考察地基本情况

加利福尼州面积41万平方公里，是美国第三大州，人口3387万，占全美国七分之一，居五十个州的第一位，有90%的人口住在城市，城市化比例在50州中最高。从地理上看，加州与太平洋、俄勒冈州、内华达州、亚利桑那亚州和墨西哥的下加利福尼亚州接壤。加州拥有多样的自然景观，包括壮丽的峡谷、高山和干燥的沙漠。加州大多数城市位于太平洋沿岸较凉爽的地带，包括旧金山、洛杉矶和圣地亚哥。加州位于圣安德利亚断层，经常发生地震。虽然美国的地震大部分发生在阿拉斯加和密西西比河流域，加州地震往往会造成更大的损失，因为这里人口密度非常高。加州南部为热带沙漠气候，气温变化比较大，年降雨为10英寸。沿海地区由于加利福尼亚洋流的影响，则为地中海气候，冬湿夏燥。加州境内的高山包括内华达山则是高山气候，冬季降雪，夏季不热。加州政府由直接选举的方式产生，产生的职位包括州长、副州长、州务卿、司法部长、州审计长、州财政部长、保险局长、州教育厅长和4名公平委员会委员，任期4年，且只能连任一次。加州的立法机构由一个40人的州参议院和80人的州众议院组成。州参议员任期四年，每两年有一半改选。州众议员任期两年。加州在美国政治、经济、教育科技方面具有举足轻重的地位，在高科技产业和高等教育方面独具特色。加州的经济非常强大，国民生产总值占全美的14%，经济规模达1.56万亿美元，经济实力居全美第一。高等教育方面，加州有伯克利大学、斯坦福大学、加州理工学院、南加州大学、加州州立大学等世界著名大学。加州高科技公司林立，世界著名的高科技产业区硅谷就坐落在加州。

圣马刁县、旧金山县和圣塔克拉拉县均为加州属县。圣马刁县位于旧金山湾区的西部，包含大部分的旧金山半岛，北邻旧金山县，南邻圣塔克拉拉县，面积为1919平方公里，人口约有70余万。旧金山县简称旧金山，别名三藩市、圣弗朗西斯科，是加州唯一市县合一的行政区。旧金山位于北加州，旧金山半岛的北端，东临旧金山湾，西邻太平洋，南边与圣马刁县为邻。旧金山县人口约为80余万，人口统计为加州第四大城市，为全美第十三大城市，人口密度是全美国第二高，仅次于纽约。旧金山是个移民城市，其中非拉丁裔白人、亚裔、拉丁裔分别占总人口的42%、33.3%和15%。街头游民是旧金山自20世纪80年代起时常面对的问题之一，年发刑事案件高于全美平均水平。加州最高法院就位于旧金山市。圣塔克拉拉县位于旧金山湾区的南部，北部与圣马刁县为邻，圣塔克拉拉山谷围绕县的四周，也是俗称硅谷的高科技产业集中地。境内有苹果公司、Google、惠普、IBM、Facebook、雅虎等著名高科技公司。圣塔克拉拉县总面积为3377平方公里，人口有178万，面积和人口均位于加州前列。

台湾地区少年审判制度

伍伟华*

目　次

前言
第一章　台湾地区少年审判制度的变迁
　一、变迁方向
　二、回顾与前瞻
第二章　台湾地区少年事件的意义及内涵
　一、儿童及少年事件的意义
　二、少年事件的内涵
　　（一）触法行为
　　　1. 少年刑事案件
　　　　（1）绝对刑事案件
　　　　（2）相对刑事案件
　　　2. 少年保护事件
　　　　（1）绝对保护事件
　　　　（2）相对保护事件
　　（二）虞犯行为
　三、海峡两岸「少年案件」内涵的比较
第三章　台湾地区少年审判的程序
　一、调查的开始
　二、交付调查
　　（一）传唤
　　（二）同行

---

* 台湾地区苗栗地方法院法官，兼任台湾科技大学、玄奘大学助理教授，台湾政治大学法学博士、硕士，美国芝加哥约翰马歇尔法学院法学硕士，台湾司法院办理少年事件专业法官证明书。曾任台湾执业律师、美国加州大学柏克莱分校法学院高级访问学者。

（三）协寻
　　（四）请求协助
　　（五）责付
　　（六）收容
　　（七）搜索扣押
　三、急速辅导
　四、不付审理
　　（一）应不付审理
　　（二）得不付审理
　五、开始审理
　六、审理的过程
　　（一）秘密审理原则
　　（二）审理的进行
　　（三）交付观察
　七、审理的结果
　　（一）训诫，并得予以假日生活辅导
　　（二）交付保护管束，并得命少年为劳动服务
　　（三）交付安置于适当的福利或教养机构辅导
　　（四）令入感化处所施以感化教育
　八、少年保护事件处理流程的图标
第四章　台湾地区少年审判的法庭席位
　一、少年保护事件的席位
　二、少年刑事案件的席位
第五章　台湾地区少年事件处理制度的特色
　一、原则上是保护事件而非刑事事件
　二、专业法院与专业法官
　三、相关规定完备
　四、团队组织完备
第六章　台湾地区少年审判的辅助单位
　一、少年法庭内部组织
　　（一）少年调查官、少年保护官
　　（二）公设辩护人
　　（三）心理测验员与心理辅导员

二、少年法庭以外的机关
　　　　（一）警察机关
　　　　（二）社会福利机关
　　　　（三）卫生机关
　　　　（四）教育机关
　　三、安置辅导机构
　　四、少年监狱
第七章　海峡两岸少年审判制度的比较
总结

前　言

　　儿童及少年的心智发育还未成熟，容易受到不良环境的影响误入歧途。因此，世界各国针对儿童及少年①的不良行为，多设计有别于成年人的特殊待遇，原则上给予改过自新的机会，趁其可塑性较强之际，适时矫正辅导、步入正途，而不是直接将其丢进成人监狱的"大染缸"。

　　2012年3月14日大陆第11届全国人民代表大会第5次会议《关于修改〈中华人民共和国刑事诉讼法〉的决定》第2次修正的刑事诉讼法，增加的第五编"特别程序"的第一章"未成年人刑事案件诉讼程序"，条文自第266条至第276条共11条，自2013年1月1日开始施行，具有划时代的意义。

　　笔者有幸受邀跟随台湾地区高雄少年及家事法院团队，参加中国审判理论研究会少年审判专业委员会于2012年9月在河南郑州举办之"第二届少年审判论坛"，有感于与会人士均本于关怀少年的高贵情操，热烈讨论，尤其高度关注台湾地区的少年审判制度，然而受限于会议时间有限，容有意犹未尽之憾。本文希能以较为具体的书面资料，协助各界进一步理解台湾地区的少年审判制度，并借此加强海峡两岸的法学交流。

---

① 以下若无特别指明，都统称为"少年"。

第一章　台湾地区少年审判制度的变迁

一、变迁方向

台湾地区在 1962 年即公布"少年事件处理法"（以下简称"少事法"），确立以保护代替惩罚的原则，其审理程序与一般刑事案件大异其趣，而其审理，非仅为了发现事实的真相，更在于探求行为人的性格、环境及需要如何保护等一切情况，以求适切的处置。① 然而，因发现若干条文发生疑义，台湾地区行政部门迟迟未公布施行日期。② 究其原因，一般认为，在于当时整体环境与相关措施无法配合，加上对犯罪少年，除犯最重本刑为 10 年以上有期徒刑之罪，且犯罪时年龄已满 16 岁的外，不受刑事处分，教育处分范围过于宽大，有鼓励少年犯罪之虞，故暂缓施行。③ 直到 1968 年，台湾地区行政部门鉴于少年刑事案件日渐增加，相关硬件措施已可因应"少事法"之需要，故立法部门于 1968 年及 1970 年两度翻修"少事法"，并确立"宽严并济、教罚并重"为主轴思想的少年刑事政策，使得台湾地区"少事法"在 1971 年后开始真正运作。

由 1976 年"少事法"的修正意旨可知，因台湾地区经济快速成长，工业社会特质益加明显，使得许多家庭中父母均投入经济活动，原有农业社会重视人伦观念与家庭教育的基础逐渐松动，虽然父母对子女所提供的物质生活明显提升，但对子女所能提供的关切时间也相对骤减，故强调由执法者提醒少年的法定代理人，④ 对少年非行应担负管教责任，如忽视教养，则有罚锾或公告法定代理人姓名的后果。

1976 年修正后的"少事法"，企图建立"整合型法律"的少年法体系，其基本结构，是以少年为核心的三层同心圆保护圈，建立使少年能自我健全

---

① 丁道源：《最新"少年事件处理法"释论》，台湾地区谢瑞智博士 1999 年发行，第 13 页。
② 同①，第 17 页。
③ 沈银和：《中德少年刑法比较研究》，台湾地区五南书局 1988 年版，第 77 页。
④ 原则上是父母，如果父母不能行使、负担对于未成年子女的权利义务时，则依台湾地区"民法"第 1091 条规定，应设置监护人。又依台湾地区"民法"第 1094 条第 1 项规定，父母如无遗嘱指定监护人，依序由与未成年人同居的祖父母、与未成年人同居的兄姊、不与未成年人同居的祖父母担任监护人。如仍然没有监护人时，依同条第 3 项规定，法院得依未成年子女、四亲等（笔者按：祖父母与孙子女间是"二亲等"，大陆民法所认为的"三代"）内的亲属、检察官、主管机关（笔者按：通常是地方政府的社会局）或其他利害关系人之声请，为未成年子女之最佳利益，就其三亲等旁系血亲尊亲属、主管机关、社会福利机构或其他适当之人选定为监护人，并得指定监护之方法。

成长的主体结构,其中同心圆的第一层保护圈(最内圈)为强化少年成长的教养(家庭)及学习(学校)功能,因此,当家长与老师无法负担协助少年成长的角色时,司法机构所主持的第二层保护圈就应适时介入,除了重建第一层的保护圈外,更应积极整合第三层保护圈,选择适当的社会福利资源系统力量,介入帮助少年成长工作,同时也隔离影响少年的负面引力[①]。因此,1997年的"少事法",对忽视教养的法定代理人,更加入亲职教育辅导的规定,强制少年的法定代理人上课,从新认知如何做个称职的父母或监护人,不应将教养少年的责任全部推卸由社会负担,无非在强化少年成长的最基本社会单元——"家庭",并借由强化亲职教育来达成此一功能,同时从"社会福利"的角度来看少年非行问题:少年不是家长私人的财产,而是整体社会未来发展的重要资产。因此,让少年持续保有良好发展的环境,要求少年的法定代理人担负应有的社会责任,实属必要。

二、回顾与前瞻

台湾地区的"少事法",从"以教代罚"走向"教罚并重",而且教化对象从少年扩及至其法定代理人,都跟社会变迁有关:由于工商社会发达,物质诱惑,信息畅通,引发少年早熟,以致犯罪年龄层下降,许多少年犯罪的凶残程度并不亚于成年犯罪,传统农村社会的淳朴,已不复多见,因此1962年"少事法"立法当时,在民风淳朴善良下所萌生的"以教代罚"的理想,已不符合现代社会所需。犯罪早发的结果,使得少年犯罪与成年犯罪日趋接近,因此唯有"教罚并重",才能够真正有效遏止少年犯罪。另一方面,也正因社会变迁、经济发展,父母走出农村前往都市工作,经常疏于约束管教少年,而祖父母年迈,隔代教养功能贫乏,也增加少年失序的可能性。在此情形下,更可见"以教代罚"已经不敷时代所需,且在制度设计上,也不容许父母以工作繁忙为借口,牺牲陪伴、管教子女的必要时间,任由子女脱轨学坏,这等于是把追求个体经济收入的代价转嫁由全体社会负担。

大陆地区经济发展迅速,农村劳力人口逐渐流向都市,城乡有所差距,加上各式信息随电视、互联网流通迅速,尤其一胎化政策,家家户户都将孩子当宝贝,容易满足少年物质而非心灵上的需求,使得许多少年早熟却缺乏

---

① 李茂生:《少年犯罪之预防与矫治制度的批判——一个系统论的考察》,载台湾地区"司法院",《少年刑事法律专题研究》2000年12月版,第24~156页。

父母关爱。未来少年审判制度的走向，是否适宜对少年完全"以教代罚"或秉持"教罚并重"、"软硬兼施"的原则，并朝强化父母亲权职能的方向发展①？台湾地区"少事法"的前述经验，多少可供参考。

第二章　台湾地区少年事件的意义及内涵

一、儿童及少年的意义

依"少事法"第2条规定，少年是指12岁以上18岁未满之人，依台湾地区儿童福利法第2条规定，儿童是指未满12岁的人。

二、少年事件的内涵

少年事件包括"少年触法行为"与"少年虞犯行为"两种。其中，触法行为又可区分为"少年保护事件"与"少年刑事案件"两者。少年刑事案件，又有绝对与相对之分。以下分别介绍之：

（一）触法行为

触法行为就是违反、触犯刑法的行为。广义的触法行为包括两种：第一，14岁以上18岁未满者，也就是具有承担刑事责任能力的少年犯罪行为，这部分的行为，可分为少年刑事案件与少年保护事件两种，其中少年刑事案件又可分为绝对少年刑事案件与相对少年刑事案件。第二，7岁以上14岁未满的少年及儿童触犯刑罚法律行为，因行为人未满14岁，并无责任能力②，所以这部分行为，不可能成为少年刑事案件，是属于绝对的少年保护事件。兹将少年触法行为详述如次：

1. 少年刑事案件

依"少事法"第27条第1项规定，少年法院依调查的结果，认为少年触犯刑罚法律，而且有下列情形之一的，应该以裁定移送于有管辖权的法院检察署检察官：第一，犯最轻本刑为5年以上有期徒刑之罪的。第二，事件系属后已经满20岁的。又依同条第2项规定，除前述情形外，少年法院依调查的结果，认犯罪情节重大，参酌其品行、性格、经历等情状，以受刑事

---

① "少事法"第84条对忽视教养的少年法定代理人或监护人，实施"亲职教育辅导"、"得连续处罚"及"公告法定代理人姓名"，似可供参考。
② 台湾地区"刑法"第18条第1项规定："未满14岁人之行为，不罚"。

处分为适当的，得以裁定移送于有管辖权之法院检察署检察官①，移送给检察官后，则成为少年刑事案件。同条第 3 项规定："前二项情形，于少年犯罪时未满 14 岁者，不适用之"，因此 14 岁以上 18 岁未满者，才有可能是少年刑事案件。

未满 18 岁的犯罪少年，一旦被少年法庭裁定移送检察官后，则由检察官决定是否提起公诉，这点与成年刑事案件无异，但起诉后，案件由少年法庭或少年法院专属管辖，这又与一般成年人的刑事案件是由法院刑事庭管辖有所不同。

由前述"少事法"第 27 条第 1、2 项规定可知，少年刑事案件又可分为绝对（第 1 项）与相对（第 2 项）两种：

（1）绝对少年刑事案件

依"少事法"第 27 条第 1 项规定，少年犯最轻本刑为 5 年以上有期徒刑罪的，或少年事件系属后，在审判中已经满 20 岁的，少年法官并没有裁量的权限或空间，应该一律移送检察官处理，少年法官在此仅有"形式先议权"，只能审查少年所犯是否为最轻本刑 5 年以上有期徒刑的罪，或少年事件于系属后，在审判中是否确实已经满 20 岁了，所以称为"绝对"的刑事案件。

（2）相对少年刑事案件

依"少事法"第 27 条第 2 项规定，少年虽无前述绝对少年刑事案件的情形，但考虑其犯罪情节、人格特质、经历与保护处分与矫正教育的可能性等情形，少年法院认为其适合受刑事处分的，得以裁定移送检察官，条文规定"得"移送而非"应"移送，使得少年法官有裁量的空间，而有"实质先议权"，可以依据个案少年的具体状况，来做衡量。如果移送检察官的，则称为"相对少年刑事案件"，未移送检察官的，则成为少年的"相对保护事件"。

2. 少年保护事件

（1）绝对保护事件

7 岁以上 14 岁未满者的触犯刑罚法令行为，因行为人欠缺承担刑事责任的能力，所以必须适用少年保护事件来处理，不得依刑事诉讼程序处理，而成为"绝对少年保护事件"，应一律以少年保护事件处理之。其中，7 岁

---

① "得"就是"可以"的意思，所以少年法庭有裁量的权限，可以移送，也可以不移送检察官。

以上 12 岁未满的儿童触法行为，依"少事法"第 85 条之 1 第 1 项规定，由少年法院适用少年保护事件的规定处理，又依此规定的反面解释，7 岁以上未满 12 岁的儿童，如果仅是"虞犯"（有犯罪可能性、快要犯罪的，详如后述），而非实际犯罪的，应不予处理。

(2) 相对保护事件

相对保护事件，亦即并非必然须以保护事件处理的，因此不是绝对保护事件。包括下列各项：

第一，少年法官依"少事法"第 27 条第 2 项规定裁量，没有移送检察官，仍然以少年保护事件处理的。

第二，少年法官依"少事法"第 27 条第 2 项规定裁量，移送检察官，此时少年所犯，一定是最轻本刑为 5 年以下有期徒刑之罪（否则所犯若为最轻本刑 5 年以上的重罪，少年法官应该以"少事法"第 27 条第 1 项规定移送，而非同条第 2 项）。此时，检察官参酌台湾地区"刑法"第 57 条规定，①认为以不起诉处分而以受保护处分为适当的，依"少事法"第 67 条第 1 项前段规定，得为不起诉处分，并将案件移送回到少年法院依保护事件审理。但是，这种检察官把案件再移回少年法院的规定只能使用一次，因为"少事法"第 67 条第 3 项规定，检察官不起诉处分，并将案件移回少年法院后，若再经少年法院裁定移送给检察官的，检察官不得再依"少事法"第 67 条第 1 项前段规定为不起诉处分，所以案件从检察官流回少年法庭的，只能回流一次，这是尊重少年法庭专业判断的结果。

第三，依"少事法"施行细则第 10 条第 1 项规定，少年法院于调查或审理中，对于触犯告诉乃论之罪，而其未经告诉、告诉已经撤回或已逾告诉期间②的 14 岁以上少年，应该由少年法庭直接依少年保护事件处理，不用裁定移送检察官。其理由在于，在一般刑事诉讼，如果行为人所犯的是告诉乃论之罪，也就是除非经被害人的告诉，不得刑事追诉、处罚，例如：伤害罪等轻罪，这时如果欠缺合法的告诉，依台湾地区"刑事诉讼法"第 252 条第 5 款规定，检察官应为不起诉处分，依台湾地区"刑事诉讼法"第 303

---

① 台湾地区"刑法"第 57 条规定（刑罚之酌量）："科刑时应以行为人之责任为基础，并审酌一切情状，尤应注意下列事项，为科刑轻重之标准：一、犯罪之动机、目的。二、犯罪时所受之刺激。三、犯罪之手段。四、犯罪行为人之生活状况。五、犯罪行为人之品行。六、犯罪行为人之智识程度。七、犯罪行为人与被害人之关系。八、犯罪行为人违反义务之程度。九、犯罪所生之危险或损害。十、犯罪后之态度。"

② 台湾地区"刑事诉讼法"第 237 条第 1 项规定："告诉乃论之罪，其告诉应自得告诉之人知悉犯人之时起，于 6 个月内为之"。

条第3款规定，法院也应为不受理判决，所以将这类案件移送给检察官，并没有实益。但是，少年事件重在教化，纵使被害人不追究，仍然有矫正、教化少年的必要性，所以仍然应该由少年法庭对少年作出处理。如果少年法庭将此类案件移送给检察官，检察官应该依台湾地区"刑事诉讼法"第252条第5款对少年为不起诉处分，并于不起诉处分确定后，将案件移送回少年法院，再依少年保护事件处理。又因检察官已为不起诉处分，此类案件不可能再由少年法庭第二次移送给检察官。

（二）虞犯行为

"少事法"第3条第2款规定："左列事件，由少年法院依本法处理之：二、少年有左列情形之一，依其性格及环境，而有触犯刑罚法律之虞者：（一）经常与有犯罪习性之人交往者。（二）经常出入少年不当进入之场所者。（三）经常逃学或逃家者。（四）参加不良组织者。（五）无正当理由经常携带刀械。（六）吸食或施打烟毒或麻醉药品以外之迷幻物品者。（七）有预备犯罪或犯罪未遂而为法所不罚之行为者。"所谓的"经常"，依少年法院一般认定"经常"的标准，是指在相距不久的相当期间内，有具体事实，足以认为有两次以上相同行为。又所谓"不当进入之场所"，通常是指酒家、舞厅、赌博性电动玩具游戏场、KTV、MTV、小钢珠游乐场等足以对少年身心具有负面影响的地方。

以上规定的，就是所谓的"少年虞犯"。《辞海》解释"虞"字的意义：度也，谓料度，忧也，也就是预料推测，忧虑将来可能发生的意思，是指未满18岁的少年有前述这些事由，导致其将来很有可能犯罪，或已经来到犯罪的边缘，差一点就要犯罪了，"少事法"基于教化矫正少年的目的，也将虞犯行为纳入少年法庭应该要处理的范围。不过，虞犯毕竟不是犯罪，因此虞犯行为并非绝对或相对的少年刑事案件，不可能由少年法官行使先议权将少年移送给检察官。

少年虞犯行为，以逃学及逃家为案件的大宗。由于台湾地区街头的网络咖啡店、KTV、电子游艺场已经成为青少年聚会滥用药物、滋生是非的场所，少年经常深夜留连不归，甚至成为逃学、逃家而中辍学业的逃避现实场所，警察会锁定这些场所执行临检，将逃学、逃家而经常深夜留连不归的少年，依此规定移送给少年法院处理。内政、法务及教育部门共同订立"少年不良行为及虞犯预防办法"，其第3条规定："本办法所称少年不良行为，指少年有下列行为之一者：一、与有犯罪习性之人交往。二、出入妨害身心健康场所或其他少年不当进入之场所。三、逃学或逃家。四、无正当理由携带具有杀伤力之器械、化学制剂或其他危险物品。五、深夜游荡。六、对父母、尊长或教师态度傲慢,举止粗暴。七、于非公共场所或非公众得出入之职业赌博场所,赌博财物。八、以猥亵之言语、举动或其他方法,调戏他人。九、持有猥亵图片、文字、录像带、光盘、出版品或其他物品。十、加暴行于人或互相斗殴未至伤害。十一、无正当理由跟追他人,经劝阻不听。十二、借端滋扰住户、工厂、公司行号、公共场所或公众得出入之场所。十三、吸烟、嚼槟榔、饮酒或在公共场所高声喧哗。十四、无照驾驶汽车、机车。十五、其他有妨害善良风俗或公共秩序之行为。"第 4 条规定:"本办法所称少年虞犯,指有本法第 3 条第 2 款各目(作者按:即前述 15 种行为)所列行为之一者。"又依其第 5 条规定,警察机关对于少年不良行为及虞犯的预防,除应利用巡逻查察等各种勤务,经常注意劝导、检查、盘诘、制止外,于周末、假日及寒暑假期间,并应协调主管教育行政机关邀集学校、社会团体派员组成联合巡逻查察队,加强实施上开工作,而学校、社会团体、各目的事业主管机关得知少年有不良行为或虞犯等情事,必要时通知警察机关协助处理。依其第 6 条规定,警察机关发现少年不良行为及虞犯时,除得予登记或劝导制止外,应视其情节,依规定将少年移送法院处理,警察机关依前项规定处理完毕后,得斟酌情况,采取适当方式通知少年的家长、就读学校或在职就业机构加强管教。

三、海峡两岸少年案件内涵的比较

由以上介绍可知,台湾地区"法律"对于"少年案件"的定义,纯粹是以审判对象"行为时"的年龄是否未满 18 岁,作为认定是否为少年事件的唯一基准。此外,少年法院除了可以促成少年方面与被害人方面的民事调解外,① 并不经手涉及少年的民事案件。2012 年 6 月 1 日施行的"少年及家事法院组织法",把少年案件与家事案件同归由少年及家事法院管辖,家事案件即包括少年民事案件的父母对于未成年子女行使负担权利义务,以及子女请求扶养权等,在设立少年及家事法院的地方(目前仅成立台湾地区高雄少年及家事法院),少年案件与家事案件归由同一法院掌管,以发挥资源整合的功能,不过办理少年及家事的,是不同的法官,这也是台湾地区许多

---

① "少事法"第 29 条第 3 项第 3 款"命少年对被害人之损害负赔偿责任",同法第 41 条第 2 项准用之。

地方法院"少家分流"的现状。另一方面,部分台湾地区的法院,例如台湾地区苗栗地方法院及台湾地区云林地方法院等,少年及家事法庭的法官必须同时兼办少年案件及家事案件。但无论如何,涉及少年的家事或民事案件,并非台湾地区现行法制下的"少年事件"内涵。

大陆人民法院对于"少年案件"的认知,则包括少年刑事犯罪案件及涉少民事案件。其中,少年刑事案件并不仅止于犯罪时不满18周岁的人,收案范围,还可以包括与未满18周岁的人共同犯罪的成年人,对未满18周岁的人犯罪的成年人,犯罪时已成年的大、中专学生,以及刑事自诉案件中,自诉人或被告人任何一方为未满18周岁的。

第三章 台湾地区少年审判的程序

一、调查的开始

基于法院不告不理的本质,少年法院不主动处理少年事件,因此少年事件须经:(一)报告。(二)移送。(三)请求及发回。(四)签分。否则少年法院不能受理案件。

少年或儿童触犯法律,或有犯罪之虞的少年,最常见的是由警察机关查获,"移送"给少年法庭的。其次,检察官或法官在承办其他案件过程中,发现有少年犯罪嫌疑的,也可将案件"移送"至少年法庭,① 中间不经过检察官起诉。另外,任何人发现有少年"犯罪"(不包括虞犯)事实,也可以直接向法院报告。② 比较特别的是,针对少年虞犯事件,具有特定身份的,可以向法院"请求"处理。③ 此外,不服原少年法院的裁定或处分,抗告至上级审法院(抗告法院),抗告法院认为抗告有理由,而将案件发回原裁定或处分的少年法院的,原少年法院也应重新开启调查程序。又少年法官在调查审理某一案件,发现少年另有涉及其他不良行为时,或发现少年涉有其他触法行为时,例如调查少年收受赃物行为,发现少年另涉有窃盗行为,这时可签分新案件,由少年法庭法官轮分处理,处理新案的法官也需重新开始

---

① "少事法"第18条第1项规定:"检察官、司法警察官或法院于执行职务时,知有第三条之事件者,应移送该管少年法院。"
② "少事法"第17条规定:"不论何人知有第三条第一款之事件者,得向该管少年法院报告。"
③ "少事法"第18条第2项规定:"对于少年有监督权人、少年之肄业学校或从事少年保护事业之机构,发现少年有第三条第二款之事件者,亦得请求少年法院处理之。"

调查。

二、交付调查

少年法院接受报告、移送、请求事件后，应先交由少年调查官进行调查程序。由于一般调查程序必须在开庭审理日之前完成，所以常称为"审前调查"。少年调查官调查的范围，不只是犯罪事件的过程而已，还包括少年的身心状况、家庭情形、社会环境、教育程度及学行表现等，① 并将结果制作成报告，报告中须提出少年法官应为如何处遇的具体建议，提供法官作为审理的参考。因此，少年及其法定代理人除了收到少年法庭寄发的"开庭通知书"以外，还会接到调查官发出的"调查通知书"，两者都必须依照通知书上指定的日期，准备好相关数据准时前往指定的场所。

少年法庭法官或少年调查官，对于少年事件有调查或审理的必要时，少年法官得为下列措施：

（一）传唤

通知少年、少年的法定代理人、现在保护少年的人，于一定的时间前赴一定的地点接受调查，通常少年法官要求少年前来法院的少年法庭，少年调查官则通常要求前来少年调查官的办公室。②

（二）同行

少年、少年的法定代理人或现在保护少年的人，经合法传唤，没有正当理由未到场，或少年的犯罪行为重大，有台湾地区"刑事诉讼法"第 76 条各款所列情形之一的，③ 少年法院得发同行书，强制其到场，同行原则上由警察执行（"少事法"第 22 条第 1 项、第 23 条第 1 项）。

---

① "少事法"第 19 条第 1 项规定："少年法院接受第十五条、第十七条及前条之移送、请求或报告事件后，应先由少年调查官调查该少年与事件有关之行为、其人之品格、经历、身心状况、家庭情形、社会环境、教育程度以及其他必要之事项，提出报告，并附具建议。"

② "少事法"第 21 条第 1 项规定："少年法院法官或少年调查官对于事件之调查，必要时得传唤少年、少年之法定代理人或现在保护少年之人到场。"

③ 台湾地区"刑事诉讼法"第 76 条规定："被告犯罪嫌疑重大，而有左列情形之一者，得不经传唤径行拘提：一、无一定之住所或居所者。二、逃亡或有事实足认为有逃亡之虞者。三、有事实足认为有湮灭、伪造、变造证据或勾串共犯或证人之虞者。四、所犯为死刑、无期徒刑或最轻本刑为五年以上有期徒刑之罪者。"

(三) 协寻

少年如果行踪不明，法院为使少年能到场应讯，可以签发协寻书，通知各地的少年法院、地方法院检察署检察官、警察机关协助查询少年下落，并将查获的少年由专人护送至发布协寻的法院，以便进行少年事件的处理。少年的协寻与成年刑事犯罪嫌疑人的通缉不同，并不公告周知，以保障少年名誉及隐私。又少年如果行踪不明，不需要先经过同行的手续，就可以先发布协寻，以求快速找到少年。

(四) 请求协助

少年法院因执行职务，得请警察机关、自治团体、学校、医院或其他机关、团体为必要的协助（"少事法"第25条）。

(五) 责付

在少年事件中，对于触法或虞犯行为情节轻微的少年，且其品德、素行不是非常恶劣，因此不需加以收容的，少年法官可以将少年责付于少年的法定代理人、家长、最近亲属、现在保护少年的人，或其他适当的机关、团体、个人（例如：少年的亲友、家人均因工作繁忙，或因人在远地等原因而无法到场时，法官将少年责付给当地政府的社会福利机构或其主管的公务员，或责付给少年所就读学校的职员、老师），并嘱托受责付人，在责付期间内，善尽管教、保护少年的职责（"少事法"第26条第1款）。

为了避免司法实践上，偶然有找不到少年的法定代理人、最近亲属或现在保护少年的人，以至于无适当的人可供责付，少年法庭可预先与辖区内适当的团体，例如青少年观护协会、更生保护团体等先行洽商，敦请其提供可供责付人的名单，供少年法庭参考选任为受责付人。①

(六) 收容

少年事件处理程序中，于不能责付（例如：有前述台湾地区"刑事诉讼法"第76条各款所列情形之一），或预期责付无法杜绝少年的恶习，或有其他不宜责付的情形，使得责付并不适当时，此时应拘束少年的自由，将其收容于少年观护所（"少事法"第26条第2款），以矫正、教育少年，使

---

① 台湾地区"司法院"编印：《法官办理少年事件参考手册（一）》，2005年版，第16页。

其在收容所内，能反省检讨自己的不良行为。少年在收容期间的表现，得作为对于少年最后处遇的依据。

（七）搜索扣押

成年刑事案件的搜索及扣押，依"少事法"第 24 条规定，也准用之。因此少年法官也可以实施搜索、扣押，以发现有利、不利少年的证据，厘清事实真相，才能对少年作出妥当的处遇。

三、急速辅导

依"少事法"第 26 条第 1 款末段规定，法官得在少年事件终结前，将少年交付少年调查官为适当的辅导，盖因少年在移送少年法庭调查后，一直到事件终结前，通常会有一段法院进行的时间，如果少年没有被收容，在这段空窗期，有时需要有适当的辅导，以免少年再度有不良行为。如果等到整个审理程序终结，再执行少年的保护处分，往往缓不济急，所以这种少年事件调查后、终结前的辅导机制，称为"急速辅导"。

四、不付审理

少年法院完成少年保护事件的调查程序后，调查结果须以裁定为之，计有下列三种裁定：第一，移送于有管辖权之法院检察官（认为是少年刑事案件）。第二，不付审理。第三，交付审理（"少事法"第 27、28、30 条）。

其中不付审理的裁定，还可区分为"应不付审理"与"得不付审理"二者：

（一）应不付审理

依"少事法"第 28 条第 1 项规定，少年保护事件，经少年法院调查的结果，认为并无交付保护处分的原因，或因其他事由不应交付保护处分的，应为不付审理的裁定。所谓"无付保护处分的原因"，是指经调查结果，认为少年并没有触犯刑罚法律（违法）的事实，也没有触犯刑罚法律之虞（虞犯）的事实。所谓"其他事由"，例如少年心神丧失的情形，少年法官得命少年前往适当的处所接受治疗（"少事法"第 28 条第 2 项）。少年保护事件审理细则另规定应谕知不付审理的事由。①

（二）得不付审理

"得不付审理"的情形，是少年法院认为少年犯罪或虞犯的事实，情节并不严重，或少年犯罪的动机或目的值得原谅（例如：在便利商店打工的少年，把过期剩余的些许食物拿给清贫同学食用，遭便利商店老板控告业务侵占），或轻犯少年已经改过自新，预期不会再犯，这时不需要进入审理程序，而为不付审理的裁定。

得不付审理的情形，是少年法官依据个案具体状况裁量后的结果，不是本来必然应该不付审理的，这表示少年仍有接受教化的需求，所以少年法官为不付审理的裁定时，必须为下列处分：1. 转介儿童或少年福利或教养机构为适当的辅导。2. 交付儿童或少年的法定代理人或现在保护少年的人，予以严加管教。少年的法定代理人或监护人经少年法官告知要对少年严加管教，往后如果又忽视教养，使得少年又再犯刑罚法律，以致受有保护处分或刑之宣告情形的，依"少事法"第84条的规定，得裁定命忽视教养的少年法定代理人或监护人，接受8小时以上、50小时以下的亲职教育辅导。3. 告诫。除以上处分之外，少年法官还可以斟酌具体个案情形，经被害人的同意后，以裁定命少年为下列事项：1. 向被害人道歉。2. 立悔过书。3. 向被害人支付相当数额的慰抚金，而少年的法定代理人就慰抚金对被害人负连带支付责任，以避免少年无力赔偿。该项裁定如果确定的，还可以成为民事强制执行的理由，与民事损害赔偿的确定判决有相同的效力（"少事法"第29条）。

五、开始审理

少年法院裁定少年事件交付审理后，应订审理期日。审理期日，就是少年法庭指定某一日期及时间，集合少年及其他相关人士至一定地点，来处理少年事件，所以审理期日应传唤少年、少年的法定代理人或现在保护少年的

---

① "少年法院依调查结果，认为有下列情形之一者，应谕知不付审理之裁定：一、报告、移送或请求之要件不备，而无法补正或不遵限补正者。二、本法第3条第1款之事件，如属告诉乃论之罪未经告诉或其告诉已经撤回或已逾告诉期间，而于裁定前已满21岁者。三、本法第3条第2款之事件，裁定前少年已满21岁者。四、同一事件，业经有管辖权之少年法院为实体上之裁定确定者。五、少年因另受感化教育处分之裁判确定，无再受其他保护处分执行之必要者。六、少年现居国外，于满21岁前无法回国，事实上无法进行调查，或罹疾病，短期内显难痊愈，无法受保护处分之执行，或已死亡者。七、其他不应或不宜付审理之事由"。

人,并应通知少年的辅佐人到场("少事法"第32条)。通常在审理期日开庭5日前送达通知,使少年、少年的法定代理人或现在保护少年的人,有时间准备少年法庭的审理。

少年、少年的法定代理人或现在保护少年的人,得随时选任少年的辅佐人("少事法"第31条第1项),不限审判期间,在调查期间,也可以选任。但选任的辅佐人,如果不是律师的,则必须得到少年法庭的同意("少事法"第31条之1)。犯最轻本刑为3年以上有期徒刑之罪,未经选任辅佐人的,少年法院应指定适当的人辅佐少年(强制辅佐人)。其他案件认有必要的,亦同("少事法"第31条第2项)。目前,台湾地区法院司法实践中是以法院编制内成年刑事案件的公设辩护人,充任少年案件的强制辅佐人。至于指定辅佐人的时机,依"少年保护事件审理细则"第9条之规定,于调查或审理程序中皆可。

另外,审理期日得通知少年调查官到场,因为少年调查官对少年为调查后,对于少年的状况较为熟悉,少年法庭认为有必要时,得通知其到庭陈述意见及对于少年应如何处遇的意见,以协助法官做成正确妥适的决定。如果少年法院不采用少年调查官的处遇意见,应该在裁定中记载不采用的理由("少事法"第39条第2项),但如采纳少年调查官的调查报告,也不得以该调查报告为认定事实的唯一根据("少事法"第19条第2项)。

少年本人如果不到庭,少年事件就无法审理,而少年的法定代理人或现在保护少年的人如果不到庭,就无法陈述意见或协助少年陈述意见,也无法进行审理程序。① 因此,少年、少年的法定代理人或现在保护少年的人,经合法传唤,无正当理由仍然不到庭的,少年法院得签发同行书,强制其到庭("少事法"第22条第1项前段)。但是,少年的法定代理人或现在保护少年的人,同行无着(警察去也找不到人),也非罕见,遭遇此种情形,案件就无法进行审理,如果少年现在是在收容之中,时间更是迫在眉睫,因为"少事法"第26条之2有收容期间的限制,也就是规定少年观护所收容少年的期间,调查或审理中均不得逾两个月,但有继续收容必要的,得于期间未满前,由少年法院裁定延长之,延长收容期间不得逾一个月,并以一次为

---

① "少年保护事件审理细则"第27条规定:"审理期日,少年、少年之法定代理人或现在保护少年之人经合法传唤无正当理由不到场者,少年法院认为应依本法第27条第1项、第2项(按:移送检察官)、第41条(按:不付保护处分)或第42条第1项第1款(按:训诫)裁定之事件,得不待其陈述,径行审理及裁定",反面推知,除上列情形外,少年、少年的法定代理人或现在保护少年的人,经合法传唤,即使无正当理由不到场,仍不得进行审理程序。

限,所以可以收容少年的时间不长。解决之道,可以寻找"现在保护少年的人"到场①。"现在保护少年的人"是指具有长期性、继续性,而且在调查、审理当时保护少年的人,例如少年安置机构、雇主、学校的舍监、少年的兄姊或亲属、家长等,以成年人为原则,但一般而言,不能为便宜行事,临时指定少年调查官或保护官为现在保护少年的人②。

六、审理的过程

(一)秘密审理原则

少年事件审理过程为秘密审理,这是少年司法程序的重要原则,以保障少年的隐私,赋予少年改过自新的机会,但少年法官得容许少年的亲属、学校教师、从事少年保护事业的人或其他认为相当的人在场旁听("少事法"第34条),因为这些人员,通常都与各该案件的少年身心成长发展有关,或具有教诲少年的职责,容许其在场关切及了解案情(但并非参与程序),有助于少年后续的矫治与改过。

(二)审理的进行

审理少年事件时,少年法官应以和蔼恳切的态度为之,而且法官参酌事件的性质与少年的身心、环境状态,可以不在法庭内进行审理("少事法"第35条)。在调查及审理时,法官、书记官及其他人员,都可以不着制服("少年保护事件审理细则"第11条),避免给少年权威肃杀的感觉,以营造温馨祥和的气氛。而在询问少年时,应给予少年、少年的法定代理人或现在保护少年的人及辅佐人陈述意见的机会。少年调查官也可在审理期日出庭陈述其调查及处理的意见。

少年法院认有必要时,可以为下列处置:在少年陈述时,命少年以外的人暂时离场,或在少年以外的人陈述时,令少年暂时离场("少事法"第36、38、39条),以便于发现真实,避免因旁人在场,碍于人情或其他压力,以致不能完全照实陈述。

(三)交付观察

在审理期间,少年法院为决定是否给予少年保护处分,或考虑应为何种

---

① 台湾地区"司法院"编印:《法官办理少年事件参考手册(一)》,2005年版,第65页。
② 台湾地区"司法院"编印:《法官办理少年事件参考手册(一)》,2005年版,第13页。

保护处分较为适宜,认为有必要时,可以裁定将少年交付少年调查官观察,期限为6个月之内("少事法"第44条第1项)。此一制度称为"试验观察"或"交付观察"。交付观察,除交付少年调查官为观察外,少年法院也可以征询少年调查官的意见,将少年交付给适当的机关、学校、团体或个人为之,但应受少年调查官的指导。少年法院也可以依职权或依少年调查官的请求,变更观察期间或停止观察("少事法"第44条第2、4项)。少年调查官应将观察的结果提出报告,报告内应附具对于少年应如何处遇的具体建议("少事法"第44条第3项)。交付观察完毕后,少年法官再依据观察的结果及其他搜集的资料,作出对少年最正确、妥适的处遇。

七、审理的结果

少年法院法官审理少年保护事件的结果,是以裁定的方式为之,包括:(一)移送于有管辖权之法院检察官(绝对或相对刑事案件)("少事法"第40条)。(二)谕知不付保护处分("少事法"第41条第1项)。(三)谕知保护处分("少事法"第42条)。

其中谕知不付保护处分的,还可区分为"不应付保护处分"或"不宜付保护处分"两者。如证据不足,或经调查、审理,认为少年并无犯罪或虞犯行为的,不应付保护处分。

少年如果确实有犯罪或虞犯行为,但情节轻微,或少年已经改过自新,暂时不需要保护处分的,则不宜付保护处分,此时应准用"少事法"第29条第3、4项的规定,得经被害人同意,命少年为:(一)向被害人道歉;(二)立悔过书;(三)向被害人支付相当数额的慰抚金。前述慰抚金,少年的法定代理人应负连带支付之责任,并得为民事强制执行的名义("少事法"第41条第2项)。

谕知保护处分的,应以裁定谕知下列保护处分之一,借由不同内容的处分,由法官挑选其中最适合本案少年的处遇方式,以达辅导少年健全成长及预防犯罪的目的,因此并无轻重之分:

(一)训诫,并得予以假日生活辅导

训诫由少年法官执行,原则上是一次,少年的法定代理人或现在保护少年的人,原则上须在场陪同少年接受训诫。每位少年法官都有自己的训诫方式及风格,原则上,依照"训诫"字面上的意义,就是警惕告诫少年未来不得再有其他犯罪或虞犯行为,许多少年法官会借训诫的机会,灌输少年及

法定代理人或现在保护少年的人正确的法治知识及观念，以及少年比较容易发生的触法或虞犯行为，提醒少年注意，以避免少年再犯。

如果少年法官觉得单纯的训诫仍然不足够，还可以额外搭配假日生活辅导，就是由少年保护官利用少年工作或学校上课之余的假日，要求少年前来法院接受身心辅导，以利矫正其习性。假日生活辅导的执行，少年必须依照少年保护官指定的日期到法院报到，参加团体课程或勤劳服务、个别晤谈等，执行以次数计算，通常为3至10次，视辅导成效决定。

（二）交付保护管束，并得命少年为劳动服务

保护管束由少年保护官执行，就是在保护管束期间，少年保护官得前往少年工作场所、学校、家庭，对少年进行实地了解与教育、保护，并得要求少年及其法定代理人、现在保护少年的人前来法院，与少年共同接受辅导。少年保护官并且可与警察、社会福利、医疗、教育等政府及民间机构共同合作，对少年实施矫正，以利其改过迁善。保护管束的执行期间，为6个月以上、3年以下，视辅导成效而定（"少事法"第53条、第55条第1项）。目前，台湾地区的少年司法系统已研发将保护管束予以分级，并且设计量表评估，针对情节及个性不同的个案少年，实施不同等级的保护管束。① 在保护管束期间，少年应保持稳定正常的生活作息，遵守法律规定，若违反应遵守事项，将可能受到劝导、留置观察（短期收容）等轻重有别的处罚，最严重的，甚至可能被少年法庭撤销保护管束，剩下的保护管束期间，会被送往感化教育。如少年法官认为单纯保护管束有所不足，还可以额外搭配少年的劳动服务，要求少年接受少年保护官的指挥，从事社会劳动服务，希望借由扎实的工作，矫正少年好逸恶劳的恶习，并且培养其自食其力的正确态度，及勤劳工作的良好习惯，以利少年将来在社会上生存与工作。

（三）交付安置于适当的福利或教养机构辅导

针对特殊家庭背景、教养环境的少年，法官可裁定交付安置于适当的福利教养机构，来执行这个辅导处分，期间为2个月以上、2年以下。少年法庭裁定安置辅导，有两个主要原因：第一，青少年的原生家庭功能不彰，无法协助青少年解决问题，前述的同心圆第一圈既然消失，则需仰赖第二、三圈的介入；第二，青少年的偏差行为比较严重，需要接受比保护管束处分更

---

① 载台湾地区高雄少年及家事法院院刊第15期，2010年3月4日，第16~34页。

严格的辅导，但其偏差程度又不至于严重到需要感化教育的完全监禁式矫正。

安置辅导是将少年交付给政府或民间机构保护矫治。在一般安置辅导机构，少年白天仍可外出正常就业就学，不会失去与社会的正常联结与互动，晚上则应返回安置辅导机构，假日得依该机构规定会见亲友或请假返家，因此属于半拘禁状态，并非像感化教育完全失去自由，对于某些恶性不深、矫正空间较大的少年而言，属于比较人性化、弹性化的处遇方式。

少年法院于裁定谕知安置辅导时，应于主文中指明受交付的机构名称，如该机构无法接受时，应另以裁定指定之（少年保护事件审理细则第41条）。

（四）令入感化处所施以感化教育

对于情节严重，或其他处遇方式已难以期待收到矫正效果的少年（例如：先前不良行为已经交付保护管束，矫正仍无效果，于保护管束期满后，再为更严重的不良行为），少年法官应将该少年送往感化教育机构接受感化教育，期间为6个月以上、3年以下（"少事法"第53条、第56条第1项）。这个处分的性质最为特殊，属于全面性的改变少年的教养环境及学习生活，少年将受到监禁，以致完全丧失自由，但同时也能达到强迫学习、矫正犯罪恶习的效果。

感化教育的场所，主要是台湾地区"法务部"矫正署所建置的少年辅育院，其内设有上课教室、工场、运动场等，对感化教育的少年实施分类，除道德与法治教育外，对于有意愿升学考试的少年，实施学科教育；对于有意愿工作的少年，实施就业辅导。以台湾地区桃园少年辅育院为例，包括汽车修护、食品烘焙、室内配线等课程，并辅导少年报考政府核发的各项执照，以利其出院后投入社会服务，并有正常的工作收入，以重返正轨。对于有心向学的受感化教育少年，台湾地区"法务部"设有诚正中学，收容对象为依"少事法"裁定感化教育处分未满18岁的少年及儿童，学生核定收容额大约为300人，其中一般教学部提供完成国民教育机会及因材适性的高级中等教育环境，提升学生学习及沟通能力，而特别教学部则以调整学生心性、适应社会环境为教学重心，并配合职业技能训练，以增进学生生活能力，其教育目标，在使少年能继续完成基础学识，同时学习多样技能在身，以凭借多元化的教育方式，改变不良习性，重新适应社会生活。

前述保护处分之前或同时，少年若染有烟毒或吸用麻醉、迷幻物品成瘾，或有酗酒习惯者，得令入相当处所实施禁戒；若少年身体或精神状态显有缺陷者，得令入相当处所实施治疗（"少事法"第42条第2项）。

以下就少年法庭审理结果的裁定，制表说明：

裁定项目		裁定原因	法律依据（"少事法"）	备注
应不付审理		认为没有付护处分的原因，或因其他事由不应付审理。	第28条	
得不付审理		认为情节轻微，以不付审理为适当。	第29条	得经被害人同意，命少年为： 一、向被害人道歉。 二、立悔过书。 三、向被害人支付慰抚金。
开始审理		认为应付审理。	第30条	
审理结果	不付保护处分	认为不应或不宜付保护处分。	第41条	
	保护处分	认为应予适当的保护处分，以教育、矫治、保护少年。	第42条	得谕知下列之保护处分之一： 一、训诫并得予以假日生活辅导。 二、交付保护管束并得命为劳动服务。 三、交付安置于适当之福利或教养机构辅导。 四、令入感化教育处所施以感化教育。

第四章 台湾地区少年审判的法庭席位

一、少年保护事件的席位

"少事法"第 20 条规定:"少年法院审理少年事件,得以法官一人独任行之。"少年法院均采圆桌式审理,少年法官与少年调查官、少年、少年的法定代理人、监护人或现在保护少年的人,以及其他适合在场的人士,以共同协商而非法官高高在上的方式,在温馨和谐的气氛中,决定对于少年的处遇,使得少年感受到最少的法院严肃气氛,并感受到最多的温暖与关怀。

二、少年刑事案件的席位

少年刑事案件的席位,原则上与一般刑事案件的席位相同,但不公开审理。

第五章 台湾地区少年事件处理制度的特色

一、原则上是保护事件而非刑事事件

如前所述,少年虞犯及满 7 岁、未满 12 岁的儿童犯罪,是以绝然不同于刑事案件程序的少年事件来处理。对于绝对或相对少年刑事案件,少年法官才会行使先议权,将案件移送于地方法院检察署检察官起诉,但即使是这样,少年刑事案件起诉后,仍然是由少年法庭审理,有别于一般刑事案件的审理,而在判决确定后,可以不与一般成年刑事犯一同执行,而是前往"有铁窗的学校"(例如:台湾地区"法务部"的明阳中学)继续就学,充分体现少年案件的特殊性,以及惩教并行的理念。

二、专业法院与专业法官

一般法官并不能任意选填志愿请求派调为少年法庭法官。依照台湾地区"司法院""少年法院院长、庭长及法官遴选办法"第 3 条第 1 项规定:少年法院之庭长及法官,应就具有下列条件者遴任之:1. 少年保护之学识。2. 少年保护之经验。3. 少年保护之热忱。同办法第 4 条规定:前条第 1 款所称少年保护之学识,系指与少年保护相关之法学、心理学、精神医学、教

育学、犯罪学、社会学、家庭动力学、儿童及少年福利、咨商与辅导学、社会政策与社会立法、社会工作、个案研究等专业学识。有下列情形之一者，得认具有前项少年保护之学识：1.10年内有与该专业学识相关之硕士以上之学位论文。2.3年内曾参加"司法院"举办之少年法院（庭）庭长法官专业讲习，合计时间达48小时以上。3.3年内参加政府机关、公私立学术、研究机构或经政府立案之非营利团体所举办，与该专业学识有关之讲习会、研讨会或其他类似会议，或至政府机关或其他声誉卓著公、私立团体或机构，就与该专业学识有关之事项为实地考察，合计时间达60小时以上。4.3年内受邀担任政府机关、公私立学术、研究机构或经政府立案之非营利团体所举办，与该专业学识有关之讲习会、研讨会或其他类似会议讲座或专题报告人，合计时间达30小时以上。5.3年内选修大学院校或研究所与该专业学识有关之课程，已取得4学分以上或实际上课时数达80小时以上。6.3年内于各大学、学院、学系、研究所出版之学术刊物，或发行全国之法律专业性杂志，或其他设有论文审查制之杂志，或各法院之年度研究报告，发表与该专业学识有关之3千字以上论文2篇以上或6千字以上论文1篇以上。同办法第6条规定：第3条第3款所称少年保护之热忱，得由"司法院"办理性向及心理测验评量之，或以其他相当事实认定之（第1项）。前项测验，"司法院"得委托学术机构或团体为之（第2项）。因此，担任少年法庭法官的资格，有具体客观而非抽象主观的标准，以遴选具有专业及热忱的法官处理少年事件。

　　前述办法对于少年法官的遴选机关及方式，设有严格规定：该办法第9条规定："司法院"应聘请现任或曾任少年法院（庭）院长、庭长、资深法官或学者、专家为审查委员，就庭长、法官提出之裁判书、研究报告或论文，办理初审（第1项）。审查委员审查裁判书或个案研究报告必要时，得请"司法院"调阅相关案卷（第2项）。第10条规定："司法院"应组成遴选委员会，每年办理一次遴选业务。但遇有少年法院庭长、法官派补之需时，亦得为之（第1项）。前项遴选委员会置主任委员一人，由"司法院"秘书长兼任；委员由副秘书长、各厅厅长、人事处处长、台湾地区高等法院院长兼任（第2项）。第11条规定：遴选委员会应有过半数委员出席，始得开会（第1项）。遴选委员会采无记名表决，主席有表决权。经出席委员过半数同意者，始得提出于"司法院"人事审议委员会审议；可否同数时，视为未过半数同意（第2项）。委员需亲自出席，不得委托他人代理（第3项）。第12条规定："司法院"于必要时，得对庭长、法官办理业务评量，并将评量结果提供遴选委员会参考。第 13 条规定：遴选委员会遴选合格之庭长、法官，经"司法院"人事审议委员会审议后，由"司法院"核发办理少年事件法官证明书（第 1 项）。前项证明书之有效期间为 4 年（第 2 项）。第 14 条规定："司法院"得由持有前条有效证明书之庭长、法官中，依其志愿，择优遴任为少年法院庭长、法官。第 15 条规定：少年法院庭长、法官应连续任职 2 年。

三、相关规定完备

台湾地区关于少年事件的审判及处理，设有详细规定，且不时检讨、完善之中。当然，最上位阶的是台湾地区立法部门通过的"少年事件处理法"以及"少年及家事法院组织法"。台湾地区"司法院"为实施前述法律，订有"少年事件处理法施行细则"，"少年及家事法院处务规程"，"少年保护事件审理细则"。在选任少年法院人员方面，订有"少年法院院长、庭长及法官遴选办法"，"改任台湾地区高雄少年及家事法院家事庭法官培训及遴选要点"，"法院约聘心理测验员心理辅导员及约雇佐理员遴用要点"，"核发少年家事专业法官证明书暨改任少年及家事法院法官办法"；在实际处理及执行少年案件方面，订有"少年法院（庭）调查性侵害事件减少被害人重复陈述注意事项"，"地方（少年）法院遴选安置辅导机构要点"，"少年法院（庭）办理少年尿液采验应行注意事项"，"少年法院（庭）与司法警察机关处理少年事件联系办法"，"少年法院（庭）处理少年事件扣押物没收物应行注意事项"。在分案及办案方面，订有"少年及家事法院审理期限规则"，"各地方（少年）法院观护人室（调查保护处）分案要点"，对于少年法院无报酬的志愿工作人员，设有"地方（少年）法院少年志工设置要点"。

四、团队组织完备

依"少年及家事法院组织法"第二章即第 6 条至第 19 条，少年法院除设置院长、庭长、法官之外（未成立少年法院的地区，在地方法院内设立少年审判专庭），并设有：（一）公设辩护人：担任少年保护事件的强制辅佐人及少年刑事案件的强制辩护人；（二）司法事务官：协助少年法官办理业务或处理非讼案件；（三）调查保护室：置少年调查官、少年保护官、心理测验员、心理辅导员及佐理员。因此，少年法官绝非"单打独斗"，也非事必躬亲，而是领导整个具有高度专业素养的团队，完善少年事件的任务。

此外，基于业务需求，少年法官也会与其他政府部门密切联系配合，包括：（一）警察部门；（二）教育部门；（三）社会福利部门；（四）卫生部门；（五）少年矫正部门。

第六章　台湾地区少年审判的辅助单位

少年法官居于资源整合者的角色，整合法院内、外部所有政府及民间社会资源，共同投入少年事件的处理与执行，无非希望能将少年事件处理至最为完善。兹区分少年法院内部及外部的资源，分别加以介绍。

一、少年法庭内部组织

（一）少年调查官、少年保护官

在少年法庭，少年调查官同时担任少年保护官，但担任同一案件的少年调查官的，未必担任同一案件的少年保护官。少年调查官，是少年法官对于非行少年做出保护处分之前，协助少年法官调查少年的身家背景、人格心理特质等主客观事实，以便少年法官在个案中，能做出对于各该少年最为妥适的处遇。在少年法官的处遇裁定确定之后，如果是做出保护处分的，则由少年保护官负责执行其中假日生活辅导、保护管束、劳动服务，并且协助、观察、评估安置辅导、感化教育的执行。如认为少年已不适于安置辅导，而需接受感化教育的，则由少年保护官声请少年法庭撤销安置辅导的处分，并裁定将少年送感化教育。如认少年已不需再继续执行感化教育的，则声请少年法庭裁定停止感化教育的执行。

少年调查官及少年保护官统称"观护人"，由台湾地区"考试院"的司法特考"观护人"类科统一招考，报考资格是年满18岁以上，55岁以下，公立或立案的私立独立学院以上学校或符合台湾地区"教育部"采认规定的国外独立学院以上学校各系、组、所毕业得有证书者，或经普通考试或相当普通考试的特种考试及格满三年者，或经高等检定考试及格者。报考科目分普通科目与专业科目，普通科目是国文、法学知识与英文，专业科目包括：社会工作概论、刑法与刑事诉讼法、心理测验与个案研究、少年事件处理法与保安处分执行法、咨商与辅导、观护制度与犯罪学六科。两阶段新制考试自2011年开始实施，2011年录取率为0.7%（520人报考，录取4人），2012年录取率为3.7%（585人报考，录取22人）。

(二) 公设辩护人

在少年保护事件，少年法庭可以指定公设辩护人为强制辅佐人，而在少年刑事案件，检察官起诉最重本刑有期徒刑 5 年以上罪名的，为强制辩护案件，如果少年没有聘请律师，法院可以指定院内的公设辩护人为其辩护。

(三) 心理测验员与心理辅导员

心理测验员与心理辅导员，都是配置在调查保护室之下，与少年调查官、少年保护官共同合作。心理测验员是对少年法官交付的个案实施心理测验、解释、分析、制作书面报告，管理、保存少年数据文件，以供少年法官、少年调查官、少年保护官参考。心理辅导员，则负责对少年法官交付的个案实施心理辅导，转介心理咨商或心理治疗之先期评估，并制作书面报告以供少年法官、少年调查官、少年保护官参考。

这两类少年法庭人员，报考资格均为：公立或立案的私立独立学院以上学校或符合台湾地区"教育部"采认规定的国外独立学院以上学校各系、组、所毕业得有证书的，或经普通考试或相当普通考试之特种考试及格满三年的，经台湾地区"考试院"司法特考通过后任用。报考科目分普通科目与专业科目，普通科目都是国文、法学知识与英文，心理测验员的专业科目包括：心理及教育统计学、心理学、心理测验与衡鉴、少年事件处理法、咨商与心理治疗、人类行为与发展。而心理辅导员的专业科目包括：社会工作概论、心理卫生（包括变态心理学）、心理测验与评量、少年事件处理法、心理咨商与辅导、人类行为与发展。

关于少年法院实施心理测验的流程及内容一般如次（数据源：台湾地区宜兰地方法院网站）：

测验流程：

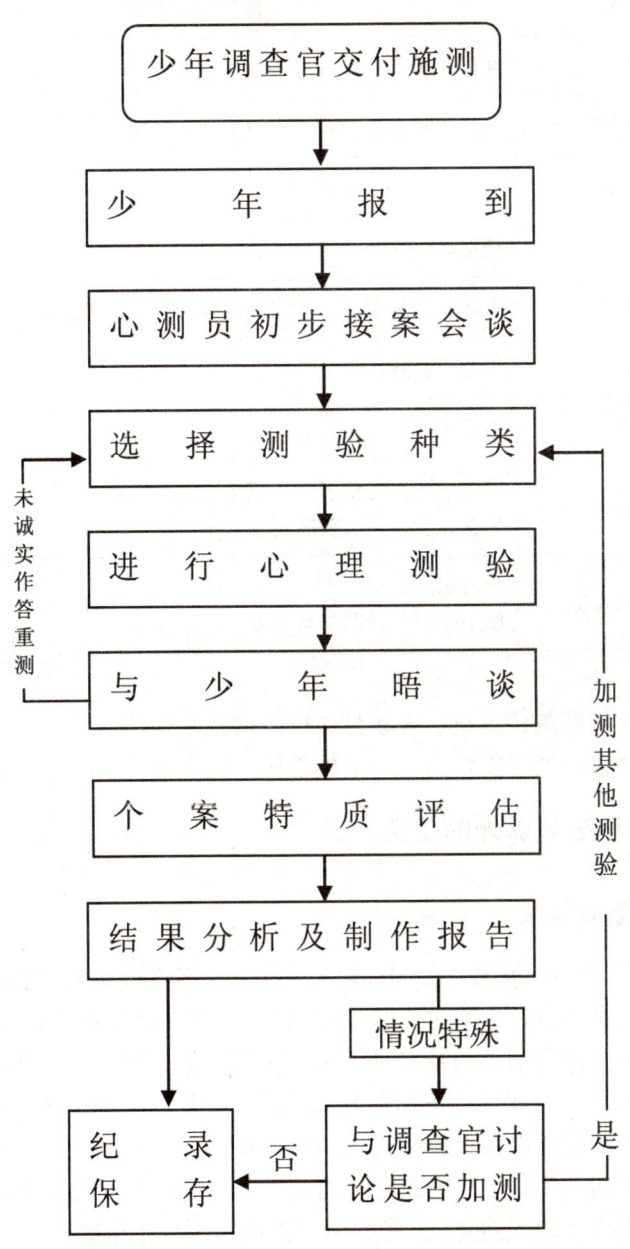

测验内涵：

测验性质	使用测验名称
人格评估	新订赖氏人格测验、基本人格量表
家庭关系或亲子互动	父母管教态度测验、亲子关系诊断测验
鉴别诊断	健康、性格、习惯量表
智力	托尼非语文智力测验
生活适应	人际行为量表、行为困扰量表、行为困扰调查表
自我概念	田纳西自我概念量表
性向	中学多元性向测验
兴趣	国中生涯兴趣量表、高职学生兴趣量表 生涯兴趣量表、普通兴趣量表
学习态度及诊断	学习态度测验 国中学习与读书策略量表

法院另有约雇的佐理员、采尿员，以协助调查保护室业务。采尿员主要是对于有吸食毒品或可能性的少年实施采尿，以发现或预防少年施用毒品。

二、少年法庭以外的机关

（一）警察机关

"少事法"第18条规定："检察官、司法警察官或法院于执行职务时，知有第三条之事件者，应移送该管少年法院。"在司法实践中，绝大多数案件都是警察机关移送的。另依"少事法"第25条"少年法院因执行职务，得请警察机关、自治团体、学校、医院或其他机关、团体为必要之协助"的规定，少年法庭可以要求警察机关执行"同行"，强制经合法传唤，无正当理由不到场的少年、少年的法定代理人或现在保护少年的人到场，并执行对于行踪不明少年的"协寻"，将少年"护送"至少年法庭。

"少事法"第50条第4项规定："前项假日生活辅导，少年法院得依少年保护官之意见，将少年交付适当之机关、团体或个人为之，受少年保护官之指导"，所以少年法官也可将少年交由警察协助少年保护官执行假日生活辅导。另外，依"少事法"第 83 条之 3："外国少年受转介处分、保护处分或缓刑期内交付保护管束者，得以驱逐出境代之（第 1 项）。前项驱逐出境，得由少年调查官或少年保护官，向少年法院声请，由司法警察机关执行之（第 2 项）"的规定，各警察机关的外事警察单位，负责将受转介处分、保护处分或缓刑期内交付保护管束的外国少年，护送至机场驱逐出境。

警察机关为绝大多数少年案件的移送人，经手案件资料，尤其台湾地区的新闻记者喜欢经常驻足各警察单位，以获取第一手消息，因此警察容易泄露少年事件的案情记者。依"少事法"第 83 条规定："任何人不得于媒体、信息或以其他公示方式揭示有关少年保护事件或少年刑事案件之记事或照片，使阅者由该项资料足以知悉其人为该保护事件受调查、审理之少年或该刑事案件之被告（第 1 项）。违反前项规定者，由主管机关依法予以处分（第 2 项）"，禁止记者刊载少年资料，也形同警察具有保密义务。而依"少事法"第 83 条之 1："少年受第二十九条第一项之转介处分执行完毕二年后，或受保护处分或刑之执行完毕或赦免三年后，或受不付审理或不付保护处分之裁定确定后，视为未曾受各该宣告（第 1 项）。少年法院于前项情形应通知保存少年前科纪录及有关数据之机关，将少年之前科纪录及有关数据予以涂销（第 2 项）。前项纪录及数据非为少年本人之利益或经少年本人同意，少年法院及其他任何机关不得提供（第 3 项）"，因此警察机关受少年法庭通知后，应涂销少年的非行纪录，否则依"少事法"第 83 条之 2"违反前条规定未将少年之前科纪录及有关数据涂销或无故提供者，处六个月以下有期徒刑、拘役或新台币三万元以下罚金"，警察机关相关承办人员将面临刑事责任的问题。由此可见，台湾地区的法律，是以刑事责任的最严厉手段，来保护少年的隐私，无非是希望少年能在接受处遇后，像张白纸，从新再出发。

（二）社会福利机关

少年会有非行，有时是因为其家庭环境之故，例如：少年家庭贫困、孤苦无依，才会起念窃盗，或少年家中无力照顾该少年，任由少年在外游荡学坏，这时处理少年事件的同时，也需要社会福利机关的介入与协助，给予少年必要的庇护及生活所需，避免少年因为贫穷或家长无力照顾以致再有不良行为。

少年安置处分机构的主管机关是各县市政府社会局，也就是社会福利机关。少年安置处分机构对于少年是否尽心尽力予以照料、辅导、照顾，使其身心日趋健全，而不只是沦于提供床位、食宿的少年宿舍，仍有赖社会福利机关予以辅导、监督。少年安置处分机构如遭社会福利机关判定为不适合，应通知少年法庭，少年法庭此后即避免将少年送往该机构安置辅导，或将少年另行转往其他安置辅导机构。

（三）卫生机关

少年去除刺青，戒除毒品以及有身体、精神疾病的治疗、疾病防治等等，都有赖政府卫生机关予以协助。卫生单位管辖医疗院所，因此也可以责成或监督所属医疗院所，对涉及少年的卫生行政事项与少年法庭保持业务合作及联系。

（四）教育机关

少年事件处理的少年，通常原本即有学习状况不良的问题，而少年法庭对于非行或违法少年的处遇，有时是封闭或半封闭式的，并且是离家前往远地接受处遇或服刑，例如执行少年的刑罚、感化教育或安置辅导。这时，少年的学业如何接续并且迎头赶上？如何提供非行少年适当的学习环境与教学资源？少年在服刑机关或感化教育学校接续学业后，如何能在其毕业证书上不显示少年刑罚或处遇机关的名称，而借用与执行机关同一小区的附近学校的毕业证书，避免被社会贴上负面标签另眼看待？均应获得教育机关的协助与认可。

另外，少年所就读学校方面，对于经常逃学、逃家、打闹滋事，甚至携带毒品、刀械到校的所谓"高风险少年"，须与少年法庭及警察保持密切联系，如发现少年有违法或虞犯行为，应将少年移送法办，这部分也有赖教育机关的支持与配合。

三、安置辅导机构

"少事法"于修法后，新增之"安置辅导"处分，其处遇方式，即相当近似居住式的小区处遇方案（residential treatment program），兼具预防与矫治效果。接受少年法庭的委托提供安置辅导服务的机构，并不属于司法体系，其提供服务的项目，除食宿外，还包括课程安排、技能训练安排、个别或团体辅导及家庭访视等。

对于少年的交付安置辅导时，由少年法庭依少年行为的性质、身心状况、学业程度及其他必要事项，分类交付适当的福利、教养机构执行安置辅导，安置辅导机构接受少年法庭的指导。依少年及儿童保护事件执行办法第40条规定，对于儿童之安置辅导处分，应视个案情节及少年不良习性的需要，分别交由寄养家庭、儿童福利、教养、身心障碍福利服务机构或其他适当处所执行之。

四、少年监狱

少年法官行使先议权，将少年移送检察官起诉，最后遭判决有罪确定后，有期徒刑的执行机关，也和成年犯不同，可以为学校组织（例如：台湾地区"法务部"的明阳中学），其校长为教育系统人员，而非监狱矫正系统人员，亦即校长属于教育部门，而非监狱司法部门，少年在校内，原则上不上脚镣手铐，但有门禁管制及监狱人员进驻，堪称为"有铁窗的学校"。学生毕业后，校方借用同一小区内附近其他学校的名义核发毕业证书，而且此举是经过教育机关所认可的，加上少年非行纪录会全部涂销，所以少年往后升学、谋职，可完全不露痕迹，获得完全清白之身。有些非行少年凭借着这个学历，考上台湾地区的优秀大学，后来成为社会精英。

海峡两岸少年审判制度的比较

比较项目	台湾地区"法"	大陆刑事诉讼法	说明
程序宗旨与本质	"少事法"第1条：为保障少年健全之自我成长，调整其成长环境，并矫治其性格，特制定本法。	刑事诉讼法第266条第1款：对犯罪的未成年人实行教育、感化、挽救的方针，坚持教育为主、惩罚为辅的原则。	台湾地区"法"宣示保障及矫治，实际上是"教惩并行"，适用有别于刑事诉讼程序的特殊少年事件过程。 大陆法宣示"教先惩后"，适用刑事诉讼程序。

比较项目	台湾地区"法"	大陆刑事诉讼法	说明
少年案件的定义	"少事法"第1-1条规定：少年保护事件及少年刑事案件之处理，依本法之规定；本法未规定者，适用其他法律。第2条规定：本法称少年者，谓12岁以上18岁未满之人。第3条规定：左列事件，由少年法院依本法处理之：一、少年有触犯刑罚法律之行为者。二、少年有左列情形之一，依其性格及环境，而有触犯刑罚法律之虞者：……	民法通则第11条规定：18周岁以上的公民是成年人。	台湾地区"法"规定未满18岁的人犯罪或虞犯，为少年案件，以行为人"行为时"是否未满18岁为准。大陆法规定未满18岁的未成年人犯罪为少年刑事案件，而少年庭的收案范围，不以少年刑事案件为限，还可以包括：被告人犯罪时，共犯中有一被告人犯罪时未满18周岁、或有一被害人未满18周岁的、被告人是在校学生、自诉案件被告人或自诉人一方或双方不满18周岁、未成年人监护、扶养等家事案件。
承办人员得资格	"少年法院院长、庭长及法官遴选办法"第3条规定：少年法院之庭长及法官，应就具有下列条件者遴任之：一、少年保护之学识。二、少年保护之经验。三、少年保护之热忱。第4条规定：前条第一款所称少年保护之学识，系指与少年保护相关之法学、心理学、精神医学、教育学、犯罪学、社会学、家庭动力学、儿童及少年福利、咨商与辅导学、社会政策与社会立法、社会工作、个案研究等专业学识（第1项）。有下列情形之一，得认具有前项少年保护之学识：……（第2项）。	第266条第2款规定：人民法院、人民检察院和公安机关办理未成年人刑事案件，应当保障未成年人行使其诉讼权利，保障未成年人得到法律帮助，并由熟悉未成年人身心特点的审判人员、检察人员、侦查人员承办。	台湾地区"法"规定"学识、经验、热忱"，并加以定义。大陆法则强调"熟悉未成年人身心特点"。

比较项目	台湾地区"法"	大陆刑事诉讼法	说明
指定辩护	一、保护事件 "少事法"第31条第2项规定：犯最轻本刑为三年以上有期徒刑之罪，未经选任辅佐人者，少年法院应指定适当之人辅佐少年。其他案件认有必要者亦同。 二、刑事案件 台湾地区"刑事诉讼法"第31条第1项规定：最轻本刑为三年以上有期徒刑或高等法院管辖第一审案件或被告因智能障碍无法为完全之陈述，于审判中未经选任辩护人者，审判长应指定公设辩护人或律师为其辩护；其他审判案件，低收入户被告未选任辩护人而声请指定，或审判长认有必要者，亦同。	第267条规定：未成年犯罪嫌疑人、被告人没有委托辩护人的，人民法院、人民检察院、公安机关应当通知法律援助机构指派律师为其提供辩护。	台湾地区"法"限于犯最轻本刑三年以上有期徒刑之罪，少年法庭在保护事件应指定强制辅佐人（通常指定公设辩护人），在少年刑事案件应指定公设辩护人。 大陆法不论罪名，在公、检、法三阶段，都应通知法律援助机构指派律师。
审前调查（庭前走访、社会调查）	"少事法"第19条第1项规定：少年法院接受第15条、第17条及前条之移送、请求或报告事件后，应先由少年调查官调查该少年与事件有关之行为、其人之品格、经历、身心状况、家庭情形、社会环境、教育程度以及其他必要之事项，提出报告，并附具建议。	第268条规定：公安机关、人民检察院、人民法院办理未成年人刑事案件，根据情况可以对未成年犯罪嫌疑人、被告人的成长经历、犯罪原因、监护教育等情况进行调查。	台湾地区"法"在法院审理阶段，由少年调查官负责审前调查。 大陆在公、检、法三阶段均为"得"调查，且对于调查人员的资格并未设限。但2010年六部委联合签发的《进一步建立和完善办理未成年人刑事案件配套工作体系的若干意见》规定社会调查是办理未成年人刑事案件的必经程序，且规定现行社会调查由未成年犯罪嫌疑人、被告人户籍所在地或居住地的司法行政机关小区矫正工作部门负责，小区矫正工作部门可联合相关部门开展社会调查，或委托共青团组织或其他社会组织协助调查。

比较项目	台湾地区"法"	大陆刑事诉讼法	说明
调查、审理时的合适参与或合适在场人员	一、调查时 "少事法"第21条规定：少年法院法官或少年调查官对于事件之调查，必要时得传唤少年、少年之法定代理人或现在保护少年之人到场。第34条：调查及审理不公开。但得许少年之亲属、学校教师、从事少年保护事业之人或其他认为相当之人在场旁听。 二、审理时 "少事法"第32条规定：少年法院审理事件应定审理期日。审理期日应传唤少年、少年之法定代理人或现在保护少年之人，并通知少年之辅佐人。"少事法"第34条规定：调查及审理不公开。但得许少年之亲属、学校教师、从事少年保护事业之人或其他认为相当之人在场旁听。第36条规定：审理期日讯问少年时，应予少年之法定代理人或现在保护少年之人及辅佐人陈述意见之机会。	第270条规定：对于未成年人刑事案件，在讯问和审判的时候，应当通知未成年犯罪嫌疑人、被告人的法定代理人到场。无法通知、法定代理人不能到场或者法定代理人是共犯的，也可以通知未成年犯罪嫌疑人、被告人的其他成年亲属，所在学校、单位、居住地基层组织或者未成年人保护组织的代表到场，并将有关情况记录在案。到场的法定代理人可以代为行使未成年犯罪嫌疑人、被告人的诉讼权利（第1款）。到场的法定代理人或者其他人员认为办案人员在讯问、审判中侵犯未成年人合法权益的，可以提出意见。讯问笔录、法庭笔录应当交给到场的法定代理人或者其他人员阅读或者向他宣读（第2款）。讯问女性未成年犯罪嫌疑人，应当有女工作人员在场（第3款）。审判未成年人刑事案件，未成年被告人最后陈述后，其法定代理人可以进行补充陈述（第4款）。	台湾地区"法"规定调查时，必要时得传唤少年、少年的法定代理人或现在保护少年的人，而少年的亲属、学校教师或适合的人，经法官准许得在场旁听，但调查及审理都不公开。但审理时，应传唤少年、少年的法定代理人或现在保护少年的人（与调查时有别），并应通知辅佐人，且应给予少年的法定代理人或现在保护少年的人陈述意见的机会，其他亲属、少年的学校教师或适合的人，经法官准许也可以在场旁听，但审理不公开。 大陆法规定讯问时应通知少年或被害未成年人的法定代理人到场，也可以通知其他亲属、学校、单位、组织人员到场，到场人有权提出异议及阅览笔录，法定代理人得为最后审判时的补充陈述。

比较项目	台湾地区"法"	大陆刑事诉讼法	说明
拘捕与留置	"少事法"第71条规定：少年被告非有不得已情形，不得羁押之（第1项）。少年被告应羁押于少年观护所。于年满20岁时，应移押于看守所（第2项）。第72条规定：少年被告于侦查审判时，应与其他被告隔离。但与一般刑事案件分别审理显有困难或认有对质之必要时，不在此限。	第269条规定：对未成年犯罪嫌疑人、被告人应当严格限制适用逮捕措施。人民检察院审查批准逮捕和人民法院决定逮捕，应当讯问未成年犯罪嫌疑人、被告人，听取辩护律师的意见（第1款）。对被拘留、逮捕和执行刑罚的未成年人与成年人应当分别关押、分别管理、分别教育（第2款）。	台湾地区"法"的少年刑事案件逮捕程序与成年人同，但非不得已不得羁押，且羁押、侦查、审判均应与其他被告隔离。大陆法规定对未成年的被告人应严格限制适用逮捕措施，关押、管理及教育应与成年人隔离。
合适参与的成年人不到场	"少事法"第22条第1项规定：少年、少年之法定代理人或现在保护少年之人，经合法传唤，无正当理由不到者，少年法院法官得依职权或依少年调查官之请求发同行书，强制其到场。	第270条第1款规定：无法通知、法定代理人不能到场或者法定代理人是共犯的，也可以通知未成年犯罪嫌疑人、被告人的其他成年亲属，所在学校、单位、居住地基层组织或者未成年人保护组织的代表到场。	台湾地区"法"明订强制到场的规定。
少年法庭不公开	一、保护事件 "少事法"第34条规定：调查及审理不公开。但得许少年之亲属、学校教师、从事少年保护事业之人或其他认为相当之人在场旁听。 二、刑事案件 "少事法"第73条第1项规定：审判得不公开之。	第274条规定：审判的时候被告人不满18周岁的案件，不公开审理。但是，经未成年被告人及其法定代理人同意，未成年被告人所在学校和未成年人保护组织可以派代表到场。	两岸均规定少年法庭审理时原则上不公开，但得允许特定相关人士到场。

比较项目	台湾地区"法"	大陆刑事诉讼法	说明
前案纪录涂销	"少事法"第83条规定：任何人不得于媒体、信息或以其他公示方式揭示有关少年保护事件或少年刑事案件之记事或照片，使阅者由该项资料足以知悉其人为该保护事件受调查、审理之少年或该刑事案件之被告（第1项）。违反前项规定者，由主管机关依法予以处分（第2项）。 "少事法"第83条之1：少年受第29条第1项之转介处分执行完毕2年后，或受保护处分或刑之执行完毕或赦免3年后，或受不付审理或不付保护处分之裁定确定后，视为未曾受各该宣告（第1项）。少年法院于前项情形应通知保存少年前科纪录及有关数据之机关，将少年之前科纪录及有关数据予以涂销（第2项）。前项纪录及数据非为少年本人之利益或经少年本人同意，少年法院及其他任何机关不得提供（第3项）。 "少事法"第83条之2：违反前条规定未将少年之前科纪录及有关数据涂销或无故提供者，处6月以下有期徒刑、拘役或新台币3万元以下罚金。	第275条：犯罪的时候不满18周岁，被判处5年有期徒刑以下刑罚的，应当对相关犯罪记录予以封存（第1款）。犯罪记录被封存的，不得向任何单位和个人提供，但司法机关为办案需要或者有关单位根据国家规定进行查询的除外。依法进行查询的单位，应当对被封存的犯罪记录的情况予以保密（第2款）。	台湾地区"法"规定任何人都不可以泄露或揭露少年的前案纪录，并且以刑罚来确保少年前案的涂销。 大陆法规定前案纪录封存与保密。

总　结

　　台湾地区关于少年事件处理的法制，已经行之有年，在"教"与"罚"之间来回摆荡、反复思辨后，趋于定格，历此变迁，终臻圆熟，且台湾地区"法律"向来集各国法制先进国家之大成，是世界法律的窗口。海峡两岸同文同种，语文相通，社会文化背景相似，因此大陆在少年审判制度起飞之际，如能参考台湾地区发展多年的制度，并在此基础上大为跃进，相信应能节约不少摸索时间，并能进一步创新研发，引领全球。另一方面，大陆目前的少年审判法制，也有若干值得台湾地区学习借镜之处，例如：大陆规定在公、检、法三阶段，都应为少年指定辩护人，而台湾地区只在少年法庭审理阶段，而且只针对重罪，法官才应为少年指定辅佐人或辩护人；又如大陆规定少年犯应与成年犯分别关押，但台湾地区只规定在少年法庭审理时，应与成年犯分开审理，对于少年事件的收容，并无与成年人分别拘禁的规定，如果将少年与成年共同拘禁于一室，造成少年可能有恐惧、被欺负虐待、学坏等种种负面效应。针对此点，大陆在立法规定方面，显然比台湾地区先进。

　　大陆有自己特殊的制度需求与元素，因为是崭新的少年审判的立法，所以没有既有的窠臼，可以有许多挥洒空间，在参考台湾地区或外国立法时，无妨因地制宜，创造出更精良缜密的少年审判法制。例如：台湾地区将少年法院专业化的结果，成立专责的少年法院，但随之而来的问题是少年及家长前往少数专业法院开庭不方便的问题，作为台湾地区第一所少年法院的台湾地区高雄及少年家事法院，原先将台湾地区最南端的屏东也包括在其辖区内，但后来因为屏东部分地区距离高雄少年及家事法院距离实在太远，交通不便，后来又把屏东的业务拨还给台湾地区屏东地方法院管辖。台湾地区地狭人稠，开庭便利性的问题或许还不明显，但大陆各省幅员广大，如果与台湾地区法制完全对齐，而规划将少年审判业务集中在数个专业法院管辖，固然可收专业之效，但许多住在大山里的孩子及家长，如果要前往少数几个法院开庭，可能面临千山万水、长路迢迢、交通不便的问题，如此一来，少年法庭照顾少年及家长的美意，不免打折，因此台湾地区的少年审判经验，固然可能有某些值得大陆参考之处，但大陆本身在制度上的种种特别需求，也不容忽视。

附：

台湾地区"少年事件处理法"

第一章 总 则

第1条 （立法目的）

为保障少年健全之自我成长，调整其成长环境，并矫治其性格，特制定本法。

第1-1条 （本法适用范围）

少年保护事件及少年刑事案件之处理，依本法之规定；本法未规定者，适用其他法律。

第2条 （少年之定义）

本法称少年者，谓十二岁以上十八岁未满之人。

第3条 （少年法院之管辖事件）

左列事件，由少年法院依本法处理之：

一、少年有触犯刑罚法律之行为者。

二、少年有左列情形之一，依其性格及环境，而有触犯刑罚法律之虞者：

（一）经常与有犯罪习性之人交往者。

（二）经常出入少年不当进入之场所者。

（三）经常逃学或逃家者。

（四）参加不良组织者。

（五）无正当理由经常携带刀械者。

（六）吸食或施打烟毒或麻醉药品以外之迷幻物品者。

（七）有预备犯罪或犯罪未遂而为法所不罚之行为者。

第3-1条 （告知有选任辅佐人之权利）

警察、检察官、少年调查官、法官于侦查、调查或审理少年事件时，应告知少年犯罪事实或虞犯事由，听取其陈述，并应告知其有选任辅佐人之权利。

第 4 条　（应受军事审判者之处理）

少年犯罪依法应受军事审判者，得由少年法院依本法处理之。

第二章　少年法院之组织

第 5 条　（少年法院之设置）

直辖市设少年法院，其他县（市）得视其地理环境及案件多寡分别设少年法院。

尚未设少年法院地区，于地方法院设少年法庭。但得视实际情形，其职务由地方法院原编制内人员兼任，依本法执行之。

高等法院及其分院设少年法庭。

第 5-1 条　（少年法院各庭处室之设置）

少年法院分设刑事庭、保护庭、调查保护处、公设辅佐人室，并应配置心理测验员、心理辅导员及佐理员。

第 5-2 条　（少年法院之组织、准用规定）

少年法院之组织，除本法有特别规定者外，准用法院组织法有关地方法院之规定。

第 5-3 条　（心理测验员、辅导员及佐理员之职等）

心理测验员、心理辅导员及佐理员配置于调查保护处。

心理测验员、心理辅导员，委任第五职等至荐任第八职等。佐理员委任第三职等至荐任第六职等。

第 6 条　（删除）

第 7 条　（院长、庭长及法官之遴选）

少年法院院长、庭长及法官、高等法院及其分院少年法庭庭长及法官、公设辅佐人，除须具有一般之资格外，应遴选具有少年保护之学识、经验及热忱者充之。

前项院长、庭长及法官遴选办法，由司法院定之。

第 8 条　（删除）

第 9 条　（少年调查官、少年保护官之职务）

少年调查官职务如左：

一、调查、搜集关于少年保护事件之资料。

二、对于少年观护所少年之调查事项。

三、法律所定之其他事务。

少年保护官职务如左：

一、掌理由少年保护官执行之保护处分。

二、法律所定之其他事务。

少年调查官及少年保护官执行职务，应服从法官之监督。

第 10 条　（处长之设置）

调查保护处置处长一人，由少年调查官或少年保护官兼任，综理及分配少年调查及保护事务；其人数合计在六人以上者，应分组办事，各组并以一人兼任组长，襄助处长。

第 11 条　（心理测验员、辅导员等人之职责）

心理测验员、心理辅导员、书记官、佐理员及执达员随同少年调查官或少年保护官执行职务者，应服从其监督。

第 12 条　（删除）

第 13 条　（少年调查官、少年保护官之职等）

少年法院兼任处长或组长之少年调查官、少年保护官荐任第九职等或简任第十职等，其余少年调查官、少年保护官荐任第七职等至第九职等。

高等法院少年法庭少年调查官荐任第八职等至第九职等或简任第十职等。

第三章　少年保护事件

第一节　调查及审理

第 14 条　（土地管辖）

少年保护事件由行为地或少年之住所、居所或所在地之少年法院管辖。

第 15 条　（移送管辖）

少年法院就系属中之事件，经调查后认为以由其他有管辖权之少年法院处理，可使少年受更适当之保护者，得以裁定移送于该管少年法院；受移送之法院，不得再行移送。

第 16 条　（相牵连案件管辖之准用）

刑事诉讼法第六条第一项、第二项，第七条及第八条前段之规定，于少年保护事件准用之。

第 17 条　（少年事件之报告）

不论何人知有第三条第一款之事件者，得向该管少年法院报告。

第18条　（少年事件之移送与处理之请求）

检察官、司法警察官或法院于执行职务时，知有第三条之事件者，应移送该管少年法院。

对于少年有监督权人、少年之肄业学校或从事少年保护事业之机构，发现少年有第三条第二款之事件者，亦得请求少年法院处理之。

第19条　（事件之调查）

少年法院接受第十五条、第十七条及前条之移送、请求或报告事件后，应先由少年调查官调查该少年与事件有关之行为、其人之品格、经历、身心状况、家庭情形、社会环境、教育程度以及其他必要之事项，提出报告，并附具建议。

少年调查官调查之结果，不得采为认定事实之唯一证据。

少年法院讯问关系人时，书记官应制作笔录。

第20条　（审理独任制）

少年法院审理少年保护事件，得以法官一人独任行之。

第21条　（传唤与通知书之内容）

少年法院法官或少年调查官对于事件之调查，必要时得传唤少年、少年之法定代理人或现在保护少年之人到场。

前项调查，应于相当期日前将调查之日、时及处所通知少年之辅佐人。

第一项之传唤，应用通知书，记载左列事项，由法官签名；其由少年调查官传唤者，由少年调查官签名：

一、被传唤人之姓名、性别、年龄、出生地及住居所。

二、事由。

三、应到场之日、时及处所。

四、无正当理由不到场者，得强制其同行。

传唤通知书应送达于被传唤人。

第22条　（同行书及其内容）

少年、少年之法定代理人或现在保护少年之人，经合法传唤，无正当理由不到场者，少年法院法官得依职权或依少年调查官之请求发同行书，强制其到场。但少年有刑事诉讼法第七十六条所列各款情形之一，少年法院法官并认为必要时，得不经传唤，径发同行书，强制其到场。

同行书应记载左列事项，由法官签名：

一、应同行人之姓名、性别、年龄、出生地、国民身份证字号、住居所及其他足资辨别之特征。但年龄、出生地、国民身份证字号或住居所不明者，得免记载。

二、事由。

三、应与执行人同行到达之处所。

四、执行同行之期限。

第23条 （同行书之执行）

同行书由执达员、司法警察官或司法警察执行之。

同行书应备三联，执行同行时，应各以一联交应同行人及其指定之亲友，并应注意同行人之身体及名誉。

执行同行后，应于同行书内记载执行之处所及年、月、日；如不能执行者，记载其情形，由执行人签名提出于少年法院。

第23-1条 （协寻）

少年行踪不明者，少年法院得通知各地区少年法院、检察官、司法警察机关协寻之。但不得公告或登载报纸或以其他方法公开之。

协寻少年，应用协寻书，记载左列事项，由法官签名：

一、少年之姓名、性别、年龄、出生地、国民身份证字号、住居所及其他足资辨别之特征。但年龄、出生地、国民身份证字号或住居所不明者，得免记载。

二、事件之内容。

三、协寻之理由。

四、应护送之处所。

少年经寻获后，少年调查官、检察官、司法警察官或司法警察，得径行护送少年至应到之处所。

协寻于其原因消灭或显无必要时，应即撤销。撤销协寻之通知，准用第一项之规定。

第24条 （刑诉法有关证据规定之准用）

刑事诉讼法关于人证、鉴定、通译、勘验、证据保全、搜索及扣押之规定，于少年保护事件性质不相违反者准用之。

第25条 （执行职务之协助）

少年法院因执行职务，得请警察机关、自治团体、学校、医院或其他机关、团体为必要之协助。

第 26 条　（责付、观护之处置）

少年法院于必要时，对于少年得以裁定为左列之处置：

一、责付于少年之法定代理人、家长、最近亲属、现在保护少年之人或其他适当之机关、团体或个人，并得在事件终结前，交付少年调查官为适当之辅导。

二、命收容于少年观护所。但以不能责付或以责付为显不适当，而需收容者为限。

第 26-1 条　（收容书及其内容）

收容少年应用收容书。

收容书应记载左列事项，由法官签名：

一、少年之姓名、性别、年龄、出生地、国民身份证字号、住居所及其他足资辨别之特征。但年龄、出生地、国民身份证字号或住居所不明者，得免记载。

二、事件之内容。

三、收容之理由。

四、应收容之处所。

第二十三条第二项之规定，于执行收容准用之。

第 26-2 条　（收容之期间）

少年观护所收容少年之期间，调查或审理中均不得逾二月。但有继续收容之必要者，得于期间未满前，由少年法院裁定延长之；延长收容期间不得逾一月，以一次为限。收容之原因消灭时，少年法院应将命收容之裁定撤销之。

事件经抗告者，抗告法院之收容期间，自卷宗及证物送交之日起算。

事件经发回者，其收容及延长收容之期间，应更新计算。

裁定后送交前之收容期间，算入原审法院之收容期间。

少年观护所之组织，以法律定之。

第 27 条　（移送于检察官之情形）

少年法院依调查之结果，认少年触犯刑罚法律，且有左列情形之一者，应以裁定移送于有管辖权之法院检察署检察官：

一、犯最轻本刑为五年以上有期徒刑之罪者。

二、事件系属后已满二十岁者。

除前项情形外，少年法院依调查之结果，认犯罪情节重大，参酌其品行、性格、经历等情状，以受刑事处分为适当者，得以裁定移送于有管辖权之法院检察署检察官。

前二项情形，于少年犯罪时未满十四岁者，不适用之。

第28条　（应不付审理之裁定）

少年法院依调查之结果，认为无付保护处分之原因或以其他事由不应付审理者，应为不付审理之裁定。

少年因心神丧失而为前项裁定者，得令入相当处所实施治疗。

第29条　（得不付审理之裁定）

少年法院依少年调查官调查之结果，认为情节轻微，以不付审理为适当者，得为不付审理之裁定，并为下列处分：

一、转介儿童或少年福利或教养机构为适当之辅导。

二、交付儿童或少年之法定代理人或现在保护少年之人严加管教。

三、告诫。

前项处分，均交由少年调查官执行之。

少年法院为第一项裁定前，得斟酌情形，经少年、少年之法定代理人及被害人之同意，命少年为下列各款事项：

一、向被害人道歉。

二、立悔过书。

三、对被害人之损害负赔偿责任。

前项第三款之事项，少年之法定代理人应负连带赔偿之责任，并得为民事强制执行之名义。

第30条　（开始审理之裁定）

少年法院依调查之结果，认为应付审理者，应为开始审理之裁定。

第31条　（辅佐人）

少年或少年之法定代理人或现在保护少年之人，得随时选任少年之辅佐人。

犯最轻本刑为三年以上有期徒刑之罪，未经选任辅佐人者，少年法院应指定适当之人辅佐少年。其他案件认有必要者亦同。

前项案件，选任辅佐人无正当理由不到庭者，少年法院亦得指定之。

前两项指定辅佐人之案件，而该地区未设置公设辅佐人时，得由少年法院指定适当之人辅佐少年。

公设辅佐人准用公设辩护人条例有关规定。

少年保护事件中之辅佐人,于与少年保护事件性质不相违反者,准用刑事诉讼法辩护人之相关规定。

第 31-1 条　（辅佐人之选任应得少年法院同意）

选任非律师为辅佐人者,应得少年法院之同意。

第 31-2 条　（协助促成少年健全成长）

辅佐人除保障少年于程序上之权利外,应协助少年法院促成少年之健全成长。

第 32 条　（审理期日之传唤及通知）

少年法院审理事件应定审理期日。审理期日应传唤少年、少年之法定代理人或现在保护少年之人,并通知少年之辅佐人。

少年法院指定审理期日时,应考虑少年、少年之法定代理人、现在保护少年之人或辅佐人准备审理所需之期间。但经少年及其法定代理人或现在保护少年之人之同意,得及时开始审理。

第二十一条第三项、第四项之规定,于第一项传唤准用之。

第 33 条　（审理笔录之制作）

审理期日,书记官应随同法官出席,制作审理笔录。

第 34 条　（秘密审理与旁听人员）

调查及审理不公开。但得许少年之亲属、学校教师、从事少年保护事业之人或其他认为相当之人在场旁听。

第 35 条　（审理态度）

审理应以和蔼恳切之态度行之。法官参酌事件之性质与少年之身心、环境状态,得不于法庭内进行审理。

第 36 条　（法定代理人之陈述意见）

审理期日讯问少年时,应予少年之法定代理人或现在保护少年之人及辅佐人陈述意见之机会。

第 37 条　（调查证据）

审理期日,应调查必要之证据。

少年应受保护处分之原因、事实,应依证据认定之。

第 38 条　（陈述时之处置）

少年法院认为必要时,得为左列处置：

一、少年为陈述时,不令少年以外之人在场。

二、少年以外之人为陈述时,不令少年在场。

第 39 条　（少年调查官之陈述）

少年调查官应于审理期日出庭陈述调查及处理之意见。

少年法院不采少年调查官陈述之意见者，应于裁定中记载不采之理由。

第 40 条　（移送之裁定）

少年法院依审理之结果，认为事件有第二十七条第一项之情形者，应为移送之裁定；有同条第二项之情形者，得为移送之裁定。

第 41 条　（不付保护处分之裁定）

少年法院依审理之结果，认为事件不应或不宜付保护处分者，应裁定谕知不付保护处分。

第二十八条第二项、第二十九条第三项、第四项之规定，于少年法院认为事件不宜付保护处分，而依前项规定为不付保护处分裁定之情形准用之。

第 42 条　（保护处分及禁戒治疗之裁定）

少年法院审理事件，除为前二条处置者外，应对少年以裁定谕知下列之保护处分：

一、训诫，并得予以假日生活辅导。

二、交付保护管束并得命为劳动服务。

三、交付安置于适当之福利或教养机构辅导。

四、令入感化教育处所施以感化教育。

少年有下列情形之一者，得于为前项保护处分之前或同时谕知下列处分：

一、少年染有烟毒或吸用麻醉、迷幻物品成瘾，或有酗酒习惯者，令入相当处所实施禁戒。

二、少年身体或精神状态显有缺陷者，令入相当处所实施治疗。

第一项处分之期间，毋庸谕知。

第二十九条第三项、第四项之规定，于少年法院依第一项为保护处分之裁定情形准用之。

第 43 条　（没收规定之准用）

刑法及其他法律有关没收之规定，于第二十八条、第二十九条、第四十一条及前条之裁定准用之。

少年法院认供本法第三条第二款各目行为所用或所得之物不宜发还者，得没收之。

第 44 条 （观察之裁定）

少年法院为决定宜否为保护处分或应为何种保护处分，认有必要时，得以裁定将少年交付少年调查官为六月以内期间之观察。

前项观察，少年法院得征询少年调查官之意见，将少年交付适当之机关、学校、团体或个人为之，并受少年调查官之指导。

少年调查官应将观察结果，附具建议提出报告。

少年法院得依职权或少年调查官之请求，变更观察期间或停止观察。

第 45 条 （另有裁判处分之撤销）

受保护处分之人，另受有期徒刑以上刑之宣告确定者，为保护处分之少年法院，得以裁定将该处分撤销之。

受保护处分之人，另受保安处分之宣告确定者，为保护处分之少年法院，应以裁定定其应执行之处分。

第 46 条 （定应执行之处分与处分之撤销）

受保护处分之人，复受另件保护处分，分别确定者，后为处分之少年法院，得以裁定定其应执行之处分。

依前项裁定为执行之处分者，其他处分无论已否开始执行，视为撤销。

第 47 条 （无审判权之撤销保护处分）

少年法院为保护处分后，发见其无审判权者，应以裁定将该处分撤销之，移送于有审判权之机关。

保护处分之执行机关，发见足认为有前项情形之资料者，应通知该少年法院。

第 48 条 （裁定之送达）

少年法院所为裁定，应以正本送达于少年、少年之法定代理人或现在保护少年之人、辅佐人及被害人，并通知少年调查官。

第 49 条 （送达方法）

文书之送达，适用民事诉讼法关于送达之规定。但对于少年、少年之法定代理人、现在保护少年之人或辅佐人，及被害人或其法定代理人不得为左列之送达：

一、公示送达。

二、因未陈明送达代收人，而交付邮局以为送达。

第二节 保护处分之执行

第50条 （训诫之执行及假日生活辅导）

对于少年之训诫，应由少年法院法官向少年指明其不良行为，晓谕以将来应遵守之事项，并得命立悔过书。

行训诫时，应通知少年之法定代理人或现在保护少年之人及辅佐人到场。

少年之假日生活辅导为三次至十次，由少年法院交付少年保护官于假日为之，对少年施以个别或群体之品德教育，辅导其学业或其他作业，并得命为劳动服务，使其养成勤勉习惯及守法精神；其次数由少年保护官视其辅导成效而定。

前项假日生活辅导，少年法院得依少年保护官之意见，将少年交付适当之机关、团体或个人为之，受少年保护官之指导。

第51条 （保护管束之执行）

对于少年之保护管束，由少年保护官掌理之；少年保护官应告少年以应遵守之事项，与之常保接触，注意其行动，随时加以指示；并就少年之教养、医治疾病、谋求职业及改善环境，予以相当辅导。

少年保护官因执行前项职务，应与少年之法定代理人或现在保护少年之人为必要之洽商。

少年法院得依少年保护官之意见，将少年交付适当之福利或教养机构、慈善团体、少年之最近亲属或其他适当之人保护管束，受少年保护官之指导。

第52条 （感化教育之执行）

对于少年之交付安置辅导及施以感化教育时，由少年法院依其行为性质、身心状况、学业程度及其他必要事项，分类交付适当之福利、教养机构或感化教育机构执行之，受少年法院之指导。

感化教育机构之组织及其教育之实施，以法律定之。

第53条 （保护管束及感化教育之期间）

保护管束与感化教育之执行，其期间均不得逾三年。

第54条 （转介辅导及保护处分之限制）

少年转介辅导处分及保护处分之执行，至多执行至满二十一岁为止。

执行安置辅导之福利及教养机构之设置及管理办法，由少年福利机构及儿童福利机构之中央主管机关定之。

第 55 条　（保护管束之考核）

保护管束之执行，已逾六月，卓有成效，认无继续之必要者，或因事实上原因，以不继续执行为宜者，少年保护官得检具事证，声请少年法院免除其执行。

少年、少年之法定代理人、现在保护少年之人认保护管束之执行有前项情形时，得请求少年保护官为前项之声请，除显无理由外，少年保护官不得拒绝。

少年在保护管束执行期间，违反应遵守之事项，不服从劝导达二次以上，而有观察之必要者，少年保护官得声请少年法院裁定留置少年于少年观护所中，予以五日以内之观察。

少年在保护管束期间违反应遵守之事项，情节重大，或曾受前项观察处分后，再违反应遵守之事项，足认保护管束难收效果者，少年保护官得声请少年法院裁定撤销保护管束，将所余之执行期间令入感化处所施以感化教育，其所余之期间不满六月者，应执行至六月。

第 55 - 1 条　（劳动服务）

保护管束所命之劳动服务为三小时以上五十小时以下，由少年保护官执行，其期间视辅导之成效而定。

第 55 - 2 条　（安置辅导）

第四十二条第一项第三款之安置辅导为二月以上二年以下。

前项执行已逾二月，卓有成效，认无继续执行之必要者，或有事实上原因以不继续执行为宜者，负责安置辅导之福利或教养机构、少年、少年之法定代理人或现在保护少年之人得检具事证，声请少年法院免除其执行。

安置辅导期满，负责安置辅导之福利或教养机构、少年、少年之法定代理人或现在保护少年之人认有继续安置辅导之必要者，得声请少年法院裁定延长，延长执行之次数以一次为限，其期间不得逾二年。

第一项执行已逾二月，认有变更安置辅导之福利或教养机构之必要者，少年、少年之法定代理人或现在保护少年之人得检具事证或叙明理由，声请少年法院裁定变更。

少年在安置辅导期间违反应遵守之事项，情节重大，或曾受第五十五条之三留置观察处分后，再违反应遵守之事项，足认安置辅导难收效果者，负责安置辅导之福利或教养机构、少年之法定代理人或现在保护少年之人得检具事证，声请少年法院裁定撤销安置辅导，将所余之执行期间令入感化处所施以感化教育，其所余之期间不满六月者，应执行至六月。

第 55-3 条　（声请核发劝导书）

少年无正当理由拒绝接受第二十九条第一项或第四十二条第一项第一款、第三款之处分，少年调查官、少年保护官、少年之法定代理人或现在保护少年之人、少年福利或教养机构，得声请少年法院核发劝导书，经劝导无效者，各该声请人得声请少年法院裁定留置少年于少年观护所中，予以五日内之观察。

第 56 条　（感化教育之免除或停止执行）

执行感化教育已逾六月，认无继续执行之必要者，得由少年保护官或执行机关检具事证，声请少年法院裁定免除或停止其执行。

少年或少年之法定代理人认感化教育之执行有前项情形时，得请求少年保护官为前项之声请，除显无理由外，少年保护官不得拒绝。

第一项停止感化教育之执行者，所余之运行时间，应由少年法院裁定交付保护管束。

第五十五条之规定，于前项之保护管束准用之；依该条第四项应继续执行感化教育时，其停止期间不算入执行期间。

第 57 条　（保护处分等之执行）

第二十九条第一项之处分、第四十二条第一项第一款之处分及第五十五条第三项或第五十五条之三之留置观察，应自处分裁定之日起，二年内执行之；逾期免予执行。

第四十二条第一项第二款、第三款、第四款及同条第二项之处分，自应执行之日起，经过三年未执行者，非经少年法院裁定应执行时，不得执行之。

第 58 条　（禁戒治疗之期间及执行）

第四十二条第二项第一款、第二款之处分期间，以戒绝治愈或至满二十岁为止；其处分与保护管束一并谕知者，同时执行之；与安置辅导或感化教育一并谕知者，先执行之。但其执行无碍于安置辅导或感化教育之执行者，同时执行之。

依禁戒或治疗处分之执行，少年法院认为无执行保护处分之必要者，得免其保护处分之执行。

第 59 条　（转介处分、保护处分或留置观察执行之通知）

少年法院法官因执行转介处分、保护处分或留置观察，于必要时，得对少年发通知书、同行书或请有关机关协寻之。

少年保护官因执行保护处分，于必要时得对少年发通知书。

第二十一条第三项、第四项、第二十二条第二项、第二十三条及第二十三条之一规定，于前二项通知书、同行书及协寻书准用之。

第 60 条　（教养费用之负担及执行）

少年法院谕知保护处分之裁定确定后，其执行保护处分所需教养费用，得斟酌少年本人或对少年负扶养义务人之资力，以裁定命其负担全部或一部；其特殊清寒无力负担者，豁免之。

前项裁定，得为民事强制执行名义，由少年法院嘱托各该法院民事执行处强制执行，免征执行费。

第三节　抗告及重新审理

第 61 条　（抗告）

少年、少年之法定代理人、现在保护少年之人或辅佐人，对于少年法院所为下列之裁定有不服者，得提起抗告。但辅佐人提起抗告，不得与选任人明示之意思相反：

一、第二十六条第一款交付少年调查官为适当辅导之裁定。

二、第二十六条第二款命收容之裁定。

三、第二十六条之二第一项延长收容之裁定。

四、第二十七条第一项、第二项之裁定。

五、第二十九条第一项之裁定。

六、第四十条之裁定。

七、第四十二条之处分。

八、第五十五条第三项、第五十五条之三留置观察之裁定及第五十五条第四项之撤销保护管束执行感化教育之处分。

九、第五十五条之二第三项延长安置辅导期间之裁定、第五项撤销安置辅导执行感化教育之处分。

十、驳回第五十六条第一项声请免除或停止感化教育执行之裁定。

十一、第五十六条第四项命继续执行感化教育之处分。

十二、第六十条命负担教养费用之裁定。

第 62 条　（被害人之抗告）

少年行为之被害人或其法定代理人，对于少年法院之左列裁定，得提起抗告：

一、依第二十八条第一项所为不付审理之裁定。

二、依第二十九条第一项所为不付审理，并为转介辅导、交付严加管教或告诫处分之裁定。

三、依第四十一条第一项谕知不付保护处分之裁定。

四、依第四十二条第一项谕知保护处分之裁定。

被害人已死亡或有其他事实上之原因不能提起抗告者，得由其配偶、直系血亲、三亲等内之旁系血亲、二亲等内之姻亲或家长家属提起抗告。

第 63 条　（抗告管辖法院）

抗告以少年法院之上级法院为管辖法院。

对于抗告法院之裁定，不得再行抗告。

第 64 条　（刑诉法抗告之准用）

抗告期间为十日，自送达裁定后起算。但裁定宣示后送达前之抗告亦有效力。

刑事诉讼法第四百零七条至第四百十四条及本章第一节有关之规定，于本节抗告准用之。

第 64-1 条　（重新审理）

谕知保护处分之裁定确定后，有左列情形之一，认为应不付保护处分者，少年保护官、少年、少年之法定代理人、现在保护少年之人或辅佐人得声请为保护处分之少年法院重新审理：

一、适用法规显有错误，并足以影响裁定之结果者。

二、因发见确实之新证据，足认受保护处分之少年，应不付保护处分者。

三、有刑事诉讼法第四百二十条第一项第一款、第二款、第四款或第五款所定得为再审之情形者。

刑事诉讼法第四百二十三条、第四百二十九条、第四百三十条前段、第四百三十一条至第四百三十四条、第四百三十五条第一项、第二项、第四百三十六条之规定，于前项之重新审理程序准用之。

为保护处分之少年法院发见有第一项各款所列情形之一者，亦得依职权为应重新审理之裁定。

少年受保护处分之执行完毕后，因重新审理之结果，须受刑事诉追者，其不利益不及于少年，毋庸裁定移送于有管辖权之法院检察署检察官。

第 64-2 条　（重新审理）

谕知不付保护处分之裁定确定后有左列情形之一，认为应谕知保护处分者，少年行为之被害人或其法定代理人得声请为不付保护处分之少年法院重新审理：

一、有刑事诉讼法第四百二十二条第一款得为再审之情形者。

二、经少年自白或发现确实之新证据，足认其有第三条行为应谕知保护处分者。

刑事诉讼法第四百二十九条、第四百三十一条至第四百三十四条、第四百三十五条第一项、第二项及第四百三十六条之规定，于前项之重新审理程序准用之。

为不付保护处分之少年法院发现有第一项各款所列情形之一者，亦得依职权为应重新审理之裁定。

第一项或前项之重新审理于谕知不付保护处分之裁定确定后，经过一年者不得为之。

第四章　少年刑事案件

第 65 条　（少年刑事案件之范围及自诉之禁止）

对于少年犯罪之刑事追诉及处罚，以依第二十七条第一项、第二项移送之案件为限。

刑事诉讼法关于自诉之规定，于少年刑事案件不适用之。

本章之规定，于少年犯罪后已满十八岁者适用之。

第 66 条　（开始侦查）

检察官受理少年法院移送之少年刑事案件，应即开始侦查。

第 67 条　（起诉与不起诉处分）

检察官依侦查之结果，对于少年犯最重本刑五年以下有期徒刑之罪，参酌刑法第五十七条有关规定，认以不起诉处分而受保护处分为适当者，得为不起诉处分，移送少年法院依少年保护事件审理；认应起诉者，应向少年法院提起公诉。依第六十八条规定由少年法院管辖之案件，应向少年法院起诉。

前项经检察官为不起诉处分而移送少年法院依少年保护事件审理之案件，如再经少年法院裁定移送，检察官不得依前项规定，再为不起诉处分而移送少年法院依少年保护事件审理。

第68条　（删除）

第69条　（同一事件之处理）

对于少年犯罪已依第四十二条为保护处分者,不得就同一事件再为刑事追诉或处罚。但其保护处分经依第四十五条或第四十七条之规定撤销者,不在此限。

第70条　（侦查及审判之程序）

少年刑事案件之侦查及审判,准用第三章第一节及第三节有关之规定。

第71条　（羁押之限制）

少年被告非有不得已情形,不得羁押之。

少年被告应羁押于少年观护所。于年满二十岁时,应移押于看守所。

少年刑事案件,于少年法院调查中之收容,视为未判决前之羁押,准用刑法第四十六条折抵刑期之规定。

第72条　（隔离讯问）

少年被告于侦查审判时,应与其他被告隔离。但与一般刑事案件分别审理显有困难或认有对质之必要时,不在此限。

第73条　（秘密审判）

审判得不公开之。

第三十四条但书之规定,于审判不公开时准用之。

少年、少年之法定代理人或现在保护少年之人请求公开审判者,除有法定不得公开之原因外,法院不得拒绝。

第74条　（免刑及免刑后之处分）

法院审理第二十七条之少年刑事案件,对于少年犯最重本刑十年以下有期徒刑之罪,如显可悯恕,认为依刑法第五十九条规定减轻其刑仍嫌过重,且以受保护处分为适当者,得免除其刑,谕知第四十二条第一项第二款至第四款之保护处分,并得同时谕知同条第二项各款之处分。

前项处分之执行,适用第三章第二节有关之规定。

第75条　（删除）

第76条　（删除）

第77条　（删除）

第78条　（宣告褫夺公权之禁止）

对于少年不得宣告褫夺公权及强制工作。

少年受刑之宣告，经执行完毕或赦免者，适用关于公权资格之法令时，视为未曾犯罪。

第 79 条 （宣告缓刑之要件）

刑法第七十四条缓刑之规定，于少年犯罪受三年以下有期徒刑、拘役或罚金之宣告者适用之。

第 80 条 （执行徒刑应注意事项）

少年受刑人徒刑之执行，应注意监狱行刑法第三条、第八条及第三十九条第二项之规定。

第 81 条 （假释之要件）

少年受徒刑之执行而有后悔实据者，无期徒刑逾七年后，有期徒刑逾执行期三分之一后，得予假释。

少年于本法施行前，已受徒刑之执行者，或在本法施行前受徒刑宣告确定之案件于本法施行后受执行者，准用前项之规定。

第 82 条 （缓刑假释中保护管束之执行）

少年在缓刑或假释期中应付保护管束，由少年法院少年保护官行之。

前项保护管束之执行，准用第三章第二节保护处分之执行之规定。

第五章 附 则

第 83 条 （少年事件之保密）

任何人不得于媒体、信息或以其他公示方式揭示有关少年保护事件或少年刑事案件之记事或照片，使阅者由该项资料足以知悉其人为该保护事件受调查、审理之少年或该刑事案件之被告。

违反前项规定者，由主管机关依法予以处分。

第 83 - 1 条 （纪录之涂销）

少年受第二十九条第一项之转介处分执行完毕二年后，或受保护处分或刑之执行完毕或赦免三年后，或受不付审理或不付保护处分之裁定确定后，视为未曾受各该宣告。

少年法院于前项情形应通知保存少年前科纪录及有关数据之机关，将少年之前科纪录及有关数据予以涂销。

前项纪录及数据非为少年本人之利益或经少年本人同意，少年法院及其他任何机关不得提供。

第83-2条　（未将纪录涂销之处罚）

违反前条规定未将少年之前科纪录及有关数据涂销或无故提供者，处六月以下有期徒刑、拘役或新台币三万元以下罚金。

第83-3条　（驱逐出境）

外国少年受转介处分、保护处分或缓刑期内交付保护管束者，得以驱逐出境代之。

前项驱逐出境，得由少年调查官或少年保护官，向少年法院声请，由司法警察机关执行之。

第84条　（少年法定代理人或监护人之处罚）

少年之法定代理人或监护人，因忽视教养，致少年有触犯刑罚法律之行为，或有第三条第二款触犯刑罚法律之虞之行为，而受保护处分或刑之宣告，少年法院得裁定命其接受八小时以上五十小时以下之亲职教育辅导。

拒不接受前项亲职教育辅导或时数不足者，少年法院得裁定处新台币三千元以上一万元以下罚锾；经再通知仍不接受者，得按次连续处罚，至其接受为止。其经连续处罚三次以上者，并得裁定公告法定代理人或监护人之姓名。

前项罚锾之裁定，得为民事强制执行名义，由少年法院嘱托各该地方法院民事执行处强制执行之，免征执行费。

第一项及第二项罚锾之裁定，受处分人得提起抗告，并准用第六十三条及刑事诉讼法第四百零六条至第四百十四条之规定。

少年之法定代理人或监护人有第一项前段情形，情况严重者，少年法院并得裁定公告其姓名。

前项裁定不得抗告。

第85条　（重惩成年犯之条件）

成年人教唆、帮助或利用未满十八岁之人犯罪或与之共同实施犯罪者，依其所犯之罪，加重其刑至二分之一。

少年法院得裁定命前项之成年人负担第六十条第一项教养费用全部或一部，并得公告其姓名。

第85-1条　（七岁以上未满十二岁之人触犯刑罚之处罚）

七岁以上未满十二岁之人，有触犯刑罚法律之行为者，由少年法院适用少年保护事件之规定处理之。

前项保护处分之执行，应参酌儿童福利法之规定，由行政院会同司法院订定办法行之。

第 86 条 （补助法规定之制定）

本法施行细则，由司法院会同行政院定之。

少年保护事件审理细则，由司法院定之。

少年保护事件执行办法，由行政院会同司法院定之。

少年不良行为及虞犯之预防办法，由内政部会同法务部、教育部定之。

【统计分析】

2012年人民法院审理未成年人犯罪情况分析

马 剑[*]

一、2012年未成年人犯罪基本情况

2012年人民法院共判处未成年人罪犯63782人,同比下降5.20%,连续4年呈现下降趋势,而同期全部刑事案件罪犯数量同比上升了11.67%。

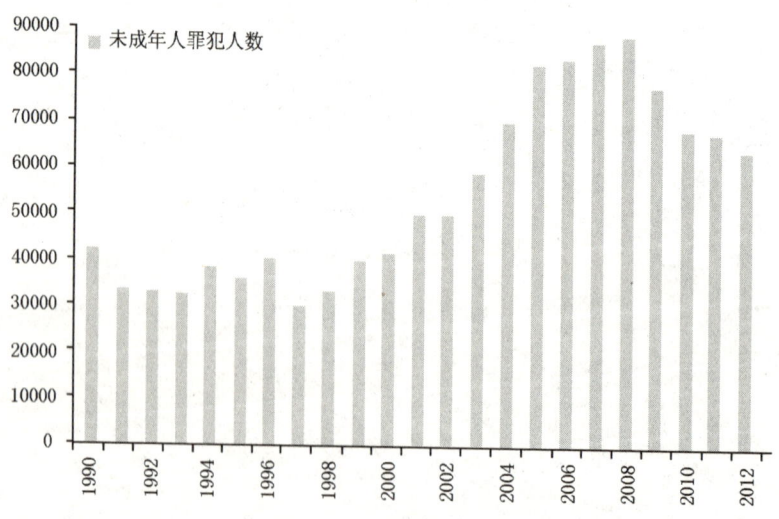

未成年人犯罪情况走势图

在全部未成年生效被告人中,故意杀人罪上升7.17%,故意伤害罪下降9.50%,强奸罪上升0.50%,抢劫罪下降14.53%,盗窃罪上升5.45%,

---

[*] 作者单位:最高人民法院研究室统计工作办公室。

敲诈勒索罪下降6.44%，聚众斗殴罪下降9.55%，走私、贩卖、运输、制造毒品罪上升1.56%。

未成年人罪犯所占比例继续下降。2012年判处的未成年人罪犯人数占全部刑事罪犯的5.44%，同比下降了0.97个百分点。在各地判处未成年人罪犯占全部罪犯的比例中，最高为10.10%（宁夏），最低为2.64%（山西），除广东（7.41%）以外，经济较为发达的地区，如江苏、浙江、北京和上海等地的未成年人罪犯比例趋中，集中在3%~5%之间。

2012年各地区未成年人犯罪比例情况

比例较高省份		比例较低省份	
宁夏	10.10%	湖南	3.65%
贵州	9.90%	上海	3.39%
云南	8.75%	河北	3.35%
青海	8.71%	山东	3.09%
海南	8.11%	山西	2.64%

在社会各界共同的努力下，未成年人犯罪预防及社会治安综合治理工作取得良好成效，2012年未成年罪犯重新犯罪率为1.90%，同比下降0.27个百分点，比同期全部刑事罪犯低5.39个百分点。

2012年刑事案件重新犯罪情况

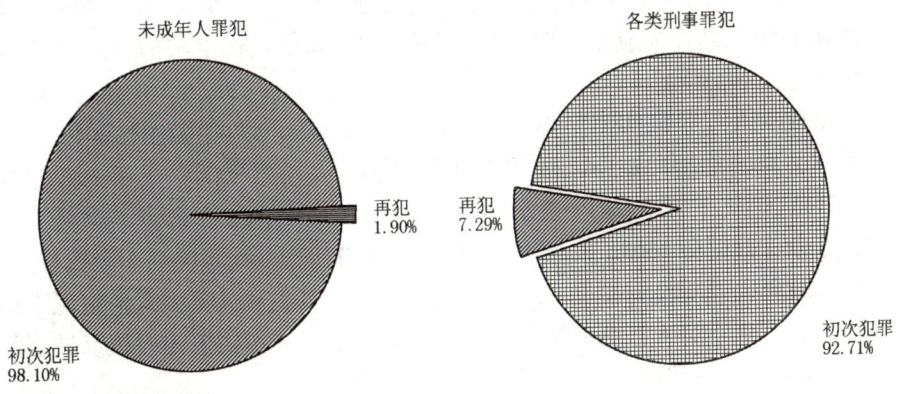

二、2012 年未成年人犯罪基本特点

未成年人罪犯受教育程度低，88.13%的未成年人罪犯处于 16~17 周岁年龄段；文化程度低，初中及以下文化水平的未成年人罪犯占全部未成年人罪犯的 91.43%；从身份情况来看，农民[①]和无业人员等无固定收入或低收入人群所占比例较大，分别为 39.36% 和 37.89%；在 2012 年判处的未成年人罪犯中，男性罪犯占 96.74%。

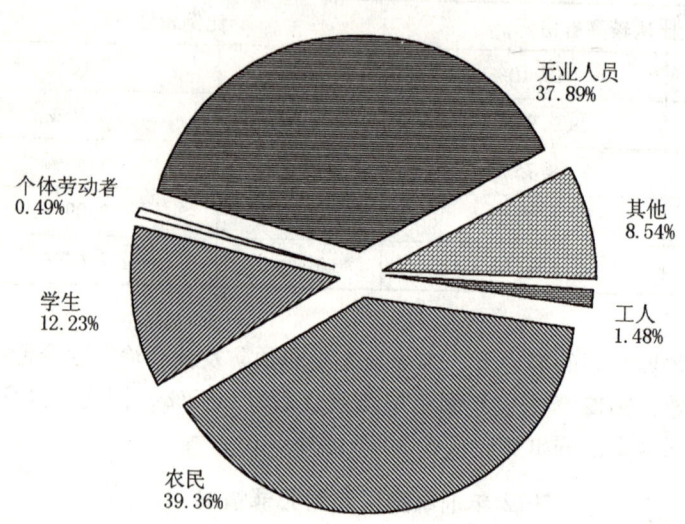

2012 年未成年人罪犯身份情况

2012 年人民法院共判处学生罪犯（含成年学生）10286 人，占全部罪犯的 0.88%；判处未成年人学生罪犯 7803 人，其中在校生 6367 人，占全部学生罪犯的 61.90%。

未成年人犯罪案件类型集中，以侵财犯罪和暴力犯罪为主。2012 年人民法院共判处抢劫、盗窃未成年人罪犯 36815 人，占全部未成年人罪犯的 57.72%，同比下降 0.29 个百分点；判处故意杀人、故意伤害、强奸、绑架、聚众斗殴罪犯 15615 人，占 24.48%，所占比例同比下降 0.6 个百分点。大量未成年人罪犯在只接受完义务教育、甚至未接受完义务教育的情况下即进入社会，由于进入社会后缺乏谋生的必要技能，在经济窘迫时极易转变为

---

① 实际上，统计为农民身份的未成年人大多是在城市务工的流动人员，有时也处于无业、闲散状态。

犯罪人群，这也与未成年人多实施贪利型犯罪有直接关联；同时未成年人犯罪的客观方面呈现暴力化倾向，除抢劫、故意伤害案件多发外，暴力因素十分明显的寻衅滋事、聚众斗殴等犯罪也占有较大的比例。

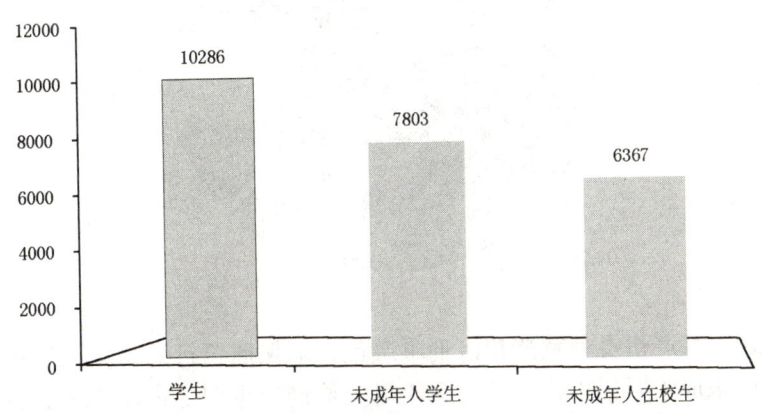

2012年人民法院判处学生罪犯情况

单位：人

2012年未成年人罪犯居前五位案件类型情况

罪名	占未成年人罪犯比例
抢劫罪	29.09%
盗窃罪	28.63%
故意伤害罪	13.92%
寻衅滋事罪	6.22%
聚众斗殴罪	5.28%
合计	82.18%

在作案形式上，共同犯罪、结伙作案占有一定比例，规模化方面低于成年人犯罪。2012年未成年人共同或集团犯罪人数为14152人，占未成年人罪犯的22.19%，所占比例比同期全部刑事案件低0.92个百分点。但需要引起注意的是，有些未成年人团伙犯罪开始表现出一定的组织性和严密性，出现了向黑恶势力演变的趋势。

2012年未成年人犯罪处刑情况

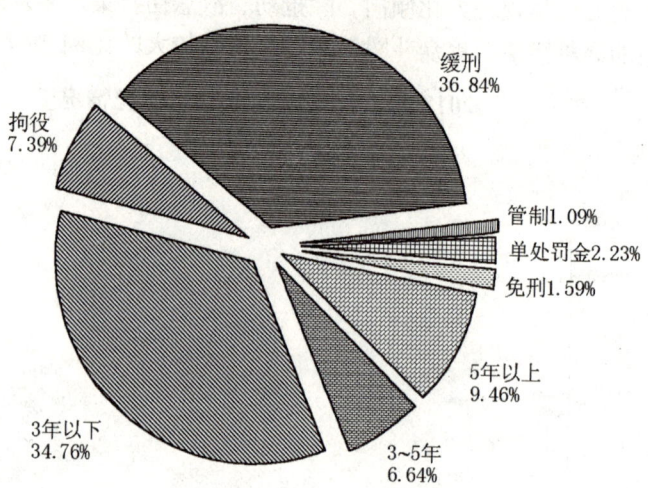

人民法院严格贯彻宽严相济刑事政策,确保刑罚目的的实现。在2012年判处的未成年罪犯中,被处以5年以上徒刑等重刑的占9.46%,判处非监禁刑(含免罚)的占41.76%,其中适用缓刑的比例为36.84%,同比上升0.63个百分点。在未成年人刑事案件审理的过程中,人民法院坚持"教育、感化、挽救"的方针,重视对未成年犯的帮教、回访,充分发挥少年刑事审判惩罚犯罪、矫治犯罪和预防犯罪的功能。